디지털 콘텐츠 제작을 위한

하이브리드
디지털 제작단지론

디지털 콘텐츠 제작을 위한

하이브리드 디지털 제작단지론

홍용락 지음

한국학술정보(주)

세계 방송 콘텐츠 산업은 '07년 현재 3,527억 달러 규모로, 국내 수출은 전년대비 31.1% 증가하는 등 지속적인 성장을 보였으나, 디지털 방송의 전환, IPTV 등, 뉴미디어 플랫폼의 등장에 따른 방송통신 환경의 변화에 의해 급속하게 수요가 늘어나고 있다.

고부가 가치성이 높아 한때 '한류'라는 이름으로 크게 성장하였던 드라마 산업은 전년대비 15.5%가 감소한 것으로 나타나 문화 콘텐츠 5대 강국 진입에 가장 큰 걸림돌이 될 것으로 예상되어, 보다 적극적인 정책지원 대책이 시급한 실정이다. 드라마산업이 고품질과 경쟁력을 갖추기 위해서는 최우선으로 제작 과정의 장기적 안정성 보장과 고품질을 위한 모든 협력 요소들을 구축한 이른바, 제작의 전문성을 기초로 한 집적화된 영상 제작 단지가 필요하다.

특히, 방송환경의 변화와 기하급수적으로 늘어나는 고품질 방송 콘텐츠의 수요에 대응할 수 없는 국내 드라마제작사들의 현실을 개신, 지원하기 위해, 현재 전국 주요 촬영 및 세트장을 파악하고 지역 특성에 걸맞은 제작 단지로 육성 활용하는 방안을 검토할 필요가 있다.

본 저서는 필자가 방송현장 경험과 교육을 통해 한국 드라마 제작 시설을 점검하고 향후 디지털 콘텐츠로서 드라마 제작 시설을 건립하고 운영하는 데 기초자료가 될 수 있도록 사례를 중심으로 저술되었다.

특히 대전에 현재 구축 중인 HD 드라마타운 조성 사업 타당성 연구와 운영방안 연구를 맡은 프로젝트를 중심으로 디지털 콘텐츠를 제작하기 위해서는 기존의 오픈 세트나 촬영지와는 차별화된 하이브리드 디지털 제작 단지의 필요성을 절감하고 이와 관련한 구체적인 자료들을 근거로 본 저서는 저술되었다.

본 저서는 제1장에서는 방송 통신 환경의 변화를 미디어들의 융합으로 인해 빅뱅의 시대가 도래했다는 관점에서 접근하고 있으며, 구체적으로 4개 종편채널들의 개국으로 문화 콘텐츠로서 드라마가 한류를 선도할 수 있는 킬러 콘텐츠가 될 것으로 전망하고 있다. 따라서 디지털 환경에 걸맞은 제작 단지를 하이브리드형으로 제시하고, 디지털 콘텐츠의 열악한 제작

환경을 개선하기 위한 방안을 모색하고 있다. 특히 지역집적과 같은 클러스트를 통해 디지털 제작 단지들의 필요성을 강조하고 있다.

제2장에서는 디지털 제작 단지가 필요한 타당성을 문화 콘텐츠를 산업적 관점에서 접근하고 드라마의 제작사 현황과 방송 콘텐츠 산업 현황을 점검하고 있다. 이는 구체적으로 드라마 제작사의 영세성에서 기인한 것으로 제작 시스템의 문제점과 개선점을 도출하기 위하여 경제분석에 사용되는 SWOT 분석을 통해 접근하고 있다. 이를 통해 드라마 제작 단지의 필요성을 강조하고 정책적인 면(소프트웨어)과 제작시설(하드웨어) 면에서 한류가 되살아나도록 전략적인 로드맵이 필요하다고 보고 있다.

제3장에서는 드라마 제작 단지의 사례를 외국의 영국 '파인우드 스튜디오'와 미국 '유니버설 스튜디오', 뉴질랜드 '웰리우드'와 도에이 도쿄 촬영소 등 선진 각국의 제작단지 사례를 세밀하게 제시하고 있다. 국내에서는 남양주 종합 촬영소를 비롯하여 각 지자체 오픈 세트장 현황을 제시하고 있다.

제 4장에서는 사례분석을 통한 하이브리드 디지털 드라마 제작단지를 기존 드라마 촬영세트의 문제점을 제시하고 실제 디지털 제작단지 전문영상제작 단지를 구성하기 위한 요건과 하이브리드 디지털 드라마타운 조성을 위한 방안을 제시하고 있다. 구체적으로 대형 전천후 스튜디오 위주의 영상제작 단지를 건설하기 위한 하이브리드 디지털 드라마타운 기본 조성 계획 안을 "대전 HD 드라마타운" 조성 사례를 중심으로 제시하고 있다. 뿐만 아니라 제5장에서는 드라마 제작 단지가 조성된 이후의 운영에 대한 방안도 모색하고 하이브리드 디지털 드라마타운 조성에 필요한 총사업비와 구축되어야 할 첨단영상기술 시스템 항목을 제시함으로써 실제적인 접근을 하고 있다.

제6장에서는 이렇게 조성되는 하이브리드 디지털 드라마 단지를 통해서 얻는 편익을 제작 단지에서의 제작을 통해 얻을 수 있는 편익과 시설 이용에 따라 발생하는 편익으로 나누

어 하이브리드 디지털 제작 단지의 실효성을 선보이고 있다.

본 저서는 저자가 그동안의 프로젝트를 통해서 실제 클러스터 지역을 답사하고 생생한 현장 자료를 제시함으로써 더욱 가치가 있다고 할 수 있다.

본 저서가 정책 입안자와 현장 제작자 그리고 연구자들에게 유용한 자료가 되기를 희망한다. 그리고 무엇보다도 문화 콘텐츠로서 방송 콘텐츠가 신한류를 선도하는 콘텐츠가 될 수 있도록 디지털 제작 단지가 건립되어, 제작의 희망을 가진 누구나 나에게 유용하게 활용되는 데 도움이 되기를 바란다.

본 저서가 나오기까지 프로젝트를 통해 성실함을 보여준 이옥기 박사와 성일섭 미술감독, 주희엽 박사, 양일영 님에게 고마움을 전하고, 저서의 출간까지 수고로움을 아끼지 않은 한국 학술정보(주)의 편집부와 채종준 대표께 고마움을 전한다.

그리고 새로운 희망을 위해 함께해 준 제자들, 아내와 네 아이들에게도 고마움을 전한다.

2011. 12. 1

강동에서 홍용락

목 차

머리말 / 4

제1장 방송 통신 환경의 변화 · 11

1. 미디어 빅뱅 시대 도래 / 13
2. 종합편성 채널 사업자 증가로 경쟁력 있는 드라마 수요 증대 / 14
3. 문화 콘텐츠 산업의 시장규모 성장 / 17
4. 디지털 多 플랫폼 시대의 한류를 선도하는 킬러 콘텐츠인 드라마 / 18
5. 열악한 드라마 제작 환경의 개선 / 19
6. 디지털 방송 콘텐츠 클러스터와 차별성 / 20

제2장 디지털 제작단지의 필요성 · 27

1. 차세대 신성장 동력 문화 콘텐츠 산업 / 29
   1) 문화 콘텐츠 산업의 환경 변화 / 29
   2) 문화 콘텐츠 산업현황 / 30
2. 문화 콘텐츠 외국 산업 현황 / 38
   1) 한류 열풍의 중심, 드라마 / 38
   2) 한류의 쇠퇴 / 42
3. 드라마 제작사의 현황 / 46
   1) 방송 콘텐츠 산업 현황 / 46
   2) 드라마 외주제작의 증가 / 47
4. 한국 드라마의 위기 / 49
   1) 드라마 제작사의 영세성 / 49
   2) 드라마 제작 시스템의 문제점 / 51
   3) 디지털 방송 전환 및 방송통신 융합 / 54
   4) 한미 FTA 협상에 의한 미디어 산업 변화 / 55
   5) 미국 드라마의 열풍 / 58
   6) 한국 드라마의 SWOT 분석 / 61
   7) 외국 정부지원 사례 / 64
5. 드라마 제작단지의 기능과 역할 / 65

제3장 드라마 제작단지의 사례분석 · 67

1. 외국 구축 사례 분석 / 69
   1) One Stop Solution의 영국 '파인우드 스튜디오' / 70
   2) 할리우드 제작과 테마파크의 핵심, 미국 '유니버설 스튜디오' / 75
   3) 첨단 영상 기술을 기반으로 한 OSMU 선도기업, '루카스필름' / 81
   4) 영상과 관광 산업이 융합된 새로운 영상 메카 뉴질랜드 '웰리우드' / 84
   5) 영화계 스튜디오인 도에이 도쿄 촬영소 / 87
   6) 방송사 계열 TV 촬영장인 미도리야마 스튜디오 / 88
   7) 민간주도의 TV 촬영장인 워프스테이션 에도 / 89
   8) 고객과 함께 체험하는 일본 후지 TV / 90
   9) 독일 쾰른 미디어 파크 / 91
   10) 아일랜드 더블린 디지털 허브 / 93
2. 국내 사례 분석 / 96
   1) 남양주 종합 촬영소 / 97
   2) 파주 아트서비스 / 100
   3) 부산영화촬영스튜디오 / 101
   4) 각 지자체 오픈 세트장 현황 / 103

제4장 하이브리드 디지털 드라마 제작단지 · 127

1. 기존 드라마 촬영 세트의 문제점 / 129
2. 디지털 제작단지 전문영상 제작단지 구성 요건 / 132
3. 하이브리드 디지털 드라마타운 조성 / 134
   1) 대형 전천후 스튜디오 위주의 영상 제작단지 건설 / 134
   2) 제작비용 절감 및 수익구조 활성화로 경제 가치 우선시 / 138
   3) 전 도시를 드라마, 영화 등 영상물을 위한 제작단지화 / 139
4. 하이브리드 디지털 드라마타운 기본조성 계획 안 / 140
   1) 하이브리드 디지털 드라마타운 기본조성 배치 최적화 사례 "대전 HD 드라마타운" / 140
   2) 조성 개요 / 141
   3) ≪HD 드라마타운≫의 주요 시설 개념 / 143

　　4) 대형 전천후 스튜디오 상세 설계 / 154

　　5) 특수시설 스튜디오 상세설계 / 178

　　6) 근대 세트 존 상세설계 / 181

　　7) 현대거리 존 상세설계 / 184

　　8) 제작지원 센터 상세설계 / 186

　　9) 영상재현 공연장 상세설계 / 192

　5. 조성 후 운영 안 / 195

　　1) 운영 조직 체계 / 195

　　2) 대전 시내 시설 연계 방안 / 196

　　3) ≪HD 드라마타운≫의 공식적인 명칭 공모 / 196

제5장 하이브리드 디지털 드라마타운 조성에 필요한 항목 · 199

　　1) 총 사업비 항목 / 201

　　2) 구축되어야 할 첨단영상기술 시스템 항목 / 202

제6장 하이브리드 디지털 드라마 단지를 통한 편익 · 211

　1. 하이브리드 디지털 드라마 단지 편익 추정 개요 / 213

　2. 시설 이용에 따라 발생하는 편익 / 214

　　1) 하이브리드 디지털 드라마 단지 제작지원 서비스 / 214

　　2) 하이브리드 디지털 드라마 단지 제공 서비스 별 추정 편익 / 214

　　3) 하이브리드 디지털 드라마 단지 관광 서비스 편익 / 216

　　4) 하이브리드 디지털 드라마 단지 제공 서비스 총 매출 / 217

　　5) 집적화를 통한 비용절감 편익 / 218

　　6) 유료방송 시청자의 화질개선으로 인한 후생증가 / 219

제7장 결 론 · 223

제1장

방송 통신 환경의 변화

1. 미디어 빅뱅 시대 도래
2. 종합편성채널 사업자 증가로 경쟁력 있는 드라마 수요 증대
3. 문화 콘텐츠 산업의 시장규모 성장
4. 디지털 多 플랫폼 시대의 한류를 선도하는 킬러 콘텐츠인 드라마
5. 열악한 드라마 제작 환경의 개선
6. 디지털 방송 콘텐츠 클러스터와 차별성

1. 미디어 빅뱅 시대 도래

디지털기술의 발전으로 인하여 미디어 산업 환경이 변화하여 이른바 방송과 통신이 융합하는 '미디어 빅뱅' 시대가 펼쳐지고 있다. 특히 '09년도 이후부터는 방송 영상 콘텐츠 수요가 기존보다 5배 이상 증가가 예상되어 중장기적으로 방송 영상 콘텐츠 제작 인프라 확충이 시급한 실정이다.

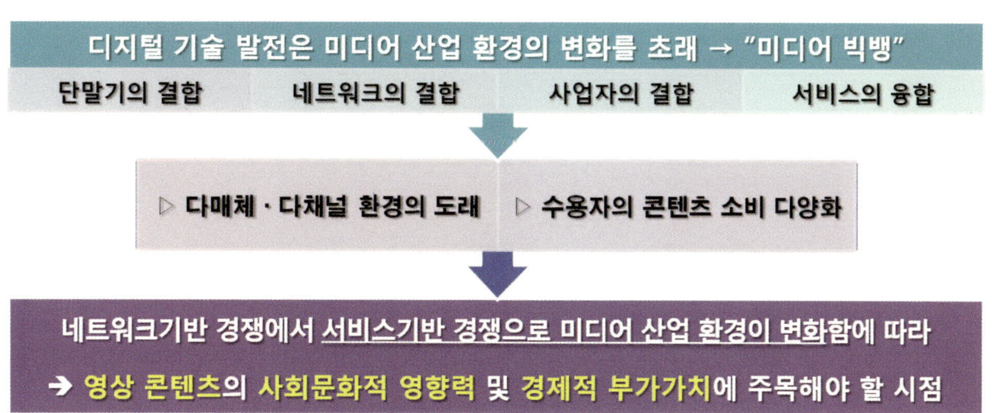

[그림 I-1] 미디어 빅뱅에 따른 변화

디지털 방송 영상시장은 2010년까지 연평균 14.4%의 급성장 하고 있고, 이에 따른 디지털 전환과 다채널 융합서비스 제공에 따라 HD급 방송 콘텐츠 수요가 급증할 것으로 예측된다.

[표 I-1] 세계 디지털 방송 영상 시장의 규모 및 전망

(단위: 백만 달러)

구분	2006년	2007년	2008년	2009년	2010년	2011년	2012년	연평균 성장률
전체	141,308	163,599	187,912	211,658	236,003	269,987	308,865	14.4%
디지털 방송	67,414	77,112	87,593	98,985	110,051	124,797	141,519	13.4%
DVD	60,370	67,539	74,561	81,179	88,287	98,175	109,170	11.2%
IPTV	2,201	4,545	8,016	11,156	14,378	24,787	42,732	72.4%
애니메이션	11,324	14,403	17,742	20,339	23,287	28,107	33,925	20.7%

※ 출처: PWC(2005); Digital Vendor(2005); MRG(2005); 소프트웨어진흥원(2006).

2. 종합편성채널 사업자 증가로 경쟁력 있는 드라마 수요 증대

뉴미디어 플랫폼 확대에 따른 콘텐츠 수요 증가와 방송서비스 경쟁력 강화 차원에서 종합편성채널이 2011년 12월 1일 방송을 시작했다.

종합편성채널[1] 사업자들은 2009년 7월 22일 국회에서 통과된 신문법과 방송법 개정안에 의해 신문의 방송사 겸업이 가능해지고, 기업의 방송사 지분 소유허용에 대한 규제도 완화에 따라 TV조선(조선일보, 채널번호 19번), jTBC(중앙일보, 채널 번호 15번), 채널 A(동아일보, 채널번호 18번), MBN(매일경제, 채널번호 16번)은 2010년 12월 31일 종합편성 방송채널 사업자로 선정되었다.

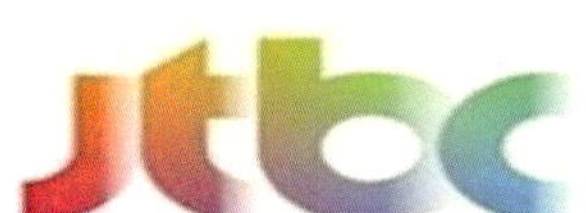
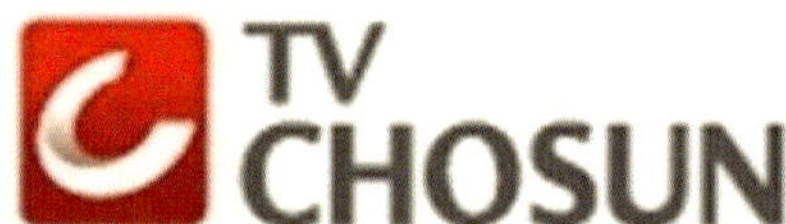
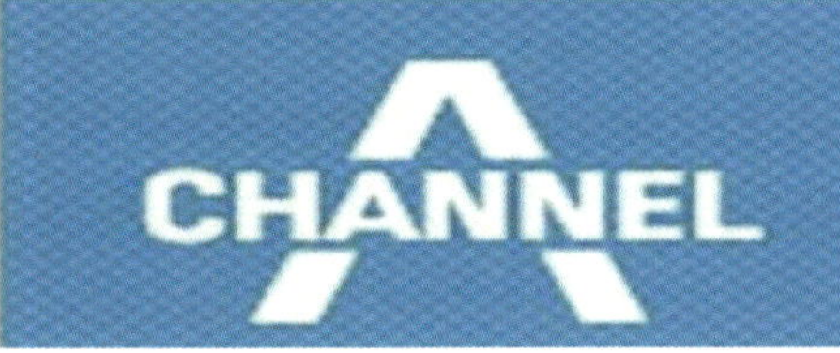
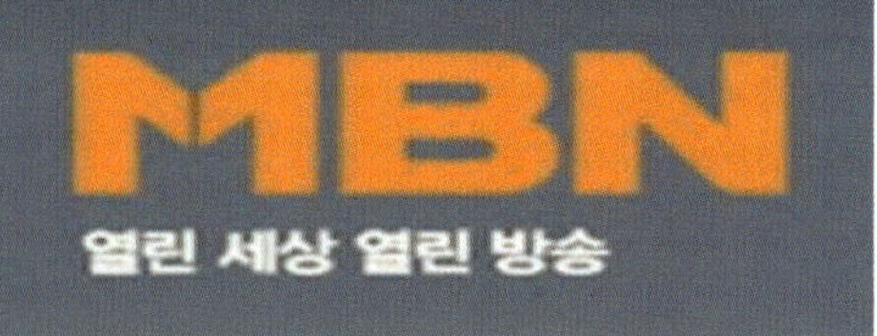

[그림 I-2] 종합 편성 채널

---

1) 종합편성채널(綜合編成 -, 약칭 종편)이란 대한민국의 케이블 TV의 채널 종류이다. 한 가지 장르만을 가지고 방송할 수 있는 일반적인 케이블 채널과 달리, 뉴스·드라마·교양·오락·스포츠 등 모든 장르를 방송할 수 있다(출처: 위키피디아).

[표 I-2] 주요 신문사와 대기업 방송진출 현황

종합편성채널		
조선일보	TV조선	'세상에 없던 방송'이란 슬로건을 내건 TV조선 2011년 12월 1일 개국
중앙일보	jTBC	중앙동양방송 jTBC(joongang media network Tongyang Broadcasting Company)를 전신으로 내세우고 있는 종편채널 2011년 12월 1일 개국
매일경제	MBN(매일경제티브이)	매일방송으로 1등 방송이 슬로건 Maeil Broadcasting Network 1995년 3월 1일(매일경제TV 개국) 2011년 12월 1일 개국
동아일보	채널 A	채널에이 (Channel A) 캔버스에 콘텐츠를 담는 것을 모티브로 하고 있는 채널 개국일: 2011년 12월 1일

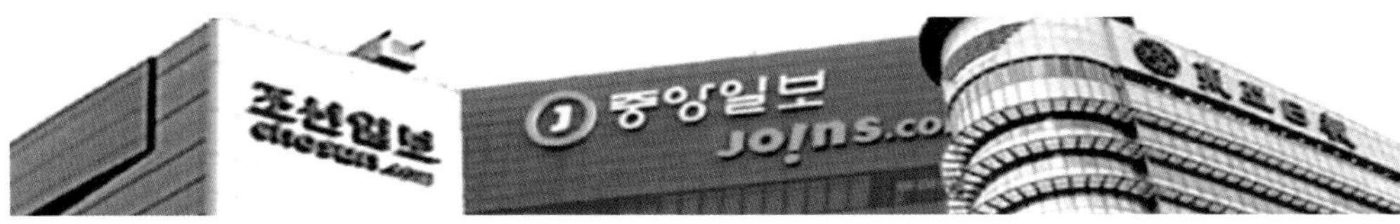

※ 출처: "외주제작정책 도입 이후 지상파 드라마 제작 시스템의 변화", KBS, 2008.

　종합편성채널이 개국하게 되어, 그동안 집중되었던 지상파 3사의 중심에서 한층 더 콘텐츠 시장은 커지게 되며, 그에 상응하는 콘텐츠 제작 수요는 큰 폭으로 증가할 전망이다. 특히 광고 수익성이 가장 높은 드라마 분야에서, 현재 지상파 자체 제작과 외주제작의 현황을 살펴보면 2000년부터 2008년 상반기까지 제작된 드라마 총 610개 작품 중에서 자체 제작한 드라마의 수는 291개였는데, 각각의 연도별 추이를 살펴본 결과, 아래와 같이 2002년 이후부터는 자체제작 작품이 해마다 점점 줄어드는 것을 볼 수 있다.

　이는 미니시리즈나 단막극 장르보다는 일일연속극이나 주말 장편 드라마와 같이 장기간 연속적으로 이어지는 드라마 장르를 주로 제작하게 된 데에 그 원인이 있으며, 4개 증가된 종합편성채널에서는 이러한 장기간 연속적으로 이어지는 드라마 제작이 주를 이룰 것으로 전망된다.

[표 Ⅰ-3] 연도별 드라마 전체제작 작품 수와 자체제작 작품 수

편수 \ 연도	2000	2001	2002	2003	2004	2005	2006	2007	2008.6	합계
전체 제작 편 수	78	72	73	79	74	73	71	72	18	610
자체제작 편 수	55	52	49	35	25	29	21	19	6	291

• 2008년도에 작품 수가 현저하게 줄어드는 까닭은 전년도 시작한 드라마는 모두 전년도 제작에 포함하였기 때문임
※ 출처: "외주제작정책 도입 이후 지상파 드라마 제작 시스템의 변화", KBS, 2008

[표 Ⅰ-4] 독립제작사의 누적 제작 작품 수(2000년~2008년 상반기)

드라마 작품 수	총 드라마 수	점유율	독립제작사
10개 작품 이상	178 작품	56.5%	SBS프로덕션(32), 김종학프로덕션(31), 삼화(25), MBC프로덕션(25), JS픽쳐서(23), 올리브나인(12), KBS제작단(19), 초록뱀미디어(10)
5~10개 작품 미만	53 작품	16.8%	DSP(9), 에이트픽스(8), 로고스필름(8), 팬엔터테인먼트(8), 이김프로덕션(6), 싸이더스HQ(6), 캐슬인더스카이(5), HB엔터테인먼트(5)
2~5개 작품 미만	42 작품	13.3%	16개 사
1개 작품	50 작품	15.9%	50개 사
합계	315(323) 작품	102.9%	82개 사

• 공동 제작일 경우 제작사마다 각각 한 편으로 집계하였으며, 이 때문에 총 작품 수는 315개지만 제작사는 323개로 집계되어 전체 100%를 넘게 됨
※ 출처: "외주제작정책 도입 이후 지상파 드라마 제작 시스템의 변화", KBS, 2008

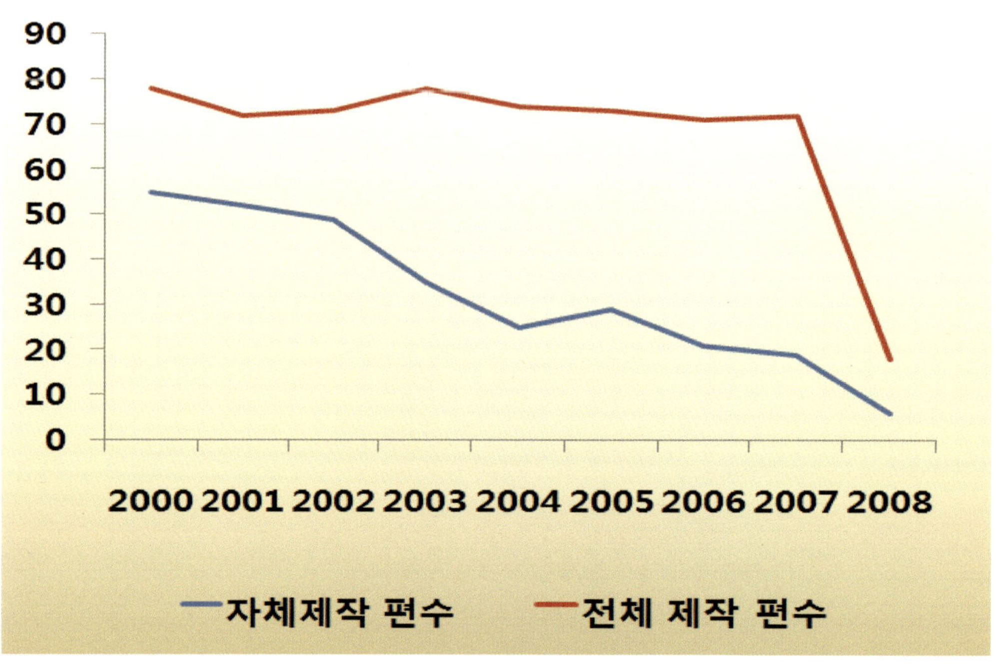

[그림 Ⅰ-3] 드라마 전체제작 작품 수와 자체제작 작품 수의 연도별 추이

※ 출처: "외주제작정책 도입 이후 지상파 드라마 제작 시스템의 변화", KBS, 2008.

여기에 기존 지상파 방송사와 복수채널사업자들의 경쟁강도가 높아지고 있는 국내방송 광고시장 (2008년 약 3조 원 추산: 지상파 2.2조 원, 케이블 TV 0.9조 원)의 성장 여력도 제한적 상황이어서, 신규사업자의 자본력이 종합편성의 콘텐츠 제작비용을 충분히 충당할 수 있는지가 성공적 도입에 주요 변수가 될 것으로 판단된다.

3. 문화 콘텐츠 산업의 시장규모 성장

지금까지 제조업을 중심으로 한 경제성장의 한계에 부딪힌 한국은 부가가치가 매우 높은 방송 영상 콘덴츠 산업의 십승 육성을 통해 신규 시장을 창출해야 한다는 필연성이 제기되고 있으며, 이를 뒷받침 하듯이 방송 영상 콘텐츠산업은 차세대 신성장 산업 동력으로 석유 등, 2차 산업과 달리 제조업분야의 반도체, 가전, 휴대폰, 조선보다 큰 시장을 형성하고 있어 문화 콘텐츠 등과 같은 신성장 고부가서비스 산업이 필요하다.

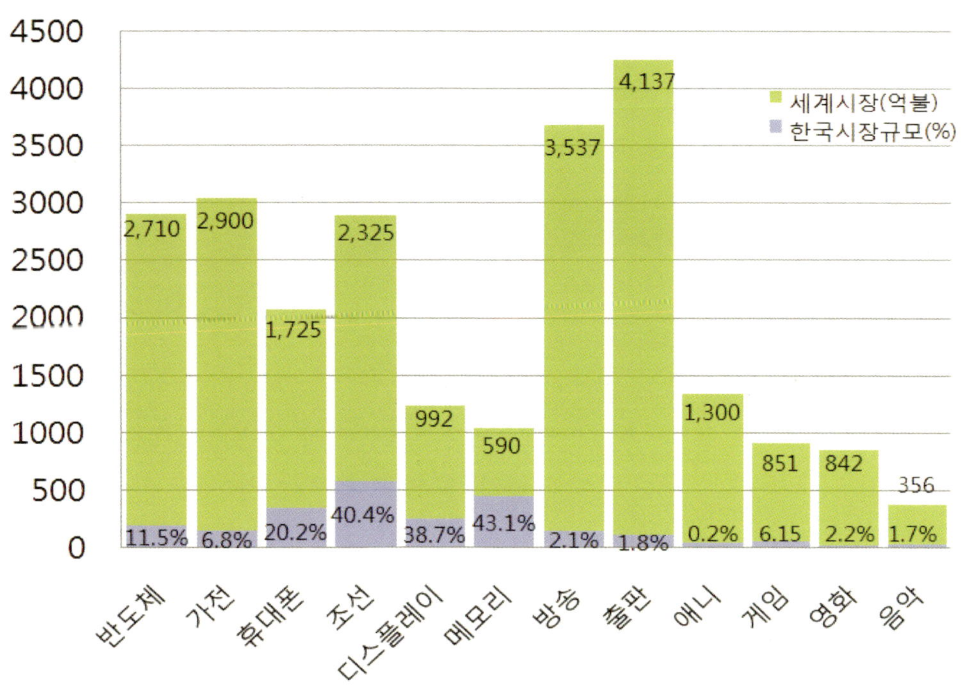

[그림 I-4] 주요 제조업과 문화 콘텐츠 산업의 시장규모 비교(2007년)

※ 출처: "창조적 융합이 문화 콘텐츠의 힘이다", 하이트렌드, 2009. 1.

3차 산업으로 분류되는 방송 영상 콘텐츠 산업은 스토리텔링 위주로 OSMU(One Source Multi Use)화가 가능하며, 이에 따른 중국, 일본, 베트남 등, 드라마 한류 확산에 대한 재진입 전략으로 고성장이 가능하다. 그러나 반도체 세계 시장 규모는 2,710억 달러로 한국 점유율이 11.5%지만, 세계 방송 산업 규모는 3,537억 달러에 점유율은 2.1%에 불과한 실정이어서, 보다 집중적인 지원이 절실한 상황이다.

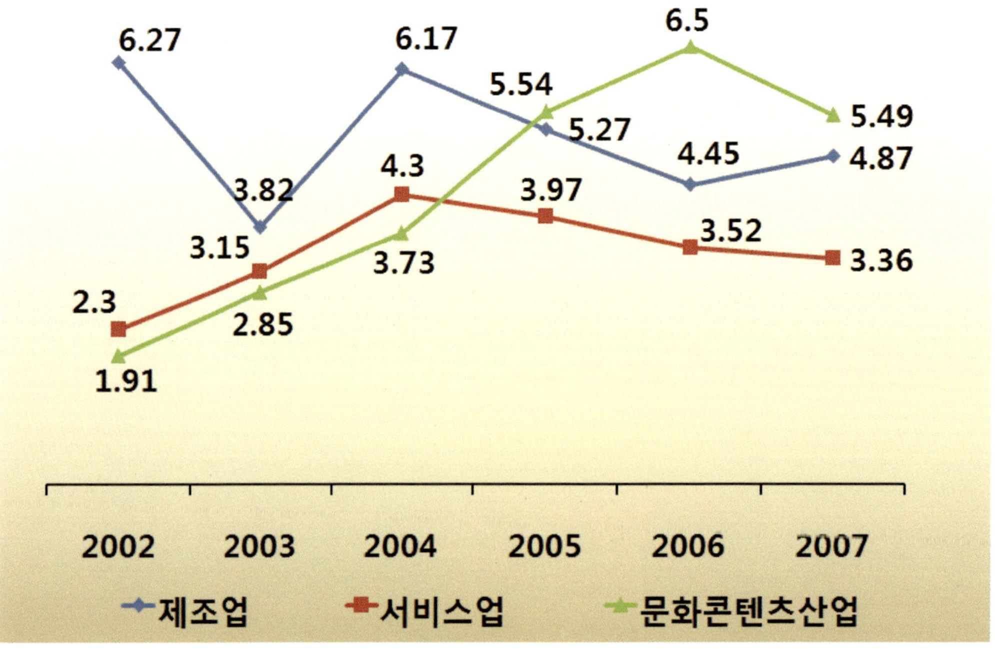

[그림 I-5] 주요 제조업과 문화 콘텐츠 산업 매출액 대비 당기순이익률

※ 출처: "기업 경영 분석". 한국은행. 2008.

4. 디지털 多 플랫폼 시대의 한류를 선도하는 킬러 콘텐츠인 드라마

미국이 영화, 일본이 애니메이션 강점을 보인다면, 한국은 드라마가 포스트 한류를 선도하는 킬러 콘텐츠로 자리매김하고 있다. 영화는 1년에 70여 편 제작에 비해 드라마는 100여 편(약 2,000회) 제작되는 등 지식기반경제에서 콘텐츠 기반경제로 진화하는 변화의 핵심이 바로 드라마 산업이다. 대만의 경우, 대표적 한류 드라마인 '대장금' 방영 후 LG전자 가전제품 시장 점유율 1위, 현대자동차 판매 급증한 사례로 대표적인 부가가치 창출의 예이다.

일본 내 한류 붐을 일으킨 드라마 "겨울연가"의 경우는 1,300억 원대로 자동차 수출 13,101대의 자동차 수출 효과와 맞먹는다. 따라서 방송통신 융합과 디지털 전환을 국가 경제 도약의 기회로 활용하기 위해서는 킬러 콘텐츠인 드라마의 집중 육성이 선결 과제이며 지금 까지의 기반을 최대 활용하여 선택과 집중에 의한 부흥 전략을 수립하여야 한다.

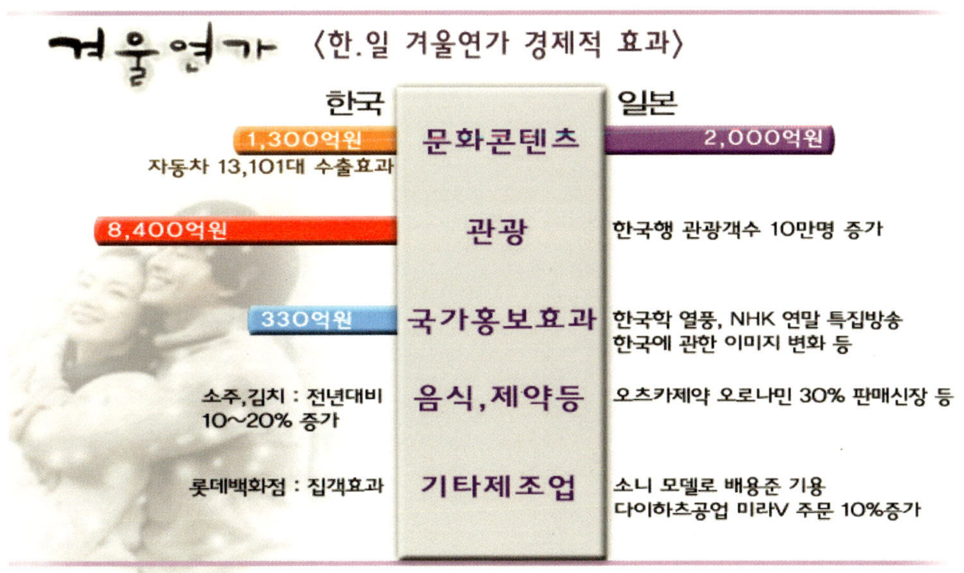

[그림 I-6] 드라마 〈겨울연가〉의 경제적 효과

※ 출처: "한류현상과 문화산업 발전전략". 현대경제연구원. 2004.

5. 열악한 드라마 제작 환경의 개선

HD급 방송 콘텐츠 수요의 급증 및 방송 영상시장의 급성장에도 드라마 제작사 등은 초기 투자비용이 큰 제작시설 등을 구축할 여력이 없는 상황이다. 코스닥에 등록된 11개 드라마제 작사는 최근 3년간 지속적인 경영수지 적자를 지속하고 있고, 적자폭이 점차 확대되는 추세이 며, 현 제작시설을 살펴보면 HD 스튜디오도 지상파 방송사만 보유하고 있는 등, 드라마 제작 이 가능한 500평 이상의 대형 스튜디오를 보유하고 있는 드라마 제작사는 전무한 상태이다.

[표 I-5] HD 방송 콘텐츠 제작용 주요 임대시설 현황

구분	평일기획	KBS 수원센터	SKY HD	양평동 스튜디오	한국방송 제작단
TV 스튜디오	−165m2(50평) 스튜디오 1실 −HD 카메라 3대	−661m2(200평) −826m2(250평) −990m2(300평) 스튜디오 3실	−	−661m2(200평) −165m2(50평) 스튜디오 2실 −조명, 중계차	−519m2(157평) −142m2(43평) 스튜디오 2실 −SD 카메라 6대
녹음실	1실 구비	1실 구비 5.1h 녹음	−	−	−
편집실 1	HD/3D 종합편집실	HD 종합 편집실	HD 종합편집실	−	−
편집실 2	HD NLE 1실	−	HD NLE	−	−
1:1 편집실	−	−	1:1, 2:1 편집실	−	−

※ 출처: "2007 방송실태조사 보고서", 방송위원회, 2008.

이와 같은 방송 콘텐츠 수요를 충족시키는 데 필요한 신규 제작시설의 규모를 추정한 결과 KBS의 제작시설을 기준으로 최대 50배에서 최소 10배 정도 제작시설의 추가가 필요하다. 향후 디지털 전환 및 IPTV 등 방송 콘텐츠 수요급증에 따라 연간 94만~18만 시간분의 신규 콘텐츠 수요가 발생 예상되나, 한미 자유무역협정(FTA)이 발효되면 14년 뒤 외국계 방송채널사용사업자의 시장점유율이 20%까지 늘어날 것으로 예상된다.

6. 디지털 방송 콘텐츠 클러스터와 차별성

가. 디지털 방송 콘텐츠 클러스터

디지털 방송 콘텐츠 클러스터는 방송 프로그램(쇼, 교양, 단막극 등)제작 수요에 대비하여 디지털제작설비를 공공영역에서 구축 후 이를 국내 방송채널사용사업자(PP)들에게 임대, 디지털 방송 환경에서 PP들이 경쟁력을 확보할 수 있도록 하는 것에 그 목적을 두고 있다.

① 사업지: 경기도 고양시 한류월드 제3구역 내 A4 지역

② 사업규모: 부지−10,072m^2, 건축 연면적−75,906m^2

③ 건축 규모: 지하 4층, 지상 13층

④ 총사업비: 2,281억 원(공사비: 805억 원, 설비부분: 751억 원)

⑤ 수혜대상: 방송 콘텐츠를 생산하는 PP, 방송 영상독립제작사, 융합형 콘텐츠 제작업체 등

나. 대전 HD 드라마타운

HD 드라마타운은 미디어 빅뱅, 한미 FTA 체결에 따라 큰 폭으로 늘어나는 드라마 제작 수요에 대비하여 평균 6개월 이상이 소요되는 고품질의 장기 제작 드라마지원을 위한 시설, 장비 및 제작기술지원을 갖춘 전문 영상 제작단지 조성 사업이다.

① 사업지: 대전시 유성구 도룡동 엑스포과학공원 일원

② 사업규모: 부지 － 231,000㎡(70,000평)

③ 시설내역: 전천후 스튜디오 12개, 특수 세트, 야외 세트장 및 제작 지원, 숙박 시설 등

④ 총사업비: 1,724억 원

⑤ 수혜대상: 드라마제작사, 영화제작사 등

[표 I-6] 디지털 방송 콘텐츠 클러스터와 HD 드라마타운 비교

구분	디지털 방송 콘텐츠 클러스터	HD 드라마타운
목표	-방송 프로그램 및 유통의 근접 제작 지원	-드라마 제작을 중심으로 한 중장기 지원 및 부가가치 창출
주요 기능	-예능, 쇼 프로그램 및 단발성 드라마 제작 중심	-장기간을 제작을 요구하는 대형 시즌/기획 드라마 제작 중심
형태	-지상 13층 / 지하 4층 규모 1개 동 건물 -소형 스튜디오 [디지털 방송 콘텐츠 클러스터]	-전천후 스튜디오 12개 동 -야외 세트 및 편집 시설 [HD 드라마타운]
주요 시설	-인큐베이팅 센터(기획 개발) -중소형 스튜디오 6개 -후반 작업 시설(편집, 음향) -온라인 유통, 아카이빙, 미디어 변환실 -광역 제작 지원: HD 중계차	-전천후 스튜디오 12개(특수효과 제작) -특수 세트(항공기 내부, 수술실 등) -야외 오픈 세트(근대, 현대, 특수촬영) -미술제작 지원(세트 제작, 의상, 소품지원) -숙박 시설(연기자, 스태프 이용) -제작 지원 센터 운영 연계(기술 지원, 부가 가치 창출, 인력 양성)
사용 대상자	-독립 제작사, PP	-드라마 제작사, 영화 제작사
주요 특징	-인접 효과를 통한 단발성 제작	-장기적인 제작 지원 및 체류 기능 -과학기술 활용, 시간/비용 절감 제작 지원
부가 활용	-체험관을 통한 홍보 및 수익활용	-Tracking 서비스 기능 -OSMU 기능으로 콘텐츠 활용 확산
기타 특성	-수도권 내 설립으로 접근 편이 -상암 DMC와 인접	-엑스포 유휴지 활용, 조기 구축 -국내외 실시간 고화질 미디어 전송 -엑스포 재창조 사업과 연계 상업시설 활용
사업 기간	-2009년~2012년(4년간)	-2010년~2013년(4년간)
규모	-부지: 10,702㎡(3,237평) -연면적: 75,906㎡(22,962평)	-부지: 231,406㎡(70,000평) -연면적: 181,269㎡(54,834평)
위치	-경기도 고양시 장항동(한류월드)	-대전광역시 유성구 도룡동 (엑스포과학공원)
주관	방송통신위원회, 문화체육관광부	문화체육관광부

드라마는 문화산업 수출 및 수익창출의 중핵을 이루는 중요한 콘텐츠로, 외국에 수출되는
방송 영상 프로그램의 68.3%가 드라마일 정도로 의존도와 중요도가 점차로 높아지고 있다.

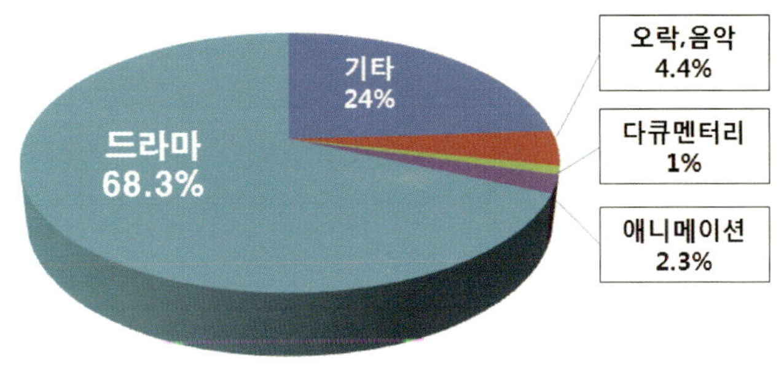

[그림 I-7] 장르별 수출 구성비

※ 출처: "2006년 방송 프로그램 수출입 현황 분석", 한국방송 영상산업진흥원, 2007.

드라마의 높은 수요는 2008년 지상파 시청률 조사결과 상위 20개 프로그램 중 17개가 랭
크되어 있었다는 사실이 증명하고 있다. 아래는 2008년 지상파 상위 20개 프로그램을 100%
로 보았을 때 드라마가 차지하는 비율을 그래프로 나타낸 것이다.

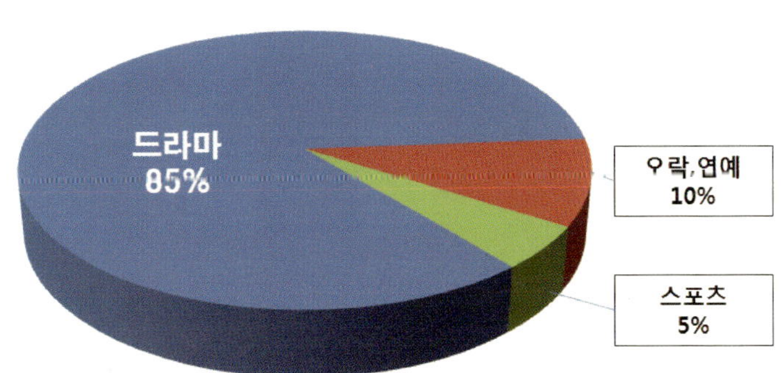

[그림 I-8] 시청률 20위까지의 순위 내 장르별 시청률 비중

※ 출처: "드라마 제작&유통의 현재와 진흥방향", 한국콘텐츠진흥원, 2009.

이러한 드라마의 인기에 따라, 각 지상파 방송사들은 광고수익이 붙는 주요 수익원으로서
드라마의 중요성을 인지하고 드라마의 편성비율을 점차 높이기 시작하였다. 지상파 방송사
의 주간 드라마 편성 비중은 2006년 14.3%(4,750분)에서 2007년 16.8%(5,620)분, 2008년

17.8%(5,980)분으로 계속 증가 추세를 보이고 있다. 특히 2007년도에는 MBC, KBS, SBS의 드라마 편성 비율이 모두 20% 이상을 기록하여, 드라마에 대한 편성 의존도가 더욱 높아진 상황이다.

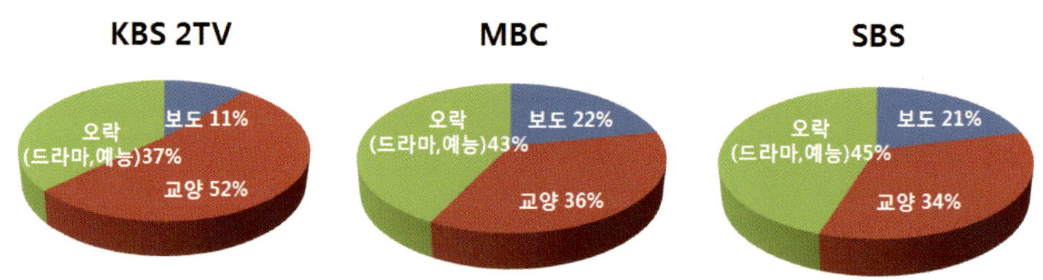

[그림 Ⅰ-9] 지상파 3개 사 장르별 편성표

※ 출처: "2007년 방송산업실태조사", 방송위원회, 2007.

다. 열악한 제작 시설

그러나 드라마는 국내외적으로 명백한 킬러 콘텐츠임이 증명되었음에도 드라마 수요에 맞추기 위한 제작시설은 매우 부족하다. 국내에서 제작되는 방송 영상 콘텐츠 중 드라마는 약 80여 편[2]이 제작되고 있다.

현재, 지상파 3사(4채널 기준)만을 보더라도 연간 3,380회, 160,160분 분량의 드라마가 제작되고 있으며, 이에 대형 스튜디오의 공급은 아직도 많이 부족한 현실이다. ≪HD 드라마타운≫이 조성될 경우 연간 1,248회, 59,136분의 드라마 제작을 소화해 낼 수 있다. 그리고 이를 통한 연간 수입대체효과는 6백만 달러(1회 수입가=5,300달러)로 국가 경제적 파급효과가 매우 크다.

'디지털 방송 콘텐츠 클러스터'의 경우, 드라마 촬영이 가능한 넓은 스튜디오를 1개(500평형) 보유하고 있으므로 6개월에 한 편의 드라마가 제작 가능하다고 할 때, '디지털 방송 콘텐츠 클러스터'의 연간 제작 편수는 2편이다.

이에 대비하여, 대전 '디지털 콘텐츠 제작단지'의 12개 스튜디오에서는 24편의 드라마 제작이 가능하며, 이는 전체 드라마 제작의 30%에 해당하는 분량이다. 대전의 '디지털 콘텐츠 제작단지'가 소화할 수 있는 정통 드라마물 제작 분량을 100%로 보았을 때, '디지털 방송

---

2) "경제위기 극복을 위한 킬러드라마 제작환경 개선방안", 한국영상산업진흥원, 2009.

콘텐츠 클러스터'의 제작 용량(production capacity)은 6.7% 정도를 감당할 수 있다. 이를 제외한 나머지는 비전문 제작시설, 즉 대부분 창고형 스튜디오 등 열악한 환경과 제한된 시간 속에서 드라마 제작을 해야 하는 실정이어서 드라마 제작 스튜디오에 대한 수요는 계속 증가할 전망이다.

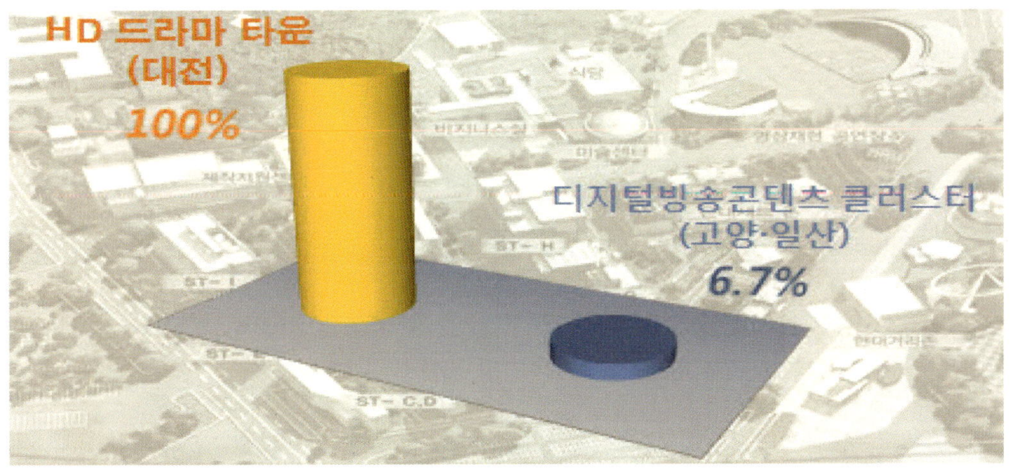

[그림 I-10] HD 드라마타운 및 디지털 방송 콘텐츠 클러스터 드라마 제작 능력 비율

[표 I-7] HD 방송 콘텐츠 제작용 임대시설 현황

구분	평일기획	KBS 수원센터	SKY HD	양평동 스튜디오	한국방송 제작단
TV 스튜디오	50평 1실 스튜디오	200/250/ 300평 스튜디오	–	200/50평 스튜디오	157/43평 스튜디오
녹음실	1실 구비	1실 구비	–	–	–
편집실 1	HD, 3D 종합편집실	HD 종합 편집실	HD 종합 편집실	–	–
편집실 2	HD NLE 1실	–	HD NLE	–	–
1 : 1 편집실	–	–	1:1 편집실 2:1 편집실	–	–

※ 출처: 방송위원회 2007 방송실태조사 보고서.

　결론적으로, '디지털 콘텐츠 제작단지'는 전체 드라마제작의 30%(약 24편의 장기 제작 드라마)를 수용할 수 있는 스튜디오 시설과 HD 방송시설을 구비한 집적단지로, 한류 드라마 제작의 전진기지가 되기에 충분한 인프라를 보유하고 있으며, 이는 오락 예능 및 단발성 드라마를 제작하는 '디지털 방송 콘텐츠 클러스터'와는 추구하는 지향점이 다른 부분이다.

제2장

디지털 제작 단지의 필요성

1. 차세대 신성장 동력 문화 콘텐츠 산업
2. 문화 콘텐츠로서 드라마 장르의 중요성
3. 드라마 제작사의 현황
4. 한국 드라마의 위기
5. 드라마 제작단지의 기능과 역할

1. 차세대 신성장 동력 문화 콘텐츠 산업

1) 문화 콘텐츠 산업의 환경 변화

가. 세계 5대 콘텐츠 강국 실현 ⇒ '12년, 세계시장 점유율 5%, 매출 1백조 원

정부는 창의적 콘텐츠 육성을 통해 세계 5대 콘텐츠 강국 실현'이라는 국가 비전을 달성하기 위한 진흥책으로, 그동안 장르 중심의 진흥정책을 장르 융합형으로 전환하고, '선택과 집중'을 통해 경쟁력이 있는 분야를 집중 지원해 콘텐츠 전문기업의 국제 경쟁력을 높인다는 계획을 수립했다.

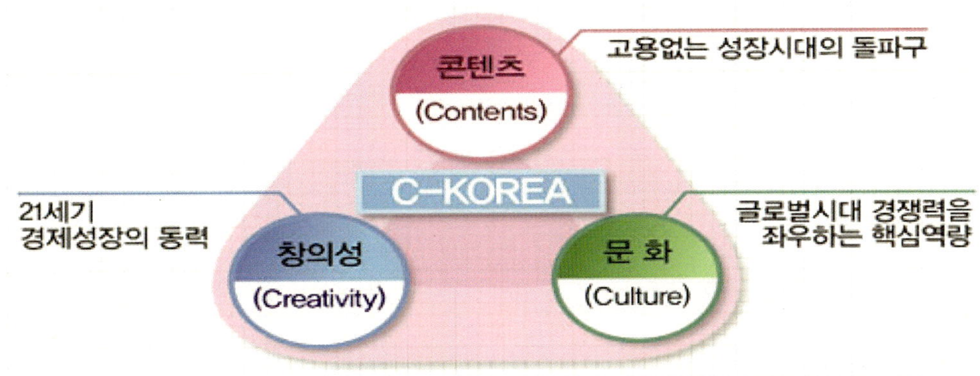

[그림 II-1] 문화 강국(C-KOREA) 2010년 3대 정책목표

또한, '창조경제를 선도하는 글로벌 콘텐츠 리더'로서 비전을 선포하고 6대 중점 추진 사항으로 글로벌 시장 진출 및 투·융자 지원 확대, 미래 융합형 콘텐츠 육성, 문화기술(CT) 역량 강화, 전문 인력 양성 및 일자리 창출, 정책지원기능 강화, 건전한 콘텐츠 이용문화 조성 등을 골자로 추진 방향을 정하고 있다.

나. 문화체육관광부, 방통콘텐츠 육성에 4년간 5,090억 투입

문화체육관광부는 방통콘텐츠산업을 신성장 동력으로 육성할 계획으로 '09년부터 '12년까지 4년간 뉴미디어 방송센터 건립, 방송 콘텐츠 제작 지원 등에 총 5,090억 원을 투입하기로 확정, 발표했다. 문화체육관광부는 경쟁력 강화대책을 원활하게 추진하게 되면 방송통신 콘텐츠 시장은 지난해 15조 3,000억 원에서 오는 2,013년 21조 7,000억 원으로 6조 4,000억 원가량 성장하고, 2만 3,000명 정도의 고용 창출 효과를 기대하고 있다.

2) 문화 콘텐츠 산업현황

가. 문화 콘텐츠 산업의 특성

원소스 멀티 유즈(One Source Multi Use)의 속성을 가지며 제조업과 서비스업의 동반격인, 관광업의 성장과 국가브랜드를 제고하며 연쇄적으로 부가가치를 창출하는 고성장 산업이다. 네트워크 융합 현상으로 크로스플랫폼 현상이 가속화됨에 따라 플랫폼에서 콘텐츠로 산업의 핵심가치가 이동, 디지털 콘텐츠와 온라인 유통, 저작권 같은 무형자산을 판매하는 녹색 산업의 특성도 가지고 있다.

대분류 (산업분류)	중분류 (2단위)	소분류 (3단위)	산업 활동 내용
제조업	인쇄 및 기록매체 복제업	인쇄 및 관련 산업	각종, 출판물 및 인쇄물을 각종 재료에 인쇄하는 산업 활동 및 인쇄관련 서비스 활동
		기록 매체 복제업	음반, 비디오물, 소프트웨어 및 컴퓨터데이터의 원판을 복사하여 복제품을 생산하는 활동
출판, 영상, 방송 통신 및 정보 서비스업	출판업	서적, 잡지 및 기타 인쇄물 출판업	서적, 신문, 잡지 간행물, 기타 인쇄물 등
		소프트웨어 개발 및 공급업	컴퓨터용 소프트웨어 개발 및 공급하는 산업 활동
	영상 및 오디오 기록물 제작 및 배급업	영화, 비디오물, 방송 프로그램 제작 및 배급업	영화, 비디오물, 방송 프로그램 제작 및 관련서비스와 영화, 비디오물, 방송 프로그램을 배급 및 상영하는 산업 활동
		오디오물 출판 및 원판 녹음업	오디오 기록물을 기획·제작 및 출판하거나 오디오 기록물의 원판을 녹음하는 산업 활동
	방송업	라디오 방송업	직접 제작하거나 구입한 라디오 방송프로그램을 방송시설을 통하여 송출하는 산업 활동
		텔레비전 방송업	직접 제작하거나 구입한 텔레비전 방송 프로그램을 방송시설을 통하여 송출하는 산업 활동
	정보 서비스업	자료처리, 호스팅, 포털 및 기타 인터넷 정보매개 서비스업	자료처리, 호스팅, 포탈을 통한 디지털화된 다양한 정보매체를 매개하는 산업 활동
		기타 정보서비스 업	뉴스제공, 데이터베이스, 및 온라인 정보제공업 등의 산업 활동
전문 과학· 기술서비스업	전문 서비스업	광고업	광고매체에 대한 광고기획 및 대행 등, 광고 관련 업무를 수행하는 산업 활동
예술, 스포츠 및 여가 관련 서비스업	창작, 예술 및 여가 관련 서비스업	창작 및 예술 관련 서비스업	공연단체, 공연시설 운영, 예술가, 기타창작 및 예술 관련 서비스업 등의 산업활동
		도서관, 서적지 및 유사 여가 관련 서비스업	도서관 및 기록보존소, 박물관 및 서적지 관리, 자연공원 관리 및 기타 여가 관련 서비스업 관련 산업 활동

• 크로스플랫폼: 하나의 콘텐츠 등을 모바일, 인터넷, DMB 등에 활용하는 기술

※ 출처: "한국 표준 산업 분류" 한국문화 콘텐츠진흥원, 2008.

나. 문화 콘텐츠 외국 산업 현황

세계 문화 콘텐츠 산업시장은 '08년 현재 7,500억 달러 규모이며 그중 TV·방송 부분의 규모가 전체규모의 47%에 달하고 있다. '07년도 기준으로 문화 콘텐츠 산업은 현재 미국이 6,122억 달러로 전체의 40.1%를 차지하며 가장 많은 규모를 자랑하며 일본이 1,161억 달러로 7.6% 그 뒤를 이어갔다. 한국은 368억 달러로 전체 2.4%를 차지하였다. 문화 콘텐츠산업 규모는 2012년까지 연평균 6.6% 성장률을 보이며, 약 2조 1,977억 달러에 달할 전망이다.

[표 Ⅱ-2] 세계문화 콘텐츠 산업 시장 규모

(단위: 백만 달러)

구분	2004년	2005년	2006년	2007년	2008년	2004~2008년 연평균 성장률(%)
영화	82,082	89,434	95,898	102,052	108,026	7.5
TV·방송	281,410	297,444	317,831	334,899	356,579	6.5
음악	29,586	29,578	30,208	31,707	33,660	2.0
게임	72,300	76,980	91,010	103,500	144,900	11.4
애니메이션	5,696	5,897	6,072	6,253	6,453	3.2
디지털 특수효과	5,408	5,784	6,100	6,406	6,918	8.0
모바일 콘텐츠	42,818	56,388	69,000	80,263	100,810	25.6
합계	519,300	561,505	616,119	665,080	757,346	9.0

- 애니메이션은 극장용, TV용 수입만을 포함, 비디오, DVD 수입 제외
- 모바일 콘텐츠는 이동사의 우선데이터 트래픽 매출 기준

※ 출처: "디지털 콘텐츠 외국시장 보고서", 한국소프트웨어진흥원, 2003.
　　"Global Entertainment And Media Outlook 2004~2008", PwC, 2004. .

(단위: 달러)

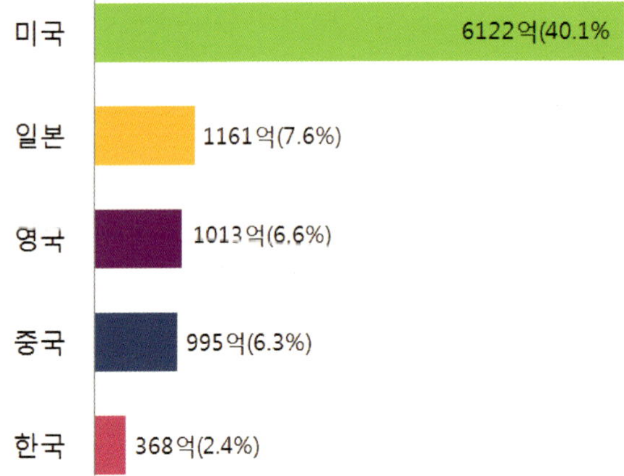

[그림 Ⅱ-2] 문화 콘텐츠 나라별 규모와 점유율

※ 출처: 프라이스워터 하우스쿠퍼스, 2007.

다. 문화 콘텐츠 국내 산업 현황

국내 문화 콘텐츠 관련 산업은 총매출액(2007년), 58조 6,148억 원으로 명목 GDP의 약 6.5% 수준, 연평균(2004년~2007년) 7.7%의 높은 성장세를 보이고 있다. 그러나 부가가치 규모(2007년) 및 GDP의 약 2.6% 수준으로 높은 성장세에도 불구 주요국과 비교할 때 아직 미흡한 수준이다.

일본	미국	영국	한국
5.9%	5.5%	7.8%	2.6%

※ 출처: "문화 콘텐츠 산업 수출현황과 활성화 방안", 한국무역협회. 2009. 6.

수출액의 경우는 2007년 기준 15억 5,539만 달러, 전년대비 13.3%의 성장률을 보이고 있으며, 특히 한류의 영향으로 2004년에 음악, 게임, 방송 영상물을 중심으로 매우 높은 성장률을 보이고 있다. 그러나 2003년 이후부터 수출증가율은 점차 둔화 추세로 전환되고 있는데, 이는 일본 등, 우리나라 문화 콘텐츠 산업의 1위 수출대상 품목인 한류 드라마 열풍 침체로 수출 비중이 '04년 48.9%에서 '07년 13.3%로 감소하여 축소되었다.

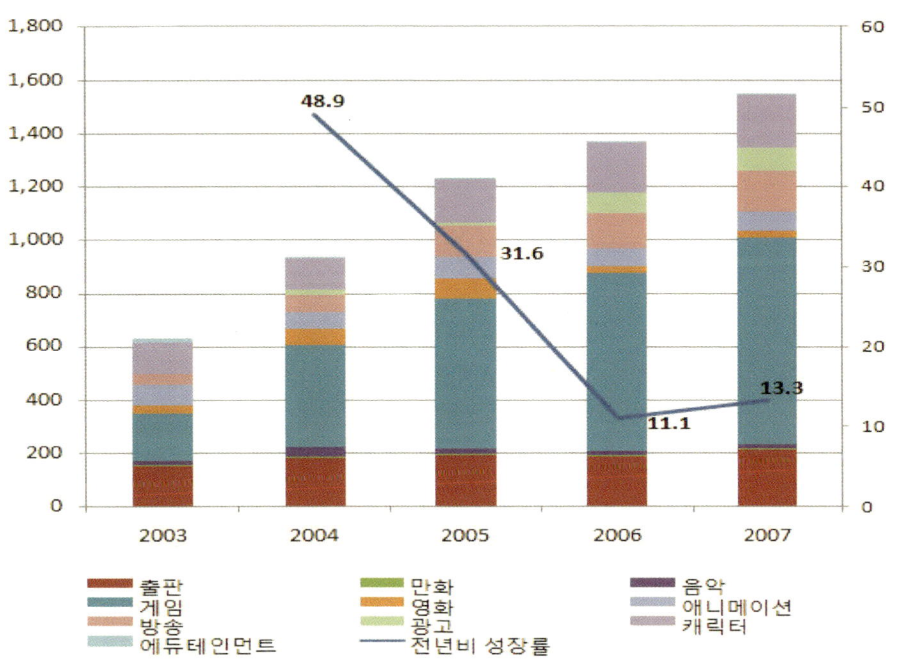

[그림 Ⅱ-3] 문화 콘텐츠 수출 추이

• 청색 라인은 한류드라마의 수출 비중을 나타냄
※ 출처: "문화 콘텐츠 산업 수출현황과 활성화 방안", 한국무역협회. 2009. 6.

방송 콘텐츠 산업 규모를 볼 때, 우리나라의 방송 영상산업 진흥 5개년('08~'12) 계획을 비롯하여 세계 각국에서는 문화 콘텐츠 산업을 국가전략사업으로 인식하고 많은

진흥 정책을 펼치고 있다.

세계적인 중심 산업의 흐름은 1970년대 하드웨어 중심에서 1980년대 소프트웨어 중심, 1990년대 정보통신망 중심, 그리고 2000년대에 이르러 문화 콘텐츠 중심으로 옮겨가고 있으며, 이미 방송 등의 영상 콘텐츠 세계 시장은 우리나라의 주요 수출 품목보다 더 큰 시장 규모를 보유하고 있다. 특히『해리포터』,『스타트랙』처럼 하나의 콘텐츠가 방송, 출판, 영화, 게임 등 전 영역으로 확장하는 OSMU를 고려할 경우 그 문화적, 경제적 파급효과는 더욱 커지게 된다.

세계 방송 콘텐츠 산업은 '07년 3,527억 달러 규모로, 반도체(2,710억 달러), 가전(2,900억 달러)보다 산업 규모 면에서 비교 우위에 있으나, 한국의 경우는 점유율 면에서 2.1%로 아직도 낮은 편이다.

(단위: 억 달러)

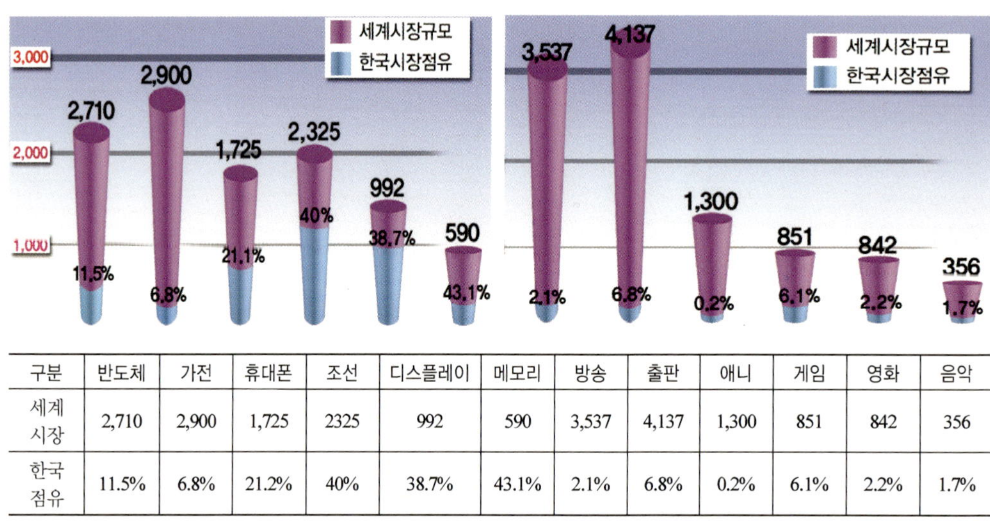

구분	반도체	가전	휴대폰	조선	디스플레이	메모리	방송	출판	애니	게임	영화	음악
세계 시장	2,710	2,900	1,725	2325	992	590	3,537	4,137	1,300	851	842	356
한국 점유	11.5%	6.8%	21.2%	40%	38.7%	43.1%	2.1%	6.8%	0.2%	6.1%	2.2%	1.7%

- 반도체(Gartner, '08. 4.)
- 가전(전자부품연구원, '08. 9.)
- 휴대폰(gather, '08. 2.), 조선('05 Lloyd's)
- 디스플레이(디스플레이산업협회)
- PWC('07): 방송, 출판, 영화, 음악
- Digital VeCTor('05)
- 게임산업백서('07): 게임

[그림 Ⅱ-4] 주요 제조업과 문화 콘텐츠산업의 시장 규모 비교-2007년

※ 출처: "문화 콘텐츠 산업 시장 규모", 한국 문화 콘텐츠 진흥원, 2008.

수출은 전년대비 31.1% 증가. 지상파의 경우 외국 교포 지원과 비디오 및 DVD 판매의 증가, 케이블의 경우 MPP가 자체 제작한 드라마 판매 호조로 인한 결과로 보이며, 반면 한국방

송 영상물 수출의 주력 상품인 '드라마'의 경우는 전년대비 15.5%가 감소한 것으로 나타났다.

[표 II-4] 2005년~2006년도 방송 프로그램 수출입 현황

(단위: 천 달러)

구분	수출			수입		
	2005년	2006년	증감(%)	2005년	2006년	증감
총계	123,493	161,897	31.1	36,975	31,657	14.6 ↑
지상파	113, 736	131,117	15.3	12,657	10,426	17.6 ↑
케이블, PP	9,757	30,780	215.5	24,318	21,231	12.7 ↑

※ 출처: "2006년 방송 프로그램 수출입 현황 분석", 한국방송 영상산업진흥원, 2007.

라. 국내 방송 산업 현황

지난 10년간, 국내 공중파방송 시청 시간은 감소하는 추세를 보이고 있다. 2000년과 2006년 사이 평일 15분, 토요일 16분, 일요일은 32분이나 감소하였다. 반면 케이블방송 등의 뉴미디어와 인터넷 이용은 크게 증가하였다. 이러한 시청의 변화는 방송시장의 점유율에도 그대로 나타나고 있다. 2006년 국내방송시장 규모는 9조 7,199억 원으로 전년대비 12.6%가 증가, 두 자리 수 증가율을 보이고 있다. 이 중 지상파 방송은 총매출 3조 7,060억 원(지상파 DMB 포함)으로 전체 방송매출의 38.15%를 차지하고 있으나 2003년 이후 점유율 하락 추세가 이어지고 있다.

지상파 방송사의 광고 매출 정체에 따라 KBS는 영업손익에서 176억 원 적자, EBS도 적자로 반전되었으며 MBC 지방사는 순익이 전년보다 감소했다. 반면 종합유선방송 매출은 1조 8,625억 원, 채널사업자 매출은 3조 6,687억 원으로 각각 전년대비 16.6%, 17.3% 증가했으며 위성방송사업자의 매출도 증가3)하였다.

[표 II-5] 방송 산업 시장 규모

(단위: 억 원)

구분	지상파 TV	지상파 라디오	종합 유선	중계 유선	방송 채널	일반 위성
2006	33,284	3,752	18.467	157	36,667	3,939
2005	31,763	3,663	15,818	156	31,265	3,473

※ 출처: "2007년 방송산업실태조사", 방송위원회, 2007.

---

3) 출처: "2007년 방송산업실태조사" 방송위원회, 2007.

마. 수출 현황

드라마 수출 비중이 계속 우위를 유지하고 있지만 전년대비 대폭 감소하였으며, 편당 수출단가도 하락추세로 위기를 맞고 있다.

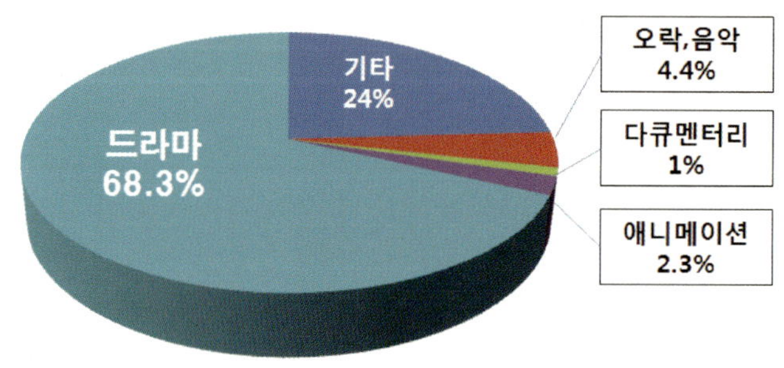

[그림 Ⅱ-5] 장르별 수출 구성비

※ 출처: "2006년 방송 프로그램 수출입 현황 분석". 한국방송 영상산업진흥원. 2007.

방송 '한류'의 주력인 드라마 수출의 감소는 최근 아시아 각국에서 일고 있는 '반한류', '혐한류'의 영향에 따른 것으로 판단되며, 특히 중국의 경우 쿼터제(연 4쿼터, 80시간으로 제한) 도입에 따른 프로그램이 심의 제도로 인해 전년대비 54%가 감소하였다. 또한 일본의 경우도 일본 수용자 선호도가 낮아짐에 따라 일본 판매 감소가 이루어졌으며, 향후 <겨울연가>, <대장금>과 같은 대작 드라마가 나오지 않을 경우 수출은 지속적으로 감소할 것으로 전망된다.

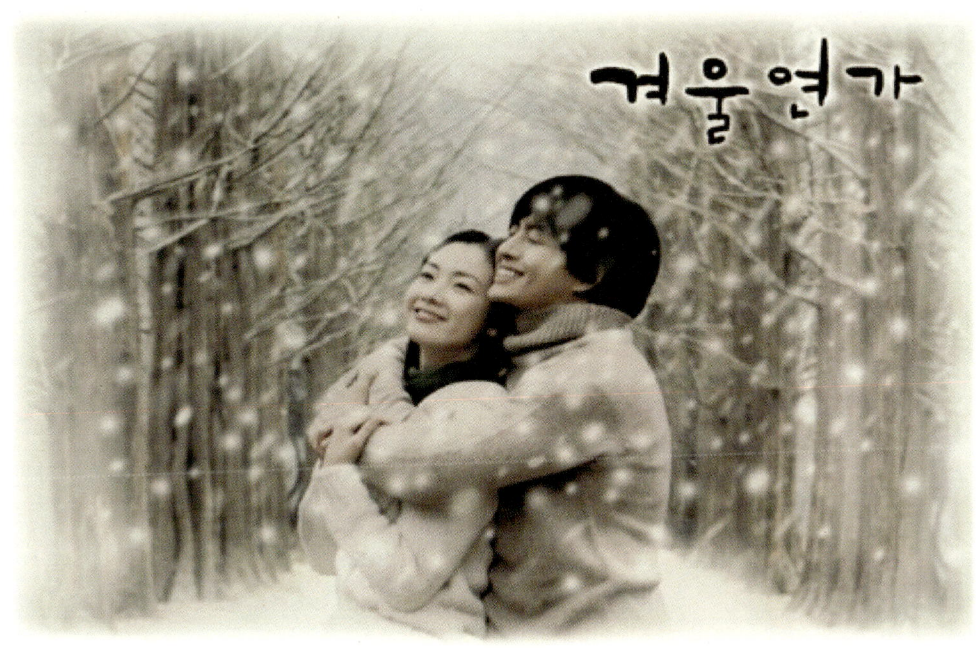

[그림 Ⅱ-6] 한국 드라마 한류 도약에 큰 역할을 한 '겨울연가' (사진: 한국일보, 2007)

[표 Ⅱ-6] 방송 프로그램 국내판매와 국내구매 현황

(단위: 편당. 천원)

구분		프로그램 판매[4]		프로그램 구매[5]	
		편수	금액	편수	금액
지상파 총계		37.762	151,395.036	8.270	19,759.011
공영방송		23.592	101,811.942	7.088	15,043.342
민영방송		11.176	49,543.494	1.182	4,715.669
영어방송		2.984	39.600	0	0
한국방송공사		10.166	46,033.937	1.059	8,966.358
한국교육방송공사		993	886.273	304	645.594
(주)문화방송	본사	8.579	52,232.068	199	2,659.000
	계열사	3.854	2,660.664	5.526	2,772.390
(주)SBS		6.315	45,000.361	126	4,100.559
지역민방		4.861	4,543.133	1.056	615.110
영어방송		2.984	39.600	0	0

※ 출처: 방송산업 실태 조사 보고서. KISDI. 2011

---

4) 지상파방송 3사의 프로그램 판매금에는 계열사 판매분이 포함됨.

5) 프로그램 구매: 지상파방송사, 채널사용사업자, 독립프로덕션, 유통사로부터 구매한 국내물과 국내 유통경로(대행사, 유통사 등)로 구매한 외국
물이 모두 포함됨. 국외를 통해 직접 수입한 외국물은 수입 현황에 포함됨.

2. 문화 콘텐츠로서 드라마 장르의 중요성

1) 한류 열풍의 중심, 드라마

드라마는 온 국민에게 사랑받는 대한민국 대표 문화 콘텐츠인 동시에 원소스 멀티유즈의
핵심 콘텐츠로, 방송은 물론 영화, 출판, 캐릭터 저작권, 게임, 비디오 음반, 공연전시 등에서
활용할 수 있는 기본 원천 콘텐츠(Source Contents)의 역할을 수행하고 있다.

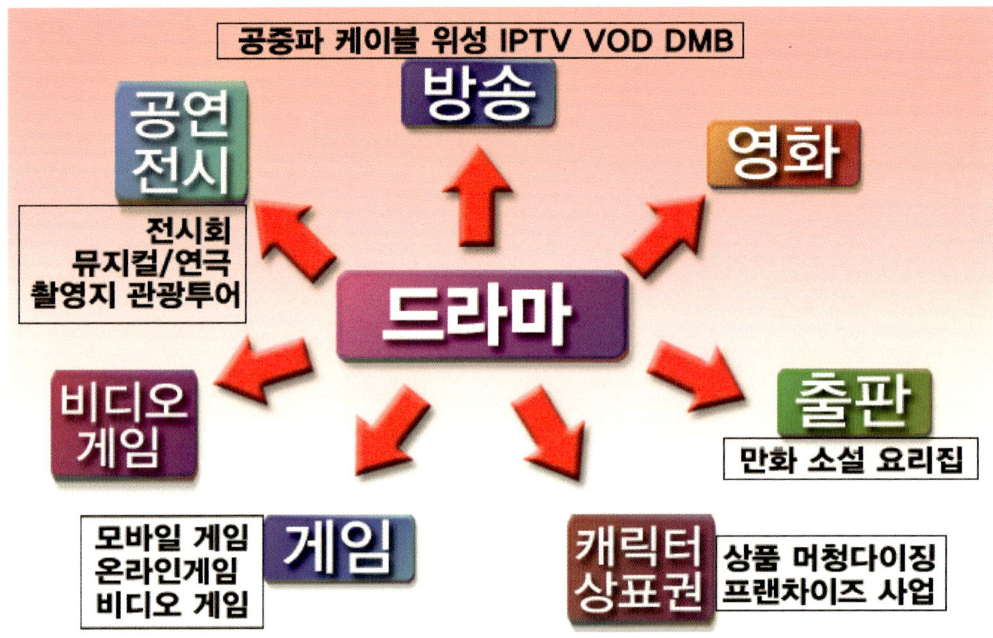

[그림 Ⅱ-7] 드라마의 멀티유즈 기능

한류 드라마의 일본 수출로 양국 간의 경제적 효과를 살펴보면, 일본의 對한국 관광 지출
은 753억 엔(9,680억 원), 생산유발액은 1,571억 엔(2조 원) 규모이다. 또한 한류효과에 일본
국내 소비증가액은 534억 엔(6,866억 원)이며 생산 유발액은 1,796억 엔(2조 3,000억 원)으로
나타났다.

[표 Ⅱ-7] 한류의 일본 내 경제적 효과

한국
단위: 억 엔

2004년도	
한류 효과에 의한 일본의 관광지출 증가액	753
생산 유발액(직접적인 지출 증가분 포함)	1,571
제1차	1,221
제2차	350
부가가치 유발액	764

일본
단위: 억 엔

2004년도	
한류 효과에 의한 일본 국내 소비 증가액	534
생산 유발액(직접적인 지출 증가분 포함)	1,796
제1차	1,443
제2차	353
부가가치 유발액	865

※ 출처: 『통계센스』, 저자 - 가도쿠라 다카시. 2008.

이는 한국은 물론 아시아, 중동지역에 열풍을 일으킨 <대장금>에서도 확인할 수 있다. 삼성경제 연구소 보고서에 따르면, <대장금>이 총생산 유발효과 2,069억 원, 광고, 게임, 출판 등에서 339억 원으로 <겨울연가>의 1,300억 원보다 더 많은 부가 수익을 창출한 것으로 나타났다.

(단위: 억 원)

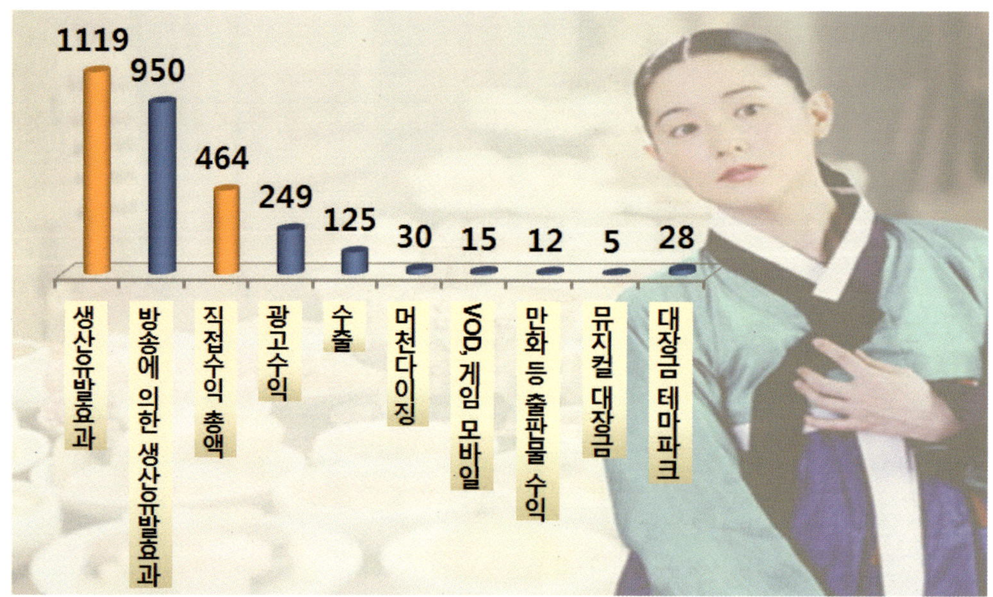

· 생산유발효과: 1,119억 원
· 방송에 의한 생산유발효과: 950억 원
· 직접수익 총액: 464억 원
· 광고수익: 249억 원
· 수출: 125억 원
· 머천다이징, 게임, VOD 모바일, 뮤지컬, 테마파크 등: 90억 원

[그림 Ⅱ-8] 드라마 대장금의 경제효과

※ 출처: 「드라마 대장금의 경제적 효과에 대한 연구」, 삼성경제연구소, 2004.

<대장금>이라는 상표를 다른 상품에 빌려준 수익도 있다. 이미 같은 제목의 만화책과 소설이 출간됐으며, 농산물, 주류, 인삼 드링크류, 떡, 게임, 인터넷 모바일 서비스 등 대장금 이름을 단 상품이 모두 25개에 이르고 있다. iMBC 쪽은 보통 1~2년짜리로 맺은 계약을 통해, 드라마 이외의 분야에서 <대장금>이라는 상표 판매로 벌어들이는 추가수익이 최소 20억 원에서 최고 30억 원에 이를 것으로 보고 있다.

관광 측면에서도 한류는 한국의 이미지를 제고하는 역할을 하고 있다. 외국인들이 한류의 구체적인 콘텐츠인 드라마, 영화 등의 촬영지를 방문하여 드라마나 영화 속 장면을 체험하거나 주인공을 보기 위해 한국을 방문하고 있는데, 이는 드라마의 영향이 매우 크다. 일본의 경우만 보더라도, 한류 열풍 이후, 2008년까지 총 9,680억 원이라는 막대한 관광 효과가 있었으며 '영상관광(Film Tourism)'이라 불리는 관광 매력도 제고 요인의 하나로 인식되고 있다.

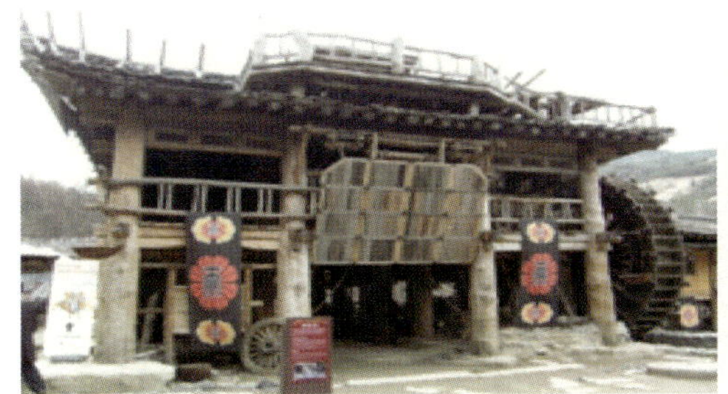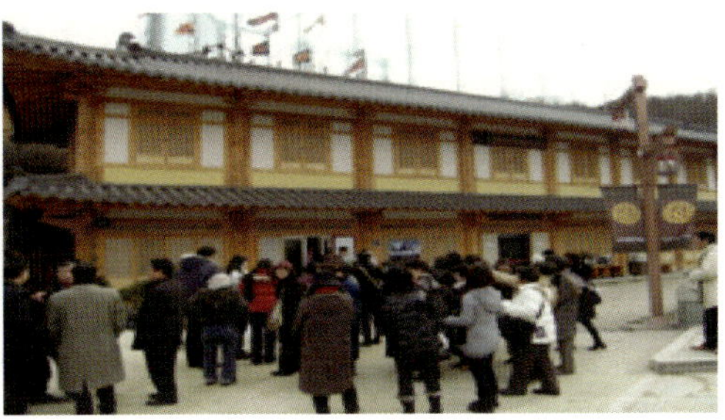

[그림 Ⅱ-9] '09년 3월 관람객 10만 명을 돌파한 고구려 대장간마을(구리시 아천동)

특히 국내 방송시장에서 드라마는 방송사들의 확실한 주 수입원이 되고 있다. 베이징 올림픽이 개최된 2008년 8월에도 전국 시청률 상위 10개 프로그램 중 6개가 드라마이다. 또한 외국에 수출되는 방송 프로그램도 드라마의 비중이 2005년도에 93%에 이를 정도로 드라마에 대한 의존율 및 중요성이 점차 증가하고 있다.

(단위: 억 원)

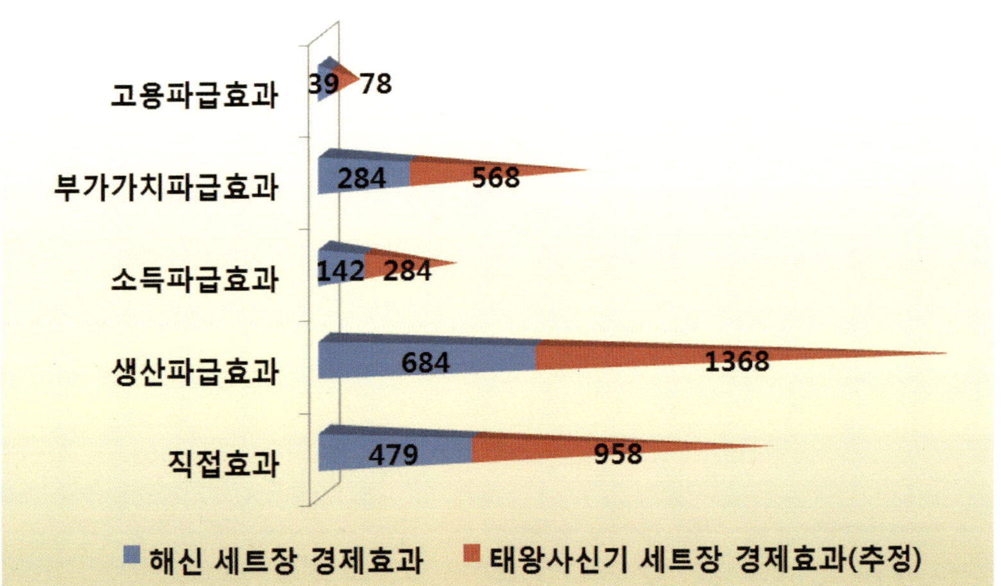

[그림 Ⅱ-10] 드라마 "태왕사신기" 촬영장 경제효과(추정)

• 생산파급효과+소득파급효과+부가가치 파급효과+고용파급효과=간접효과 1,149억 원
• 간접효과+직접효과=1,600억 원
※ 출처: "사극의 경제학" 이코노미21, 2007.

위와 같은 드라마의 인기현상은 서구에서는 유례를 찾아볼 수 없는 것으로 한국만의 독특한 상황이라 볼 수 있다. 드라마는 다른 문화 콘텐츠와 달리 시민의 일상적으로 보편적인 생활상을 보여주고, 일반적인 감성에 호소하기 때문에 국가와 민족 간의 이해 증진에 핵심 수단이기 때문에, 비교적 문화적 할인율이 낮으며, 시청자에게 강력하게 소구하면서 오랫동안 몰입시킨다는 장르적 특성이 있다.

이러한 드라마 장르의 특성 때문에 한국 드라마는 한국인뿐만 아니라 전 세계인에게 사랑받을 수 있는 매력적인 소구력을 가진 콘텐츠라 할 수 있다. 이처럼 국가전략 콘텐츠라고 할 만한 드라마를 어떻게 지속 가능한 산업으로 육성시켜 나가느냐는 현업 제작사든, 국가 정책기관이든 모두에게 매우 중요한 관심사이다.

2) 한류의 쇠퇴

방송 콘텐츠 산업에서 가장 많은 비중과 수익을 창출하며, 국가적 문화 홍보 면에서 중요한 가치를 가짐과 동시에 대한민국 문화 콘텐츠 수출의 중심 역할을 담당하던 한류가 쇠퇴하기 시작하고 있다.

아시아 지역을 중심으로 한류가 본격적으로 시작된 2000년 이후, 방송 프로그램 수출은 매년 증가하는 추세인 반면에 증가율을 점차 둔화되고 있다. 드라마 수출의 경우에는, 2006년에 전년대비 16.3%나 감소함으로써 글로벌 경쟁력에 우려가 제기된 상황이다.

[표 Ⅱ-8] 한국 드라마 수출현황

연도	편당 평균단가	수출액
2001년	840달러	794만 5,000달러
2002년	1,326달러	1,639만 8,000달러
2003년	2,198달러	2,834만 2,000달러
2004년	4,046달러	5,771만 4,000달러
2005년	4,921달러	1억 162만 달러
2006년	4,378달러	8,589만 1,000달러

※ 출처: 한국방송 영상산업진흥원.

[표 Ⅱ-9] 방송 영상물 수출에서 드라마가 차지하는 비율

구분	2005년		2006년		증감	
	편수	금액(천 달러)	편수	금액(천 달러)	편수	금액(천 달러)
전체 수출	21.625	102.626	21.710	95.379	85	−7.247.0
드라마 합계 (수출 %)	20.243 (93.6%)	98.777 (96.2%)	20.189 (93.0%)	89.970.9 (94.3)	−54	−8.806.1
아시아 합계 (드라마 %)	19.858 (98.1%)	96.763 (98.0%)	19.931 (98.7%)	89.424.1 (99.4%)	87	−7.366.1

※ 출처: "방송산업실태조사", 방송위원회(2006, 2007).

다큐멘터리를 포함한 다른 장르의 프로그램이 수출된다는 것은 환영할 만한 일이지만, 경제적 파급효과가 큰 한류 드라마의 수출이 감소세에 있다는 것은, 그동안의 성과에도 세계 5대 콘텐츠 강국으로 진입하기 위해서 걸림돌이 될 수 있다는 점은 우려할 만한 일이다.

한류 쇠퇴의 경향은 이미 수출을 했던 일본, 중국, 대만을 포함한 60여 나라별로 차이를 보이고 있기 때문에, 한류 열풍을 되살리기 위해서는 콘텐츠의 질적 향상을 기초로 국가별로 차별화된 대응책, 즉 선택과 집중에 의한 전략을 수립해야 한다.

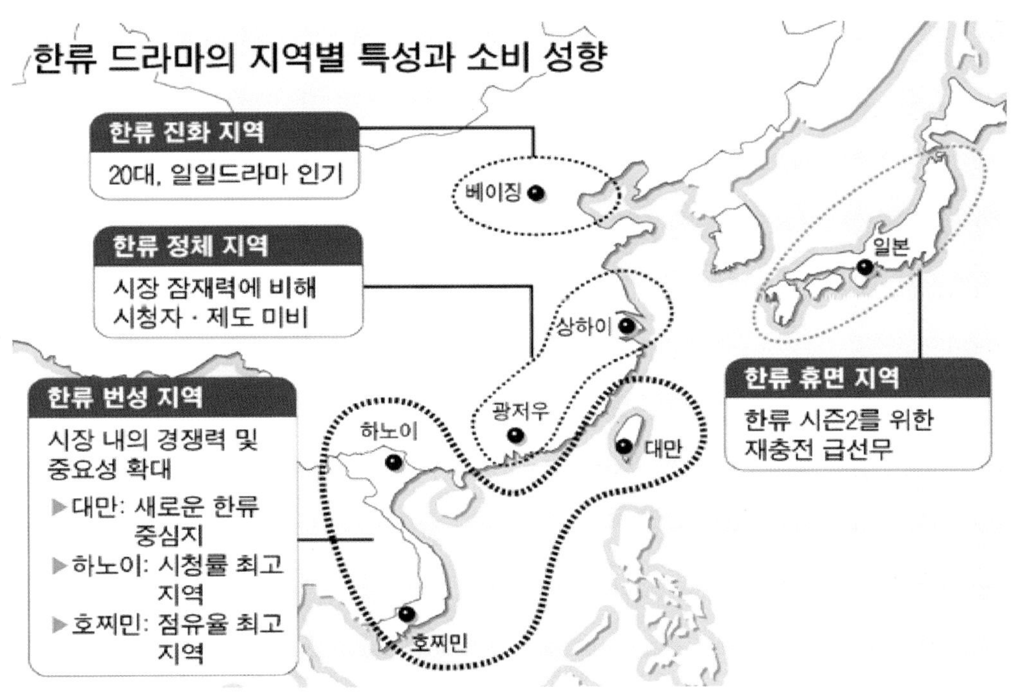

[그림 Ⅱ-11] 선택과 집중을 통한 한류 드라마 부흥 전략

※ 출처: "한류의 지속적 발전을 위한 종합조사연구", 방송 영상산업진흥원, 2008.

이러한 변화를 아시아 국가별로 살펴보면, 일본, 태국, 말레이시아, 싱가포르 등의 국가는 2005년 대비 드라마 판매 건수와 판매금액이 증가한 반면, 대만, 베트남, 필리핀, 인도네시아, 중국의 경우에는 드라마 판매의 건수와 판매금액 모두가 감소세로 전환되었다.

특히 중국은 혐한류와 자국 내 자체 제작 수요증가로 778만 달러에서 549만 달러로 30%가 줄었고, 대만은 1,759만 달러에서 776만 달러로 56%나 감소했다. 이 감소세는 기존의 한류현상에 대한 체계적인 분석과 그를 통한 새로운 전략의 구성이 절실히 필요하다는 것을 방증하는 결과일 것이다.

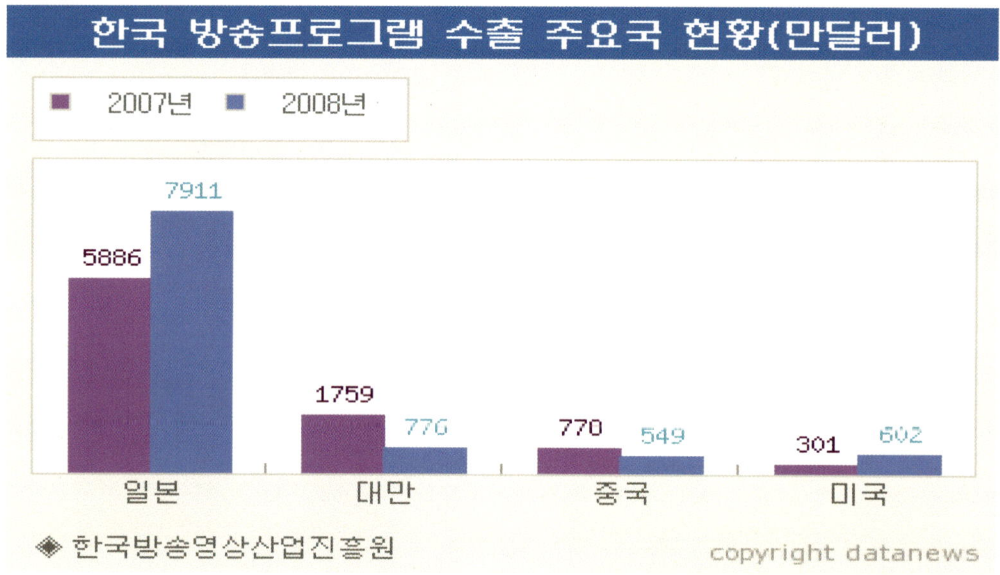

[그림 II-12] '07~'08년간 주요 국가별 방송 영상물 수출 추이

※ 출처: "한국방송 프로그램 수출 현황", 방송 영상산업진흥원, 2008.

[표 II-10] '05~'06년간 아시아 지역별 드라마 판매 수 및 액수

구분	2005년		2006년		증감	
나라명	편수	금액($)	편수	금액(천$)	편수	금액(천$)
대만	1,971	11,823	3,241	20,047.7	1,270	8,224.7
태국	1,388	2,318	1,480	3,832.9	92	1,514.9
말레이시아	731	1,325	1,018	2,523.4	287	1,198.4
싱가포르	832	977	1,416	2,026.9	584	1,049.9
홍콩	1,065	3,196	1,369	3,964.7	304	768.7
미얀마	104	54	902	384.6	798	330.6
캄보디아	24	4	427	116.1	403	112.1
우즈베키스탄	112	24				
독립국가연합	16	5				
러시아	24	14				
카자흐스탄			138	70.2		
베트남	1,152	962	1,188	821.3	36	−140.7
필리핀	1,244	3,996	1,006	3,296.2	−238	−699.8
인도네시아	599	1,138	494	205.7	−105	−932.3
중국	3,763	9,145	3,739	7,517.1	−24	−1,672.9
일본	6,433	61,283	3,136	43,497.5	−3,297	−17,785.5
합계	19,858	96,763	19,931	89,424.1	87	−7,366.1

※ 출처: "방송산업 실태조사". 방송위원회. 2006, 2007.

2005년까지 연평균 90%가량 꾸준히 증가하던 수출 규모가 2006년−16%대로 대폭 하락하게 된 원인에 대해서 한국방송 영상산업진흥원은 한국 드라마의 품질 개선 노력부족과 아시아 각국의 반(反) 한류 현상이 그 원인이라고 설명하였다. 아시아 곳곳에서 문화 콘텐츠, 그 중에서도 대중 친화력이 강한 영상 콘텐츠에 대해서 자국의 콘텐츠를 보호하고 육성하기 위한 정책들을 내놓고 있다. 이러한 보호 장벽이 한류를 가로막는 장애물로 등장하고 있는 것이다.

예를 들어, 중국의 경우에는 한류 드라마수입에 쿼터제를 도입했으며 그나마도 2006년에는 절반 이하로 줄였다. 2005년 전체 드라마 수입 중 31%를 차지하던 한국 드라마의 비중이 지금은 절반에도 못 미치는 수준이다. 또한 일본은 한국 드라마 대신 대만 드라마를 구입하는 사례가 늘고 있다. 대만도 한국 드라마 수입을 무려 80% 이상 감소시켰다.

한류의 수출 감소 및 쇠퇴 현상을 맞이하여, 이에 대응하여 위기에 처한 한류를 지속적으로 확산시킬 수 있도록 방송 제작사 및 시스템의 체질개선 그리고 본격적인 전문 제작 인프라의 필요성이 대두되고 있다.

3. 드라마 제작사의 현황

1) 방송 콘텐츠 산업 현황

국내 전체 방송 산업의 시장규모는 2006년 기준, 9조 7,200억 원으로 전년대비 12.6% 성장했다. 이 중에서도 지상파 방송사의 주간 드라마 편성 비중은 2006년 14.3%(4,750분)에서 2007년 16.8%(5,620)분, 2008년 17.8%(5,980)분으로 계속 증가 추세를 보이고 있다. 특히 2007년도에는 MBC, KBS, SBS의 드라마 편성 비율이 모두 20% 이상을 기록하여, 드라마에 대한 편성 의존도가 더욱 높아진 상황이다.

[표 Ⅱ-11] 지상파 방송의 장르별 편성 비율

구분	보도		교양		오락(드라마, 쇼)	
	시간(분)	비율(%)	시간(분)	비율(%)	시간(분)	비율(%)
KBS 1TV	135,430	30	237,130	53	77,785	17
KBS 2TV	49,645	11	230,205	52	165,970	37
MBC TV	97,736	22	161,046	36	193,743	43
SBS TV	92,350	21	147,830	34	194,385	45

※ 자료 출처: "2007년 방송산업실태조사", 방송위원회, 2007.

이러한 오락 프로그램 중에 쇼 프로그램을 제외하고는 드라마가 많은 비중을 차지하고 있다. 드라마는 편성 시간상에서 중요할 뿐 아니라, 지상파 방송사의 간판 프로그램이고, 수익원의 역할도 해내고 있다. 따라서 드라마 시청률에 따라 방송사의 인기도를 나타내게 되고, TV 광고수익에도 많은 영향을 주고 있어서 드라마에 대한 의존도는 증가하고 있다.

현재의 시청률은 향후 2년 뒤의 같은 시간, 같은 요일 편성에 대한 시간당 광고 기준요금 산정의 근거가 되어 방송사 단가 구성에 주요한 기준점이 되어 있다. 또한 드라마가 흥행할 경우에는, 드라마 자체의 판권 판매 및 OSMU 효과 발생 등으로 인해 드라마 제작 및 편성의 중요성은 점차 높아지고 있다.

자사 방송 브랜드의 인지도 강화, 지상파 TV의 자체 콘텐츠 통제력 강화, FTA 등에 따른 외국 드라마 구매기회 축소 등의 요인으로 인해 이러한 현상은 케이블 및 위성방송의 경우에서도 나타나고 있다. 특히 케이블과 위성방송에서는 지상파가 제작할 수 없는 방송물(공포물 및 성인물)을 주로 기획하여 차별화를 노리고 있다.

2) 드라마 외주제작의 증가

　방송 프로그램의 제작에서 외주제작이 점차 증가하고 있다. 2007년 방송산업 실태조사에 따르면 방송산업 전체의 총제작비 중에서 자체제작비용이 7,700억 원인 데 비해 순수 외주는 3,200억 원에 이르러 자체 제작 비용의 42%에 이르고 있다. 공중파 방송만을 대상으로 본다면 2004년 43%에서 2006년에는 54%로 크게 증가하였다.

[표 Ⅱ-12] 방송사의 자체제작 및 외주 현황(구매는 제외)

(단위: 천 원)

구분	자체제작	공동제작	순수 외주	특수관계자 외주
시간(분)	64,138,964	832,265	1,423,145	131,904
비용	770,843,249	18,616,164	320,790,475	27,789,516

※ 출처: "2007년 방송산업 실태조사", 방송위원회, 2007.

　외주제작의 비중이 증가하는 것은 첫째, 방송위원회에서 콘텐츠 공급자인 외주제작사를 보호하기 위해 지상파 방송 외주제작 의무비율을 매년 고시하고 있기 때문이다. 이러한 정부의 정책에 의해 1999년 3%에서 시작된 외주비율이 매년 높아졌다.

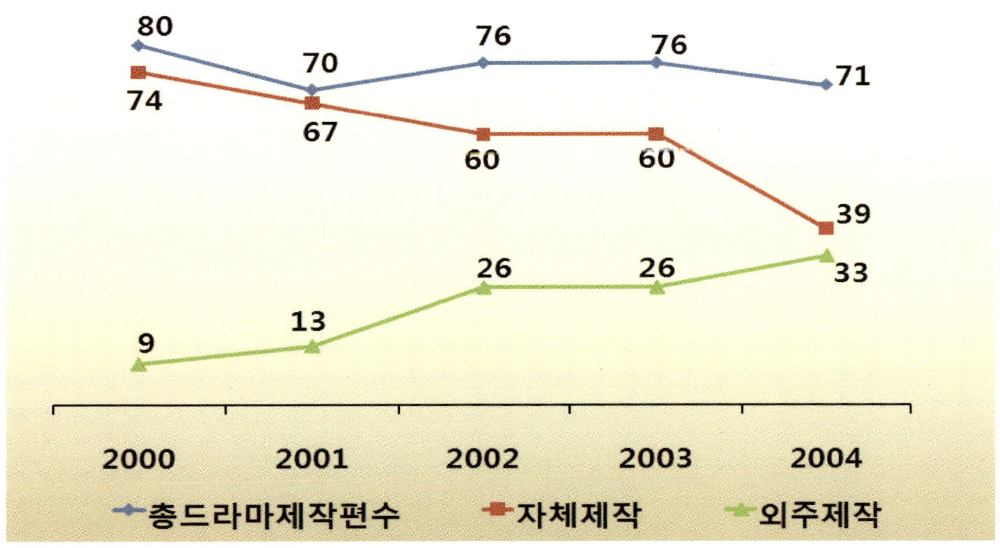

[그림 Ⅱ-13] 자체 및 외주 제작 편수 비교

※ 출처: "국내 드라마 제작추이", 한국방송 영상산업진흥원, 2006.

둘째, 매체의 다양화이다. 영상을 소비할 수 있는 매체가 과거에는 주로 공중파 방송이었으나 점차 케이블 방송, 위성방송, 인터넷 VOD 서비스, DMB, IPTV 등 다양해져, 이들 매체의 수요를 채울 수 있는 콘텐츠가 필요하게 되었고 이에 따라 콘텐츠를 전문적으로 제작할 수 있는 독립제작사들이 늘어났다.

셋째, 스타의 출연료 상승에 따른 제작비의 상승이다. 미니시리즈급 드라마의 평균 제작비용은 회당 8천만 원에서 9천만 원 정도인데, 시청률을 보장하는 검증된 스타의 경우 1천만 원에서 2천만 원의 출연료가 소요된다.

스타 두 명을 남녀주인공으로 출연시킬 경우 제작비의 절반 가량이 배우 개런티로 지출되고 여기에 회당 2천만 원선을 받는 작가까지 동원된다면 제작비 대부분을 스타와 작가에 대한 비용이 차지하게 된다.

[표 Ⅱ-13] 유명 배우들의 드라마 회당 출연료

(단위: 만 원)

배우 및 출연작	출연료	배우 및 출연작	출연료
배용준-"태왕사신기"	2억 5,000	권상우-"못된 사랑", 박신양-"바람의 화원", 이정재-"에어시티"	5,000
송승헌-"에덴의 동쪽"	7,000	송일국-"바람의 나라"	4,000
최지우-"스타의 연인"	4,800	소지섭-"카인과 아벨"	3,000
고현정-"히트", 송혜교-"그들이 사는 세상"	3,500	김정은-"종합병원 2"	2,200
김명민-"베토벤 바이러스", 이준기-"일지매", 김래원-"식객", 하지원-"황진이", 한예슬-"타짜", 김선아-"밤이면 밤마다"	2,500	문근영-"바람의 화원", 윤계상-"누구세요"	1,800
윤은혜-"커피프린스", 차태현-"종합병원 2"	2,000		

※ 출처: 한국TV드라마 PD협회, 2009.

이러한 상황을 돌파하기 위해 드라마 제작에 외부협찬, 즉 간접광고(PPL)가 등장하게 되었다. 특정업체의 상품을 노출시키고, 협찬비로 기업체의 투자를 받는 간접광고는 규제 완화로 인해 외주제작사는 2005년 말부터 일정수준 허용해주는 분위기이나 공중파 방송에서는 간접광고가 금지되어 있어 공중파 방송사는 자체제작을 할 경우 높아가는 제작비를 맞출 수 없기 때문에 외주제작을 하지 않을 수 없다.

넷째, 유명한 스타들을 매니지먼트하는 매니지먼트사가 직접 드라마를 제작한 것이다. 제작과 매니지먼트의 일원화는 외주제작사의 스타캐스팅을 용이하게 하여 드라마 제작에 있어서 공중파의 입지를 약화시켰다. 이외에도 방송사는 아웃소싱을 통한 저비용 인건비, 공중파 내부의 고급 인력이 외부 스핀오프 등으로 외부 독립제작사의 경쟁력이 높아졌고, 이처럼, 외주제작사의 드라마 제작이 증가하는 상황에서, 드라마의 질적 향상이 담보되어야 한류의 재점화가 가능한 상황이나, 몇 가지 요인들이 드라마 제작의 위기를 불러오고 있다.

4. 한국 드라마의 위기

1) 드라마 제작사의 영세성

　한국의 외주제작사의 경우, 방송사보다 훨씬 규모가 작아서 한 편의 드라마 제작 손실은 해당 드라마에만 국한된 것이 아니고, 제작사의 생존과도 직결되는 사안이다. 2008년 손익계산서를 분석한 결과 5대 드라마제작사(김종학 프로덕션, 올리브나인, 초록뱀 미디어, 팬엔터테인먼트, JS픽쳐스) 포함, 10대 외주제작사를 분석한 결과, 삼화네트워크와 클루넷을 제외하고 전부 적자를 기록한 것으로 나타났으며, 일부 외주제작사의 도산설, 합병설 등이 제기되고 있다. 아래 표에서 알 수 있듯이 외주제작사 10곳 중 3곳만이 매출액이 증가했고, 나머지 7곳은 경제위기 등으로 인해 많이 감소한 것으로 나타났다.

[표 Ⅱ-14] 주요 드라마제작사의 경영성과

(단위: 억 원)

외주제작사	주요제작 드라마	2006	2007	2008
김종학프로덕션	베토벤바이러스/이산/하얀거탑/풀하우스	3.8	−386.4	−126.2
삼화네트워크	엄마가 뿔났다/조강지처클럽/며느리 전성시대	13.5	−23.4	16.7
스타맥스	가문의 영광/완벽한 이웃을 만나는 법	−6.9	5.6	−148.8
싸이더스 HQ	누구세요/고맙습니다	−54.2	14.4	−166.7
예당 엔터테인먼트	떼루와/로비스트	−424.9	−220.5	−561
옐로우 엔터테인먼트	연애시대/섬데이	−141.7	−102	−69.2
올리브나인	왕과나/주몽/마왕/황금신부	−109.2	043	−84
초록뱀미디어	바람의 나라/주몽/올인/거침없이 하이킥	−86.6	−186.3	−31.1
팬엔터테인먼트	사랑해 울지마/태양의 여자/신의 저울	35.8	3.9	−0.8
클로넷	워킹맘/식객/궁S/꽃보다 남자	10.9	10.2	26.3

※ 출처: "금융감독원전자공시 시스템에서 재구성", 2008. 12.

광고수익은 급감하는데, 제작비는 오히려 상승하고 있어 수익구조가 크게 악화되고 있으며, 더 큰 문제는 이런 구조가 커다란 이변이 없는 한 지속될 수밖에 없다는 점이다. 완성도 높은 드라마에 대한 욕구 대비 늘어나는 제작비 재원확대 등을 위한 합법적 대안을 찾지 못하고 있어 지상파 방송사 내부에서는 자체제작 시스템의 붕괴를 우려하는 목소리가 커지고 있다.

이에 대한 대안으로는 주요 수입원인 광고시장 확대 등 고질적인 적자구조 해소 및 음성적 거래 방지를 위한 드라마 산업의 체질 개선이 필요하다. 외주제도 도입으로 양적으로 확대된 드라마 외주제작이 전체 드라마의 70% 이상을 차지하고 있음에도 안정적인 산업구조를 마련하지 못하고 있으며, 특히 작년 중반 이후의 글로벌 경제위기로 인해 사정은 더욱 악화되고 있어 외주제작사의 경영은 심각한 기로에 봉착해 있다.

아래 표에서 알 수 있듯이 주요 드라마제작사의 2008년 1분기와 2009년 1분기 경영지표는 일부 제작사를 제외하고 경제위기로 인해 매출이 크게 떨어졌음을 보여주고 있다. 이는 제작원가는 상승했음에도 외국한류 시장의 불투명성은 심화된 것에 기인하고 있다.

다시 말해 외국한류 시장이 축소되었음에도 이에 상응해 제작원가가 하락되어야 함에도 떨어지지 않은 점이 수익성 악화로 나타났다. 문제는 경영위기가 지속될 경우 외주제작시스템의 구조적 위기를 불러올 수 있다는 점이다.

[표Ⅱ-15] 2008년 1분기와 2009년 1분기 주요 드라마 제작사 매출액 비교

(단위: 원)

구분	2008년 1분기	2009년 1분기
김종학프로덕션	11,002,803,338	6.247.717.026
클루넷(JS프로덕션)	4,659,036,343	8,792,042,159
팬엔터테인먼트	3,061,577,549	4,092,914,784
삼화네트웍스(삼화프로덕션)	7,151,287,369	1,235,190,757
초록뱀미디어	1,581,972,610	2,405,362,020
IHQ	10,852,849,001	9,615,997,383
지디코프(에이트픽스, 네오쏠라)	1,347,389,465	124,932,410
옐로우엔터테인먼트	4,610,938,262	155,183,335
포이보스	2,943,950,579	260,973,185
올리브나인	14,117,012,152	8,219,021,639
SC팅크그린	1,923,782,536	1,039,315,115

2) 드라마 제작 시스템의 문제점

한일 양국은 방송제도 및 산업 측면뿐 아니라 드라마를 만드는 제작구조 및 과정 역시 유사한 특성이 있다. 지상파 방송중심의 드라마 생산과 외주제작의 역할과 기능, 드라마 제작 과정도 유사하기 때문에, 한일드라마 제작과 편성 비교는 한국 드라마가 안고 있는 다양한 문제를 해결하는 단서 및 시사점을 제공하는 기회가 될 것이다.

아울러, 일본은 애니메이션과 함께 드라마가 '일류(日流)' 콘텐츠를 주도하고 있기 때문에 한국과 일본의 드라마는 아시아 시장을 두고 경합하는 라이벌 관계에 있다. 일본 드라마 제작 시스템을 알고 그 이점을 받아들이는 것은, 앞으로 아시아 시장을 목표로 한 한류 드라마를 강화하는 유의미한 작업이 될 것이다.

[표 Ⅱ-16] 한일 드라마의 제작 환경 비교

번호	항목	한국 드라마	일본 드라마
1	주간편성	주 2회, 140분 방송 16~24부작	주 1회, 50분 방송
2	외주제작사	30~40개 社	50개 社
3	외주제작 형태	독립된 제작사 형태	방송사 계열사 형태가 상당수
4	외주제작비	평균 1억 5,000만 원	평균 3억~5억 원
5	제작비 지원형태	전체 제작비의 60% 지급	전체 제작비의 100% 지급
6	제작형태	방송 편성시간에 맞춰 제작	사전제작 혹은 준 사전 제작 (6개월~1년 전에 기획완료, 1/2 분량을 사전제작)
7	연출형태	현장 디렉터 중심	현장 디렉터와 프로듀서 업무가 명확히 분리(전문화)
8	출연료	제작비의 60% 육박	제작비의 20~30%
9	수익구조	1차에서 안정적 수익 불가	1차에서 안정적 수익 가능
10	특징	DVD, 비디오 등을 통해 외국 수출 중심	히트한 드라마는 특집극으로 제작한 뒤, 영화화 하여 시너지효과 창출

※ 출처: "한일 드라마 제작환경 비교", 한국방송 영상산업진흥원, 2009. 4.

현재의 주 2회 140분 편성, 16부작 또는 24부작 체제에서는 제작현장의 노동 부담이 가중되며, 열악한 환경에서 제작 퀄리티와 완성도가 떨어지는 현상이 발생한다. 그렇기 때문에 경쟁적인 시스템에서 탈피하여야 하며, 사전제작 및 준 사전 제작의 제작 관행의 도입을 검토할 필요가 있다. 지금과 같은 시스템에서는 열악한 제작환경과 조달압박에 외주제작사가 시달릴 수밖에 없으며, 저렴한 제작비에 빨리 제작할 수 있는 막장 드라마를 양산할 수밖에 없다.

지상파와 종편채널 그리고 IPTV와 케이블 TV 등 방통 융합에 따른 기술을 바탕으로 다양한 방식의 채널이 생기게 되어 현 지상파와 다름이 없는 방송을 시청할 수 있다. 이로 인해 시청자 확보를 위한 경쟁력 있는 다양한 드라마콘텐츠 제작 수요가 늘어날 것이며, 이를 공급할 만한 드라마 제작사의 현재 환경은 더욱더 어려울 수밖에 없다.

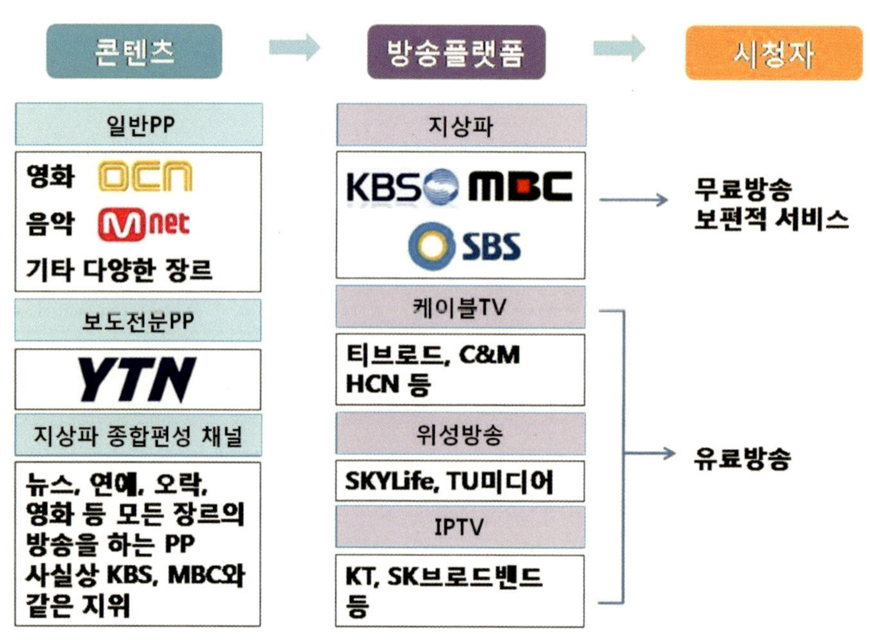

[그림 Ⅱ-14] 미디어법 개정에 따른 방송 환경의 변화

※ 출처: "미디어법 개정에 따른 환경변화", 국민일보, 2009.

외주제작의 형태는 일본의 경우, 방송사가 투자한 계열형태의 드라마제작사가 상당수를 차지하고 있으나, 한국의 경우에는 독립제작사 형태로 되어 있다. 또한 평균 1억 5,000만 원이 소요되는 드라마 제작에 있어서 방송사의 지원으로 방송을 제작하기 때문에 방송사에 종속되는 경우가 많고, 또 전액지원을 받지 못하기 때문에 자체조달, 민간투자, PPL 등에 신경을 써야 한다.

일본의 경우에는 실제작비의 100%가 지급되기 때문에 한국처럼 부족한 제작비를 조달할 필요가 없다. 아울러 일본은 1차 시장 이후 2차 시장에 대한 이용권은 제작사에 돌려주는 사례가 두드러지는 등, 드라마 제작사에 대한 권리를 인정하고 있다.

[표 II-17] 드라마 간접광고 현황

대상 프로그램	방송사	방송일시	분석대상 회차
싱글파파는 열애 중	KBS2	매주 월, 화(종영)	1회-16회
누구세요?	MBC	매주 수, 목	1회-12회
온에어	SBS	매주 수, 목	1회-12회

프로그램명	싱글파파는 열애 중	누구세요?	온에어
제작지원 및 협찬	제작지원	촬영협조	제작지원
	3LAB/서울우유/롯데마트	닥터박 갤러리 차량 협조 인피니티	Job Korea/떡쌈시대/K2/이신우/리오앨리/여성크로커다일
	협찬	협찬	협찬
	LG싸이언/GS25/던킨도너츠/엔젤인어스커피점/폭스바겐코리아/체리쉬가구/GEM컬렉션/이부자리/LG지인벽지/신한벽지 등	명품가구 채리쉬/류명수가구/자작나무가구/대우노트북/삼성파브/삼성애니콜/밴틀리/루쏘 등	던킨도너츠/렉서스/삼성자동차/라스카 "뮤"/한국도자기/마이비누/아이로봇 룸바 등

※ 출처: "드라마의 간접광고 현황", 경실련 미디어워치, 2008.

이울리 한류 이후에 배우들이 출연료와 작가료 등이 급상승해 전체 제작비 예산 구조를 상당 부분 압박하고 있는 상황이다. 이는 미술 세트 디자인 등에 투자될 예산을 감축시켜 드라마의 질을 떨어뜨리고 스태프의 사기를 저하시키는 부정적 영향을 미친다. 제작사는 이러한 스타급 연기자들을 피하고 신인 연기자를 등장시키는 대안을 사용하며, 이 경우 미숙한 연기로 드라마의 전반적인 질을 하락시키는 결과를 초래하기도 한다.

일본은 광고수익 대비 제작비가 높은 한국에 비해 합리적 수준에서 제작비가 책정되어 안정된 드라마 수익기반을 가지고 있다. 즉, 1차 시장인 지상파 방송에서 안정적 수익모델을 확립할 수 있는 시장을 가진 것이다. 한국은 2차 시장까지 진출해서 2차 시장 또는 외국시장에서 수익을 내야 적자를 면할 수 있는 불안정한 시스템을 가졌다.

3) 디지털 방송 전환 및 방송통신 융합

한편, 2012년부터 시행되는 방송의 디지털 전환은 아날로그에서 디지털로 방송 영상의 패러다임이 전환되는 과정이다. 디지털 전환은 기존보다 많은 채널과 2~4배 선명한 고화질, 고음질 제공, 그리고 데이터방송, T-commerce, VOD 등, 양방향 서비스가 가능함으로써 시청자들의 채널 선택권을 확보하고 방송의 질적 수준을 향상시킬 수 있다.

관련 산업의 성장 촉진과 전체 국가 경제의 성장에 기여한다는 기대하에, 우리나라 정부에서는 2006년부터 2012년까지 디지털 방송 전환으로 인한 경제적 가치를 생산유발효과 122조 원, 고용유발효과 84만 명(1년 기준), 부가가치유발효과 40조 원, 대외수출 318억 달러로 추정하고 있다. 아울러, 방송통신 융합은 콘텐츠 제작에서부터 유통, 소비까지 전반적인 변화를 초래하여 미디어 패러다임의 전환이라 불릴 만큼 근본적인 변화를 초래할 것으로 전망되고 있다.

[표 Ⅱ-18] 디지털위성방송사업 자체 매출규모 한·일 비교

국가	사업자	2002 (한국: 사업 1년차)	2005 (한국: 사업 4년차)	2006 (한국: 사업 5년차)
한국	한국디지털위성방송 (스카이 라이브)	781억 원	7,887억 원	1조 3,000억 원
일본	BS 디지털	9,810원	3조 6,983억 원	4조 3,862억 원
	CS 디지털	1조 8,016억 원	2조 6,579억 원	2조 8,870억 원
합계		2조 6,826억 원	6조 3,562억 원	7조 2,732억 원
한국/일본(규모 비교)		2.9%	12.4%	17.8%

- 일본의 매출규모는 환율 〈100엔당 987원, 2002. 2. 22 기준환율〉에 따라 원화로 환산
※ 출처: 1. 한국 측 전망치 – 한국디지털위성방송 내부 자료.
　　　　 2. 일본 측 전망치 – "디지털 방송시장전망", 노무라 종합연구소, 2001. 12.

방송의 디지털화에 따라 데이터방송, VOD, EPG 서비스와 광대역화에 따른 IPTV, BcN 서비스 등을 수용함으로써 방송과 통신의 융합현상은 더욱 확대될 전망이며, 서비스 차원에서는 방송과 통신의 특성을 동시에 가진 서비스의 다수 출현. 인터넷망을 이용한 웹캐스팅, 이동전화를 이용한 방송 프로그램 전송(예: June, Fimm), 포털TV 서비스, 데이터방송, 그리고 T-Commerce 등이 그 한 예이다.

사업자 차원에서는 기존의 통신사업자가 위성방송(예: SkyLife)이나 위성 DMB(예: SKT의 TU 미디어) 사업에 뛰어들거나 방송사업자(예: 케이블 TV SO 사업자)가 초고속인터넷 사업

이나 인터넷전화(VoIP) 사업에 참여하는 현상을 의미한다. 이러한 패러다임의 전환은 방송 영상 산업에 있어서 하나의 도전으로, HD 방송 영상 프로그램의 제작 기반이 미비하고 지상파 방송에 집중된 방송프로그램 제작설비로 인해 외주제작사들이 지상파 종속구조로 심화될 우려도 존재하고 있다.

4) 한미 FTA 협상에 의한 미디어 산업 변화

한미 FTA의 서비스/투자분과 협상결과에 따르면, 현행 방송법상 49%로 제한되어 있는 일반 PP(방송채널사용사업자)에 대한 직접투자 한도는 현행 49%를 유지하는 대신, 국내법인 설립을 통한 PP 투자는 현행 50%를 100%까지 허용(발효 후 3년 이내)하였다(보도·종합편성·홈쇼핑 분야는 제외). 이는 외국기업이 직접 국내 PP의 경영권을 행사하는 것은 제한되지만, 외국기업이 100% 지분을 가진 외국계 법인도 국내 자회사를 설립해 국내 PP를 운영하거나 기존 국내 PP의 지분을 100% 보유하는 것은 허용되었음을 의미한다.

한국케이블 TV방송협회는 FTA의 직접적인 피해가 매출액 중 약 70%에 이를 것으로 예측하면서 미국 자본의 영향에 우려를 표하고 있다. 특히 이런 피해는 판권료 상승에 따른 경영상의 어려움과 국내 PP 자체 제작물의 감소, 그리고 영세 PP의 도산과 약 30%의 직접 고용 인력의 감소 등에 따른 것이라고 진단했다(미디어오늘, 2007. 5. 15).

[표 II-19] 한미 FTA에 따른 방송시장 피해규모 예측

예측기관	방송위원회(2007)	한국케이블 TV협회(2007)	국책연구기관 11곳(2007)
매출액 감소	2,447~4,894억 원 (2012~2021)	2,800~7,000억 원 (2012~2021)	연평균 36억 6,000만 원 (실질가치 26.9억 원) (10년 기준 366억 원)
고용감소	900~1,800명	1,000~3,000명	-

※ 출처: 정인숙(2007), 방송시장개방 영향평가 및 콘텐츠 산업의 경쟁력전망. KCTA 2007 발표자료.

외국자본의 유입을 통해, 미국의 거대 미디어 그룹이 한국의 케이블 TV와 위성방송에서 그들이 직접 소유, 경영, 편성을 할 수 있는 채널을 가지고 한국의 중소 PP들과 무제한 경쟁을 벌이는 상황이 전개하게 되었다. 이에 따라 온미디어와 CJ미디어 등 국내 대형 PP사들은 수입원의 감소가 예상되어 그동안 외국 프로그램을 통해서 확보한 수입을 통해 자체 제작에 투자하고 있다(권호영, 2007. 3.)

경제적 파급효과	사회 문화적 파급효과
○ PP산업, 플랫폼 산업의 경쟁 심화로 수익 감소 ○ 미국 프로그램 직배로 인한 수익 감소 ○ 미국 프로그램 판권료의 인상으로 인한 비용 증가 ○ 영화, 애니메이션 쿼터 완화로 인한 수익 감소 ○ 국내 PP의 2차 유통 창구화 ○ 영세 규모 PP의 도산, M&A 등으로 인한 고용 인력의 감소 ○ 외국 수출 시장 축소	○ 보편적 콘텐츠 증대에 따른 내용 다양성의 감소 ○ 쿼터제 완화에 따른 국내 영상물 제작・편성 감소 ○ 저가 수입 콘텐츠 급증 ○ 공익프로그램의 감소

※ 출처: 정인숙(2007), 방송시장개방 영향평가 및 콘텐츠 산업의 경쟁력전망. KCTA 2007 발표자료.

그 결과 초기 단계의 자체제작을 해 오면서 부가가치가 높은 방송 콘텐츠산업의 핵심 성장 동력이 되어 오던 국내 PP들은 자체제작을 포기하게 되어 독립제작사들의 붕괴와 함께 연쇄적으로 국내 콘텐츠 제작시장의 위축이 예상된다. 더구나 미국의 미디어 기업들은 세계 시장을 지배하는 거대 미디어 다국적 복합 기업으로서 국내 시장에 진입 시 정보, 문화, 지식, 오락 분야에 집중된 콘텐츠를 통해 이윤과 문화적 지배력을 동시에 가지게 되는 결과를 가져올 가능성을 배제할 수 없다.

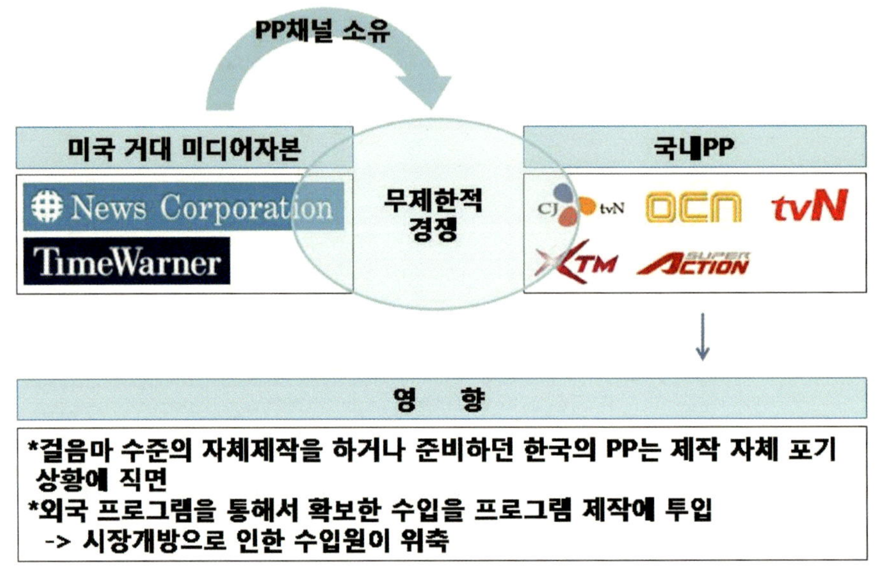

출처 : 양문석(2007). 한 미 FTA타결에 따른 시청각미디어분야 문제점과 대안. 영상미디어센터

[그림 II-15] 한미 FTA에 따른 국내 PP의 고사위기

외국 방송사업자가 자사 브랜드로 직접 국내 방송시장에 진출할 경우에도 국내 PP들이 인기 있는 외국 콘텐츠를 수급하기가 더욱 어려워질 것으로 예상되며, 외국 인기 콘텐츠의 가격이 높아질 가능성이 크다. 외국 콘텐츠의 가격이 높아지면 이는 결국 국내 유료방송 시장의 소비자 가격 상승으로 이어질 수밖에 없으며, 상대적으로 자금력이 열세인 국내 PP는 자체 제작이 더욱 힘들어져 미국 메이저 콘텐츠 제작사의 2차 유통 창구로 전락할 가능성이 예상된다. 또한 저가의 외국 콘텐츠가 대규모로 국내에 유입됨으로써 국내콘텐츠 제작사들의 경영난이 야기될 우려가 있다.

비슷한 사례는 대만에서 볼 수 있다. 대만의 드라마 시장이 붕괴된 이유는, 자체제작 비율은 저조한 반면, 외국 방송 콘텐츠의 시장 진입과 외국 업체와의 합작 제작이 활발하게 이루어지고 있었기 때문이다. 현재 대만에서 방영되고 있는 외국 방송 콘텐츠는 전체 방송 분량의 약 85%를 차지하고 있으며 이 중 드라마가 43.17%로 가장 높은 비중을 차지하고 있다.

이미 국내 지상파 시장에서도 케이블 텔레비전과 마찬가지로 비싼 드라마를 제작하느니 인기 있는 미국 드라마를 싸게 구매하여 편성하는 일이 벌어지고 있다. 미드로 국내에 잘 알려진 '로스트'의 경우 회당 제작비는 40억 원 가량이다. 이에 비해, 국내에서는 이 제작비로 거의 16회분의 드라마를 제작한다. 물론 제작비가 드라마의 품질을 좌우하는 결정적 변인은 아닐지라도 시청률 및 장기적인 드라마 시장에 영향을 미치는 중요한 요소가 될 수밖에 없다.

[표 II-21] 각국의 드라마 품질을 결정하는 주요 요소

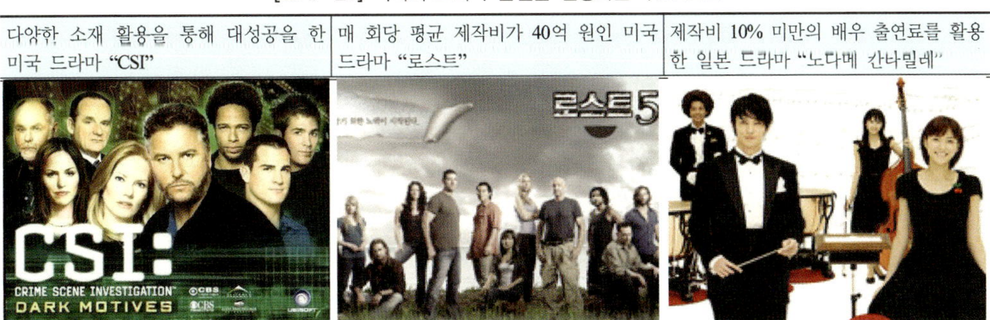

※ 출처: "디지털 타임스 '드라마와 방송시장", 이만제 방송 영상산업진흥원 책임연구원. 2008. 5.

5) 미국 드라마의 열풍

　최근 국내 드라마시장에서 눈에 띄는 현상 중 하나로 외국 드라마의 시장 진입을 들 수 있다. 미국 드라마 '프리즌 브레이크'의 인기로 주연 배우 '스코필드'의 인기를 실감케 하는 '석호필 신드롬'이 불었던 것도 외국의 드라마가 국내 드라마 시장에 얼마나 영향을 주고 있었는지를 보여주는 사례라 하겠다.

　이러한 현상은 2007년부터 케이블 TV를 중심으로 이미 방영되었거나 방영되고 있는 드라마들을 보면 외국 드라마, 그중에도 특히 미국 드라마의 인기를 실감케 한다.

[표 Ⅱ-22] 케이블 방송의 외국 드라마 편성 현황

채널명	드라마 명	비고
채널 CGV	<그레이 아나토미 시즌 3>, <본즈 시즌 2>, <특수수사대 SVU 시즌 8>	
XTM	<트래블러>, <키드냅>, <더 리치스>, <넘버스 시즌 3>	
OCN	<CSI 라스베가스 시즌 7>, <CSI 뉴욕 시즌 3>, <위기의 주부들 시즌 3>, <라스베가스 3>, <뉴욕특수 수사대 시즌 5>	2007년 기준
슈퍼액션	<히어로즈 시즌 1>, <프리즌 브레이크 시즌 1>, <로스트룸>	
온미디어	스토리온-<블러드 타이즈>, <식스 디그리즈> 온스타일-<스튜디오 60>, <고스트 위스퍼러 시즌 2>, <클로스 투 홈>, <섹스&더 시티 시즌 4>, <프렌즈 시즌 6>, <L워드 시즌 3>, <콜드케이스 시즌 2>	

※ 출처: "미드에 푹 빠진 사회(중략) 국산드라마 입지 점점 축소", 한국일보, 2007. 10. 31.

　여기에 KBS 드라마 플러스, SBS 드라마, MBC 에브리원 등에서 평일 심야시간을 채우는 일본 드라마까지 합세하면 케이블 TV 방영시간의 일정부분을 외국 드라마가 차지한다고 볼 수 있다. 이들 드라마는 시청률에 있어서도 케이블 TV의 다른 프로그램들보다 높은 수치를 기록하고 있는 것으로 조사되었다.

[표 Ⅱ-23] 국내에서 방영된 외국 수입 프로그램 시청률현황

순위	외국 수입 프로그램	
	프로그램명	시청률
1	C.S.I. 5(미국)	1.46619
2	C.S.I. NY(미국)	1.12543
3	C.S.I. NY 2(미국)	0.76161
4	크리미널 마인드 2(미국)	0.72267
5	C.S.I. MIAMI 4(미국)	0.70018
6	C.S.I. 대니 스페셜(미국)	0.69425
7	뉴욕특수수사대 5(미국)	0.65130
8	파워레인저 매직포스(일본)	0.59220
9	섹스&더 시티 5(미국)	0.50954
10	라스베가스 2(미국)	0.27736

• 조사기간 동안 2회 이상 방영된 프로그램의 경우 각 시청률을 합산한 후 방영 횟수로 나누어 최종 시청률을 산정함
※ 출처: AGB닐슨미디어리서치(조사기간: 2007.5.28.~6.3.).

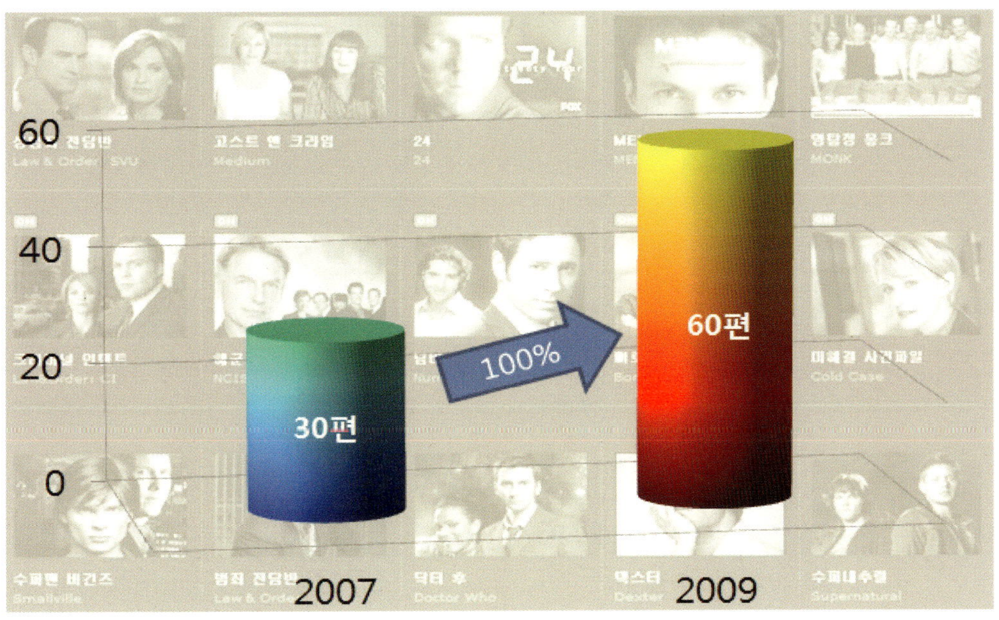

[그림 Ⅱ-16] 공중파와 케이블에서 방영되는 미국. 일본 드라마 프로그램 편수의 증가

1980년대 전성기를 맞이했던 외국 드라마는 90년대 인기가 주춤했다가 다시 탄탄한 기획과 스토리를 바탕으로 하여 폭발적인 인기를 끌며 제2의 전성기를 맞이하고 있다. 2007년 4월 기준으로 공중파 TV와 케이블 TV에서 방영 중인 미국 드라마는 30개가 넘는다. 그로부터 2년이 지난 2009년에는 지상파를 비롯하여 주요 케이블 채널(OCN, 채널 CGV, 채널 J,

FOX 채널 등)이 인기 드라마를 공격적으로 편성하고 있다. 공중파, 케이블, 위성방송 등에서 현재 방영 중인 시리즈와 종영 후 재방영을 기다리고 있는 드라마 등을 합하면 수입된 방송 프로그램이 50~60편을 충분히 넘어선다.

최근 외국 드라마가 급속도로 인기를 끌고 있는 현상에 대해 일각에서는 국내 드라마가 설 자리를 잃어가고 있다고 주장하며 우려를 표하고 있다. 특히 외국이 드라마들은 안정된 정책과 제도적 토대에서 높은 기술력과 자본을 가지고 제작되는 데 비해 국내의 드라마는 제작환경이 열악해서 품질을 향상시킬 수 있는 방안 마련이 모색되어야 한다는 목소리가 높아가고 있다. 이에 따라 문광부는 2014년까지 885억 원을 들여 대전 엑스포 과학 공원 내 6만6115㎡(약 2만 평)의 터에 첨단영상제작단지를 만든다. HD드라마타운은 아날로그 지상파방송이 2012년 HD 디지털방송으로 바뀜에 따라 드라마, 영화 등을 글로벌 경쟁력을 갖춘 미래 신성장 동력으로 키우기 위한 제작단지이다.

HD 드라마타운은 국비 885억 원과 대전시 부지 현물 투자비 480억 원이 들어간 사업규모로 대덕연구단지 첨단 영상제작 기술을 연계한 CG(컴퓨터그래픽), 3D 스튜디오, 1,000평 이상의 대형 전천후 스튜디오 등 국내 최대 규모의 방송·영상 집적단지를 구축하게 된다. 이는 드라마 콘텐츠의 중요성을 인식한 정부가 드라마 산업의 발전을 위해 내놓은 다양한 정책의 하나이다. 이는 2009년 7월 27일에는 방송 영상산업 진흥 5개년('08~'12) 계획을 발표한 후에 2008년 1월 21일에는 대전 엑스포 과학공원 부지 내에 '디지털 콘텐츠 제작단지'를 건립하기 위한 1,500억 규모의 드라마 모태펀드 조성과 융자사업 이율 인하 그리고 광고 총량제 확대 및 PPL 허용을 골자로 한 드라마 산업 진흥 계획에 따른 것이다.

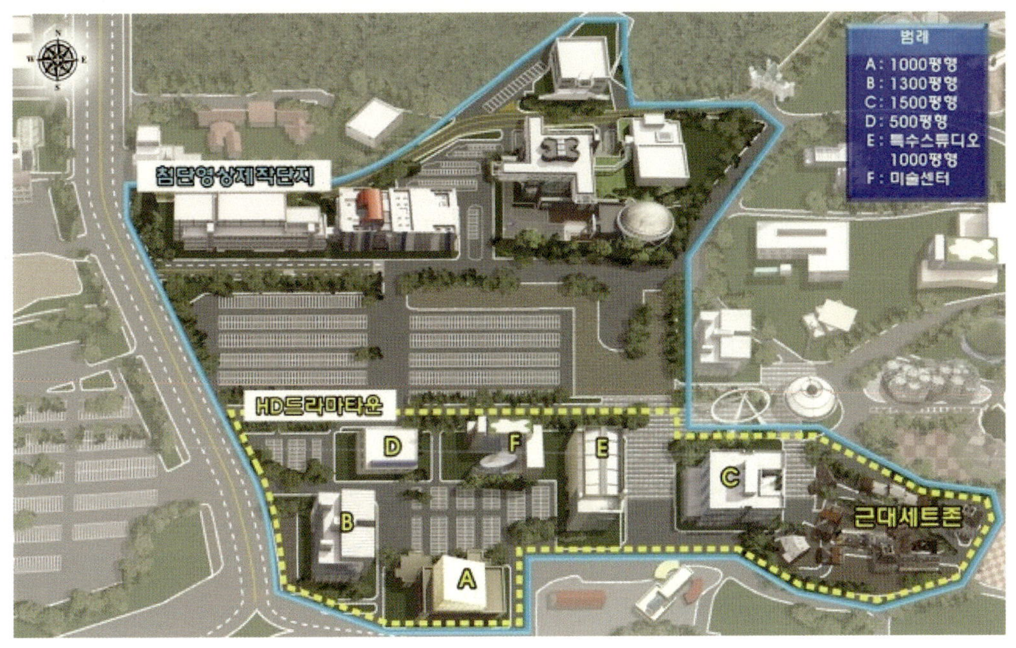

[그림 II-17] HD 드라마타운 조감도

※ 출처: 대전산업문화원 홈피, 2011

6) 한국 드라마의 SWOT 분석

드라마의 중요성은 한류의 열기를 통해서 확산되는 계기가 되었는데, 2004년 이후에는 한류가 주춤한 현상을 나타내게 되었다. 이렇게 한류가 사라지게 된 요인은 드라마 퀄리티가 가장 큰 원인 중의 하나이다. 드라마 퀄리티의 저하는 열악한 제작환경, 제작비의 급상승 등 내부적 원인에 의해서 발생하며, 여기에 한미 FTA와 글로벌 콘텐츠의 무한경쟁 등 위기요소들이 산재해 있다.

이러한 약점과 위기 요소를 돌파하기 위한 해결책이 시급한 상황이며, 이는 자유로운 시장 경쟁으로 해결될 수 있는 사항이 아닌, 국가적인 하드웨어 및 소프트웨어적 지원을 통해 타결될 수 있다.

드라마를 비롯한 방송영상 산업의 경제성을 SWOT 분석을 통해서 살펴보면 표와 같다.

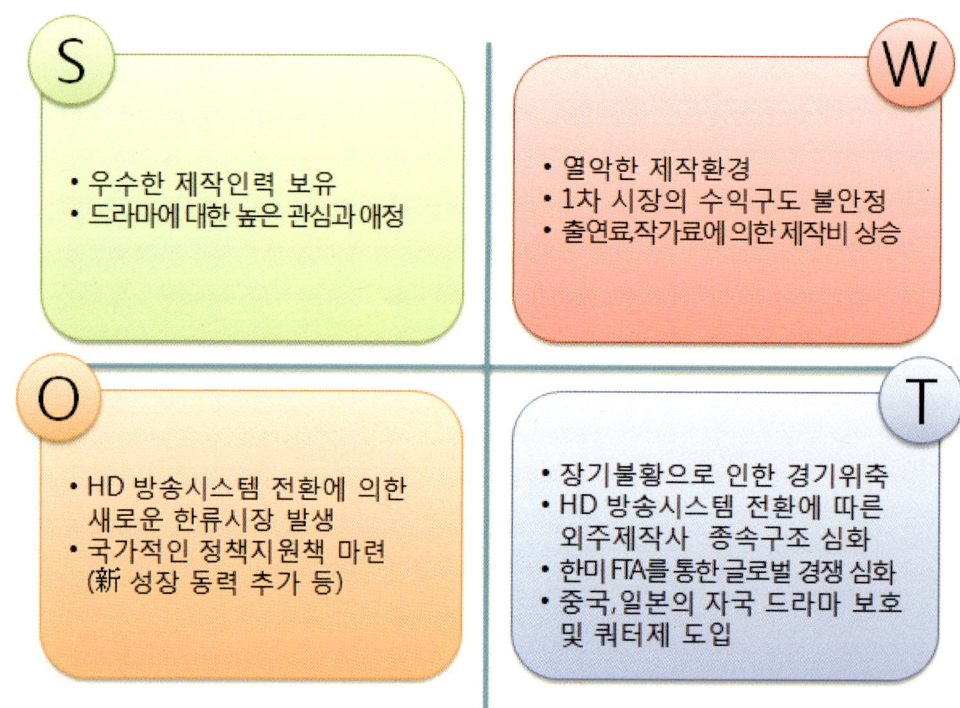

한편, 드라마를 활성화하기 위해서는 정부의 방송영상 산업 단지 조성과 같은 인프라구축과 함께 인력의 양성과 지원제도 마련이 필요하다. 이러한 차원에서 한국방송 영상산업진흥원에서는 2008년 8월 18일부터 8월 27일까지 드라마 제작진(지상파, 외주제작사), 학계 전문가(교수, 연구원), 정책담당자(방통위, 문광부, 국회)를 대상으로 국내 드라마산업과 관련한 설문조사를 실시했다. '드라마 제작의 활성화를 위해 정부 차원에서는 어떠한 지원이 있어야 하겠는가?'라는 질의에 대해 6개 항목에 순위를 정하게 하였다.

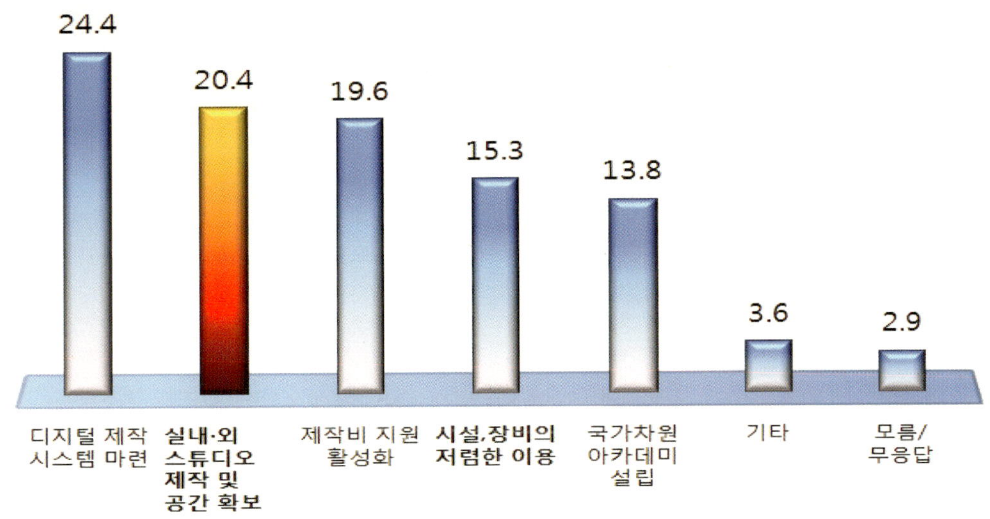

[그림 II-18] 드라마 제작 활성화를 위한 정부 차원의 지원방안

※ 출처: HD 방송 콘텐츠 제작 활성화를 위한 인프라 구축 방안, 한국 방송 영상산업진흥원, 2008. 9.

그 결과, '촬영에서 편집까지 원스톱 제작이 가능한 디지털 제작시스템 마련'이 24.4%로 1위를 차지했고, 다음으로는 '실내 및 야외 스튜디오 제작, 특수촬영이 가능한 전문 스튜디오 공간 확보'가 20.4%로 2위를 차지하였다. 그 밖에도 '제작비 지원 활성화' 19.6%, '시설, 장비의 저렴한 이용' 15.3%, 국가차원의 아카데미 설립 등이 필요하다는 의견을 나타냈다. 이는 드라마 제작을 위한 가장 근본적인 시설과 공간에 대한 지원의 필요성과 스튜디오 및 전문 제작시설 건립에 대한 수요의 필요성을 나타낸 것이다. 이러한 제작시설은 선진형 드라마 제작의 인큐베이터 역할을 감당할 것이며, 드라마 미래를 위한 이러한 투사가 선행되어야 한류열풍이 재점화될 수 있을 것임을 시사한다고 할 수 있다.

따라서, 2005년까지 <대장금>, <겨울연가> 등으로 승승장구하던 한국 드라마가 2006년부터 침체기를 맞게 되었으며, 한국 드라마 제작 시스템이 가지고 있는 열악한 환경을 극복하고, 미국이나 일본 드라마의 열풍을 품질 좋은 한국 드라마의 제작을 통해서 타파해 가기 위해서는 드라마 제작 단지의 건립과 같은 정부의 적극적인 지원이 필요하다는 사실을 알 수 있다.

구체적으로 정책적인 면(소프트웨어)과 제작시설(하드웨어) 면에서 한류가 되살아나도록 전략적인 로드맵이 필요하다.

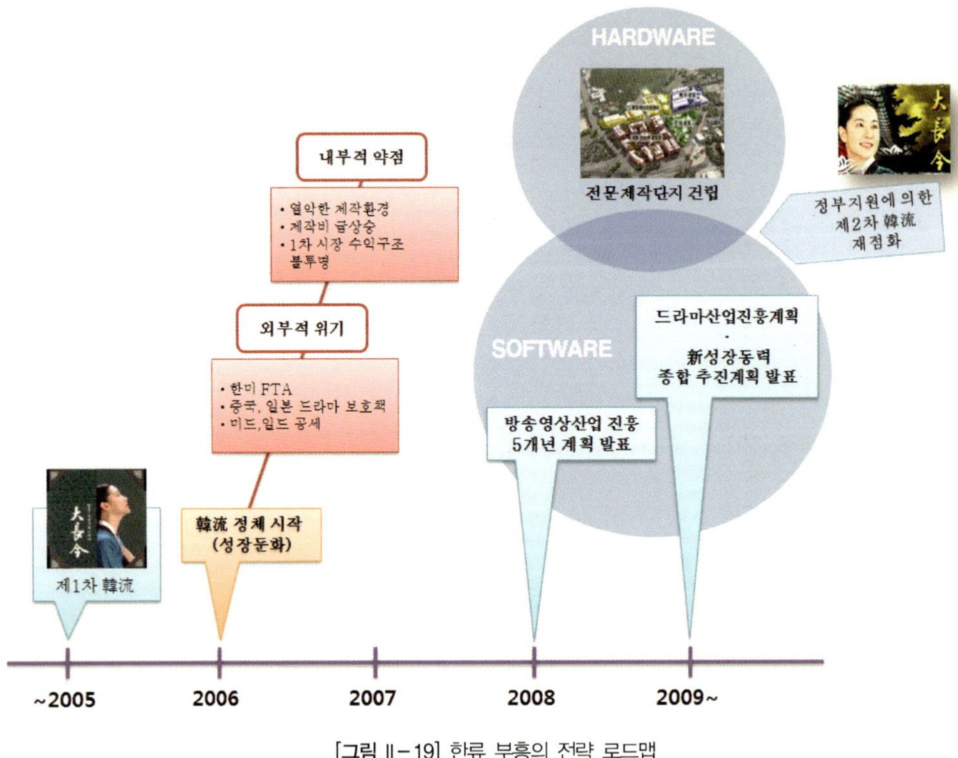

[그림 II-19] 한류 부흥의 전략 로드맵

/) 외국 정부지원 사례

세계 주요 국가들은 정부가 전액투자를 하거나 투자를 주도한 방송 영상 콘텐츠 제작센터를 건립하여, 다가오는 디지털 미디어 세계에서 방송 콘텐츠 강국으로 자리매김할 수 있도록 노력하고 있다.

유럽 최대 디지털영상물 제작 지원센터인 스페인의 미디어파크는 공익자본(방송사)과 상업자본(필립스)의 공동투자로 마케팅 컨설팅, 교육 트레이닝 등을 포함한 방송제작 전 과정에 걸쳐 다양한 서비스를 제공하고 있다. 독일의 미디어시티 라이프치히는 총 5,600만 달러중 3,500만 달러의 주정부 투자로 설립된 제작단지로 제작사들을 효율적으로 융합하는 시스템을 완비하여 시너지 효과를 창출하고 있다.

정부 주도의 제작단지는 One-Stop 시스템을 구축하여 스튜디오, 세트, 후반작업 시설, 교육 시스템 등 제작자들이 효율적으로 이용할 수 있는 기반 마련에 적극적으로 움직이고 있다.

5. 드라마 제작단지의 기능과 역할

　디지털 콘텐츠 제작단지는 제작자에게 디지털 방송 제작을 위한 제작 시설과 장비 그리고 인력 등 다양한 지원 기능을 수행할 수 있다. 특히 디지털 방송의 제작 노하우를 가진 인력과 기술을 집적화함으로써 서로 정보를 공유하며, 효율적이고 품질 높은 디지털 방송을 지속적으로 제작할 수 있는 디지털 콘텐츠 제작단지를 지향할 수 있다. 주요 기능으로는 시설 및 장비, 인력, 기술, 사무공간, 영상물 아카이브 제공과 같은 제작 지원기능과 디지털 방송을 전문적으로 제작할 수 있는 신규인력 양성, 기존인력 재교육, 관련 기술개발 등 교육 지원 기능, 그리고 시청자대상 드라마 제작 현장 체험(Tracking) 지원과 시청자 대상 레저 문화 공간 제공 기능을 핵심 기능으로 삼는다.

[표 Ⅱ-25] 디지털 콘텐츠 제작단지의 주요 기능 및 제공 서비스

주요기능	제작지원	교육지원	체험 센터 지원
세부내용	· 시설 및 장비 · 인력 · 기술 · 사무공간 · 디지털 방송 콘텐츠 아카이브 구축	· 디지털 방송 신규인력 양성 · 기존인력 재교육 · 관련 기술개발	· 시청자 대상 드라마 제작 현장 체험 지원 · 시청자 대상 레저 문화 공간 제공
제공 서비스	· 날씨에 상관없이 최소 500평~최대 1,500평 규모의 전천후 스튜디오를 365일/24시간 제공 · 병원, 호텔, 군시설, 비행기·헬기 내부 등 촬영허가가 쉽지 않거나, 현장 촬영이 불가능한 전문시설 세트장 완비 · 스태프, 배우 등 촬영·제작진을 위한 숙박시설, 분장실 등 제공 · 단지 내 상주하는 전문 미술 스태프의 현장 제작지원 · ETRI·KAIST와 같은 CG 등의 최신 영상제작기술 보유 연구기관과의 연계로 첨단 제작기법 제고 · HD급 60분 드라마를 10분 내 전송하고 통신망을 통해 회의 및 실시간 편집이 가능한 서비스 · 최고 수준의 조명·촬영 기자재 시설 · 프로덕션과 포스트 프로덕션 시설의 한 장소에서 연계 · 제작비즈니스를 위한 사무공간 제공 · 향후 지속적 제작 전문 인력을 양성하기 위한 교육 서비스 시설 등		

[표 Ⅱ-26] 디지털 콘텐츠 제작단지의 주요 역할

주요기능	세부 내용
종합적 디지털 방송 제작 시설 제공	· 디지털 방송 제작에 필요한 제작시설과 기술 인력 및 제작 스태프를 지원
커뮤니케이션의 허브	· 집적화된 시설 단지를 이용하여 참여자 간의 원활한 커뮤니케이션과 자발적 교류를 통해 공동작업의 중재자 역할 담당
드라마 제작 현장 체험(Tracking) 지원	· 드라마 제작 현장 직접체험의 기회 제공
디지털 방송 제작인력 교육	· 디지털 방송 제작인력 신규 교육과 재교육
방송 콘텐츠의 유통 지원	· 제작자들이 센터에서 제작한 프로그램을 다양한 창구로 유통할 수 있도록 지원

또한, 디지털 콘텐츠 제작단지를 통해 수행할 수 있는 주요 역할로는 첫째, 2012년 이후 증가하게 될 디지털 방송 프로그램의 제작 수요를 충족시키는 종합적 제작시설을 제공한다. 프로그램 장르별, 유형별, 제작 단계별로 필요한 전문 제작 시설과 기술 장비를 함께 제공하며, 적절한 기술 인력과 숙련된 제작 스태프의 지원까지 포함한다.

둘째, 디지털 콘텐츠 제작단지는 방송 프로그램 제작자, 채널 사용사업자, 플랫폼 사업자 등 다양한 분야에서 필요로 하는 디지털 방송 콘텐츠를 창출하는 집적화된 시설 단지를 조성하여, 참여자 간의 원활한 커뮤니케이션과 자발적 교류를 통해 이들이 수행하는 공동작업의 중재자 역할을 담당한다.

셋째, 디지털 콘텐츠 제작단지는 디지털 전환에 따라 필요한 제작 및 기술 인력들의 교육을 통한 인력 양성 지원책을 제공한다. 디지털 방송 제작은 일반 방송 프로그램의 제작과 달리 방송 제작 기술의 특성을 이해해야 하며, 달라진 제작 환경과 여건을 고려한 제작이 필수이다. 따라서 제작 인력에 대한 재교육의 장으로도 활용한다.

넷째, 디지털 콘텐츠 제작단지는 제작된 프로그램의 사후 지원 차원에서 디지털 방송을 필요로 하는 사업자를 대상으로 유통 다각화를 지원한다. 향후 유료 P2P나 지역방송까지 HD 방송 의무편성비율이 증가할 경우, 디지털 방송 프로그램이 유통될 기회가 증가할 수 있다. 이에 사전 제작 단계부터 유통 창구까지 지원하는 역할을 하게 된다.

따라서 이렇게 구축된 디지털 콘텐츠 제작단지를 그 목적에 적합하게 효율적으로 활용한다면, 디지털 방송 제작의 활성화를 위한 인프라와 시스템까지 갖춤으로써 보다 현실적이고 체계적인 방송의 디지털 전환에 기여하는 부가 효과까지 가능할 것이다.

제3장

드라마 제작
단지의
사례분석

1. 외국 구축 사례 분석
2. 국내 사례 분석

1. 외국 구축 사례 분석

외국 선진국에서는 드라마, 영화 등 영상 산업을 지원하기 위한 구체적인 사례가 많이 있다. 특히 중요한 점은 이러한 대규모 구축시설은 수요 기업의 구체적인 상황과 요구 사항에 근본을 두고 진행을 하였으며 구축 후 전 세계적으로 표준 구축 모델로 각광을 받고 있으며, 또한 지속적인 활용 방법과 부가 활용 등으로 다양한 부가 수익을 내고 있어 HD 드라마타운의 벤치마킹을 위해 사례 분석을 하였다.

[표 Ⅲ-1] 외국 사례 요약

스튜디오 명	주요 내용
파인우드 스튜디오	주요 특성: 기업 집적화, 대규모 촬영 시설, 대도시 인근 위치(런던) 주요 시설: 실내 스튜디오, 야외 세트장, 후반 작업 및 기업입주시설, 편의 시설 주요 작품: 007시리즈, 해리포터, 킹덤 오브 헤븐, 글라디에이터 등 규모: 40만m2(약 12만 평)
유니버설 스튜디오	주요 특성: 영화를 이용한 테마파크, 촬영 집적 시설, 대도시 인근 위치(LA) 주요 시설: 실내 스튜디오, 야외 세트장, 후반 작업 및 관광투어, 테마파크 주요 작품: 워터월드, 죠스, 스파이더맨, 분노의 역류 등 규모: 170만km^2(5천여만 평)
루카스필름	주요 특성: 첨단 CG 영상 기술 개발 제작 및 상품화, 게임, VR 등, 부가 가치 창출 주요 시설: 기획, 특수효과, 게임, 음향, 캐릭터 연계 사업 주요 작품: 스타워즈 시리즈, 인디아나 존스, 마스크
웰리우드	주요 특성: 영화+관광 산업 연계 주요 시설: 특수효과기술개발, 야외 촬영지, 소품제작, 관광 주요 작품: 반지의 제왕, 킹콩, 나니아연대기, 아이로봇
후지 TV	주요 특성: 방송 참여 관람, 트래킹 서비스 주요 시설: 구형 전망대, 다목적 극장, 고화질·음향 방송 극장

  영국 런던 근교에 있는 파인우드 스튜디오는 최고의 기업 집적화와 대도시 인접 교통요충지 확보, 그리고 장기 제작을 위한 체류 시설이 완벽하게 갖춰져 있어 그 구체적인 구축 및 운영 전략을 살펴보았다.

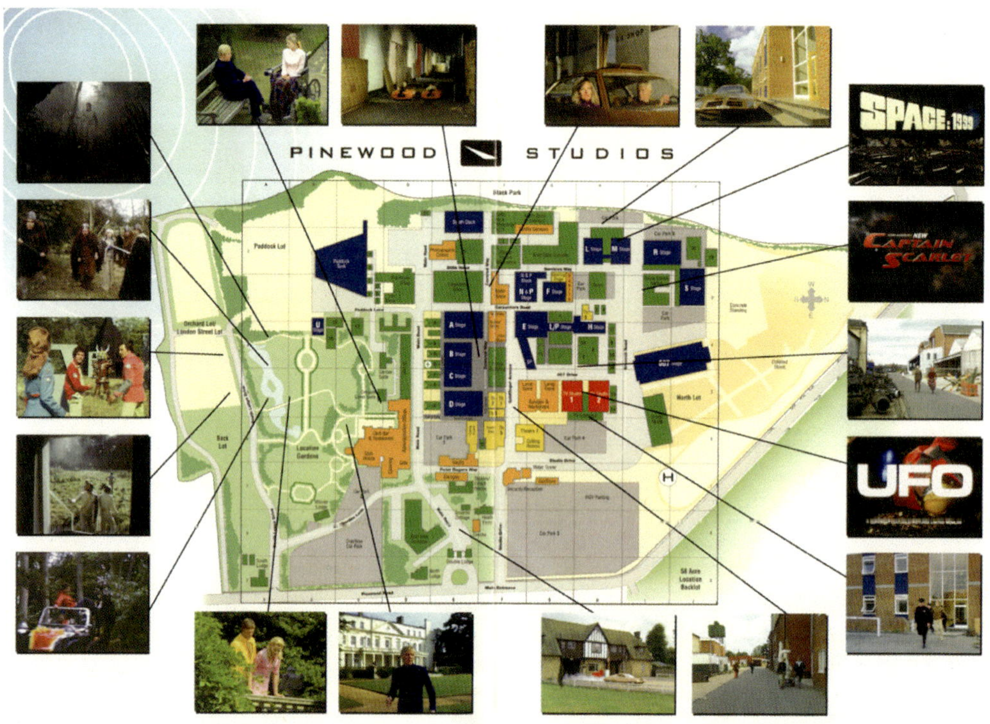

[그림 Ⅲ-1] 영국 '파인우드 스튜디오'

※ 출처: HD 드라마타운 조성사업 타당성 연구용역 보고서. 한국 미디어 연구소(2009)

가. 어떠한 영상물도 제작 가능한 영국 영상 산업의 메카

  '파인우드 스튜디오'는 1935년에 설립하여 대지 40만m²(약 12만 평) 규모에 30여 개가 넘는 크고 작은 스튜디오와 수중 촬영은 물론, 야외 세트장 및 후반부 제작 시설까지 갖추고 있어, 영화, TV 등 영상과 관련한 어떤 종류의 영상물도 제작할 수 있는 영국 최대의 스튜디오이다.

나. 완벽에 가까운 네트워크 협조 체제

마케팅, 조명, 의상 등, 영상 제작과 관련한 280여 개 회사가 스튜디오 내에 상주하고 있으며, 스튜디오 주변에는 목수, 전기기술자 등 세트 제작에 필요한 인력과 직접적인 제작 관련 전문가 4,000명이 대거 포진해 있다.

다. 국내외 교통의 요충지

'파인우드 스튜디오'는 영국의 수도인 런던 중심지에서 약 2~3시간 거리에 위치하여 최적의 스튜디오 입지 환경을 조성하였고 또한, 히스로 공항에서 차로 약 40분 거리에 위치함으로써 국내외적인 교통의 요충지를 확보하고 있다. 이곳에서는 한 해 약 20편의 영화가 제작되는데 그중 절반이 편당 전체 투자 규모가 약 1억 파운드(약 2,000억 원)에 이르는 미국 할리우드 물량이다.

라. 실내 스튜디오 지원 시설

실내 스튜디오 총 30여 개 중 대형 스튜디오의 길이는 114m로, 영화 및 시즌 드라마 등 장기적 촬영 제작을 가능케 하는 충분한 공간을 확보하고 있다. 특히 실내 스튜디오는 블루 스크린 등을 자체 설비하여 영상 합성 촬영을 위한 작업을 용이하게 설치해 놓고 있다.

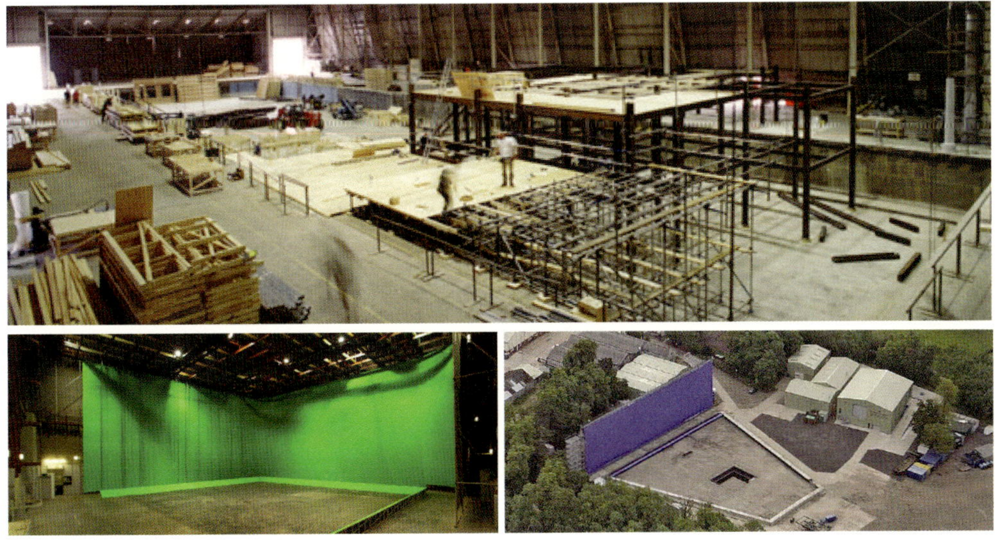

[그림 Ⅲ-2] 영국 '파인우드' 실내 스튜디오 지원 시설

※ 출처: HD 드라마타운 조성사업 타당성 연구용역 보고서. 한국 미디어 연구소(2009)

마. 야외 세트장 지원 시설

고정 세트장은 뉴욕거리, 베니스 거리, LA 거리 등, 사용 빈도수가 많은 지역을 선정하여 거리 세트를 조성하고, 블루·그린 스크린을 통해 제작 특성에 따른 다양한 합성 작업이 가능하게 구축하였다. 또한 가변 세트장은 255m×157.2m 규모 평지 및 언덕 포함 황무지 2개와 야외 촬영을 위한 전원공급 시설(32Amp), 그리고 수조 공급시설 등을 구축하고 있다.

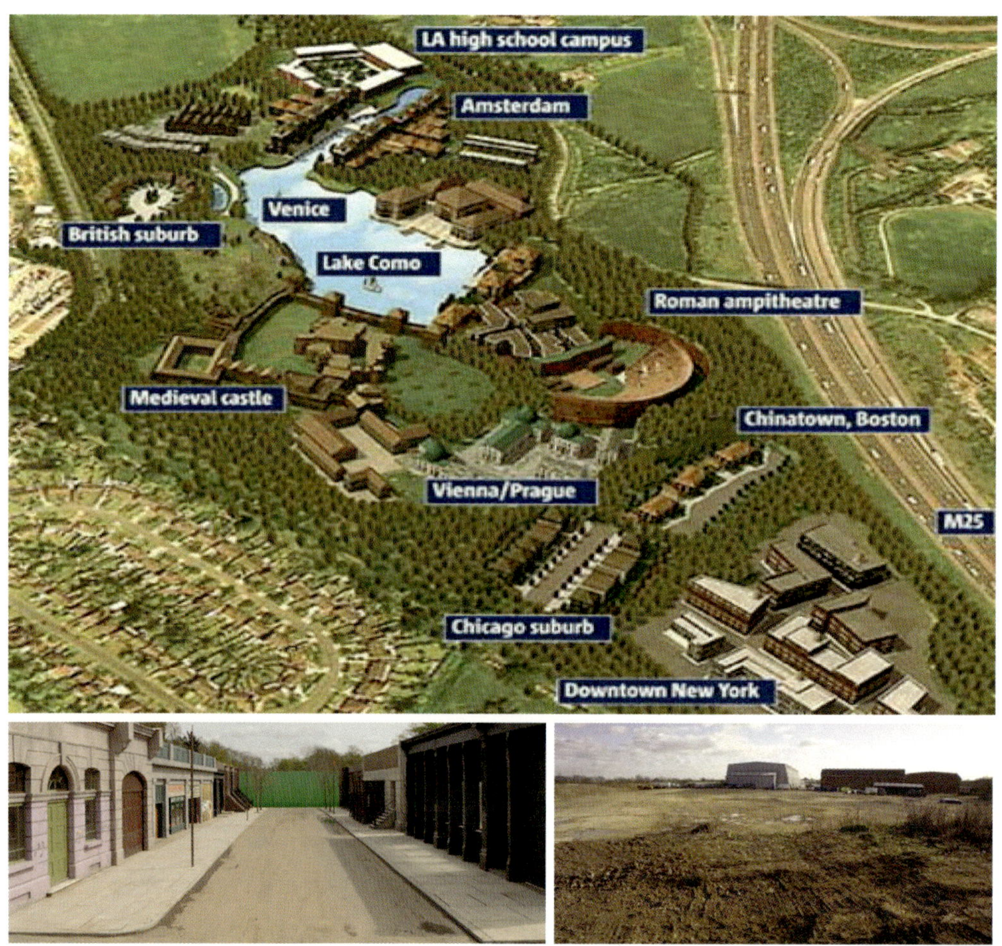

[그림 III-3] 영국 '파인우드' 야외 세트장 지원 시설

※ 출처: HD 드라마타운 조성사업 타당성 연구용역 보고서, 한국 미디어 연구소(2009)

바. 제작 서비스 지원 시설

지원시설은 크게 기획부분에서 활용이 가능한 회의실, 분장실, 드레스 룸 및 기타 식당 및
네트워크 지원실 있고, 제작 부분에서 설계실, 화공제작, 목재 창고, 소품 및 미니어처 제작
실을 갖추고 있다.

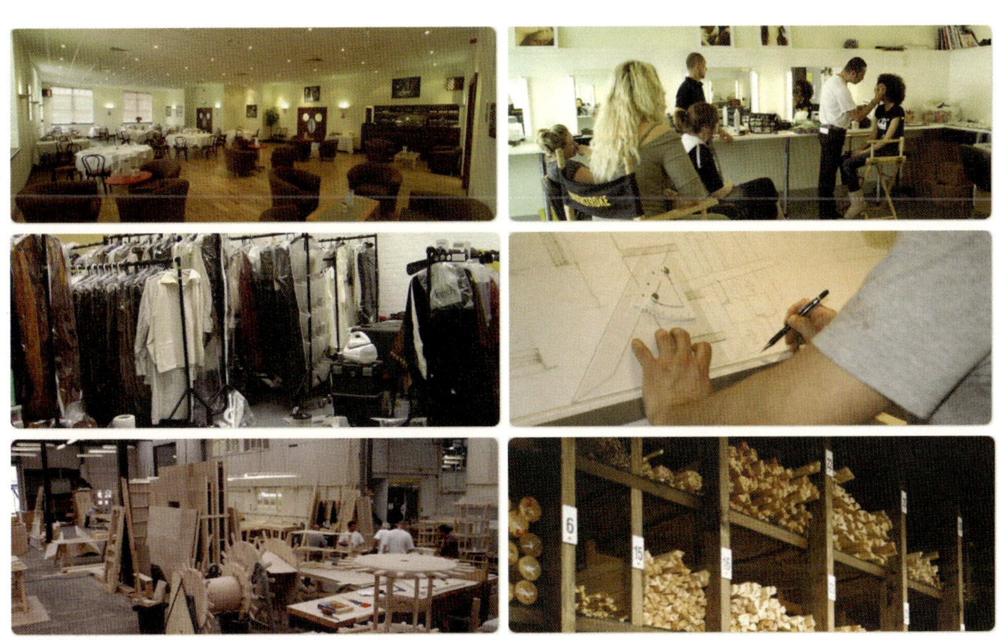

[그림 Ⅲ-4] 영국 '파인우드' 제작 서비스 지원 시설

※ 출처: HD 드라마타운 조성사업 타당성 연구용역 보고서. 한국 미디어 연구소(2009)

사. 후반 작업 지원 시설

후반 작업 시설은 편집실, 합성실, 오디오 작업실 등 기본 작업실 이외에 **IPTV**, 위성방송,
케이블, 디지털 방송 송출을 위한 채널 서비스를 구축하고 있다. 또한, 촬영 후 즉시 원본
모니터링을 통해 편집 및 오디도 믹싱 가능한 시사 작업실과 외국어 더빙을 위한 전용 편집
실도 보유하고 있다.

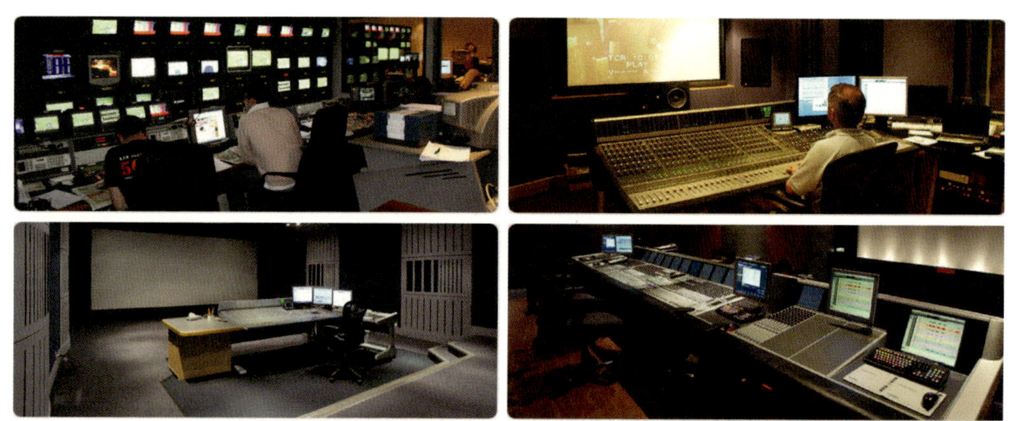

[그림 Ⅲ-5] 영국 '파인우드' 후반 작업 지원 시설

아. 소규모 기업 중심의 지원 체계 구축

스튜디오 내에 드라마 및 영화 제작에 필요한 영상 특수효과, 영상물 운송, 엑스트라 섭외, 대형 영화사의 현지 지사 등 총 280여 개의 소규모 독립 회사가 상주하여 거대 자본 투자의 제작물에 다양한 부가 지원을 중소기업 위주로 협력, 운영하고 있다. 또한 영상 제작에 반드시 필요한 고품질 프린팅 및 스캐닝 서비스 지원 체계를 구축하여 포스터 제작, 색보정 작업 등에 지원할 수 있도록 구축하였다.

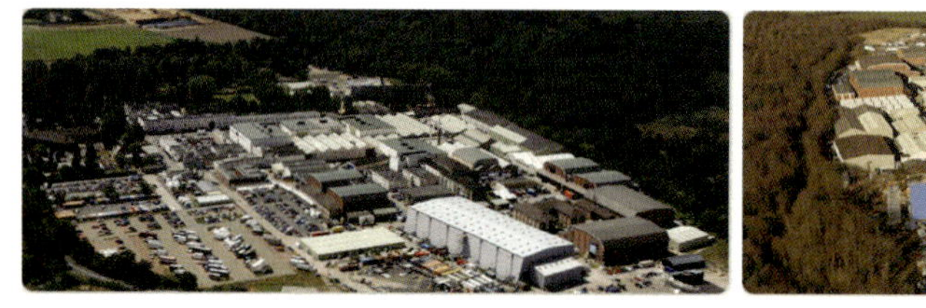
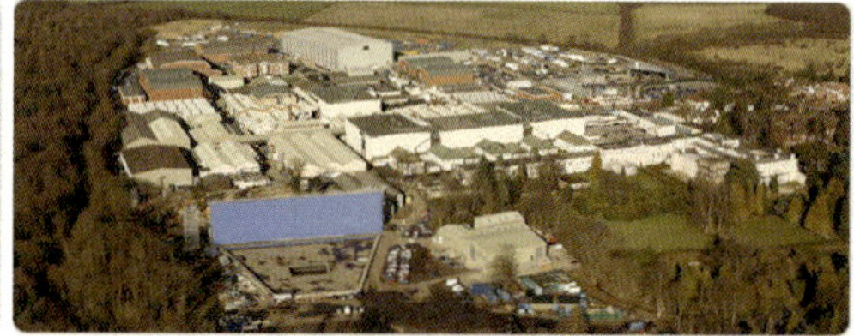

[그림 Ⅲ-6] 영국 '파인우드' 소규모 기업 중심의 지원 체계

영국영화협회(2005)의 보고서에 따르면, 파인우드의 효과는 900개 소규모 회사 매출과 같은 2조 7,800억 원이고, 일자리만도 15만 개를 창출하는 것과 같다고 한다. 실제로 파인우드에는 영화와 TV 방송 프로그램 등에 음향, 음악, 그래픽 효과 등을 집어넣는 후반부 작업 서비스업체 수는 1,000개 사가 넘는데, 이 중 90% 정도는 런던 시내와 근교에 자리 잡고 영

상산업 클러스터를 형성하고 있으며, 55%는 직원이 10명 이하인 소규모 회사가 지역에 집적
되어 있다.

자. 정부의 지원정책

영국 정부는 2003년 자정과 자율을 중시하는 새로운 커뮤니케이션법 개정을 통해 소규모
창작자 보호를 강조했다. 이 법안은 방송과 통신이 융합하는 거대 트렌드 속에서, 기술 자본
에 소외된 문화 콘텐츠 창작자들의 권리를 보호하고 창작을 향한 열정과 자유의지, 창의성
을 북돋우려는 사회적 합의를 뜻한다. 예술과 창작 기반을 중시하는 이러한 흐름은 "문제작
(콘텐츠)이 나오지 않는 순간, 화려한 뉴 미디어 산업은 종결된다"라는 철저한 현실 인식에
기인한 것이기도 하다.

차. 파인우드 스튜디오의 현재

영국이 자랑하는 '파인우드 스튜디오'는 기획 및 촬영에서 편집 완료까지 프로세스 진행
과정에서 발생하는 직·간접적인 모든 필요 요소를 갖추었으며, 이는 지난 60여 년간의 경
험에 의해 도출된 것이라 볼 수 있다. 대표적인 예로 나타난 대형·대규모 스튜디오와 세트
장, 집적화된 기업 인프라, 그리고 교통의 편의성 등 안정적 기반 위에서 자국 내 기업과 결
집함으로써 매년 2천억 원 규모의 할리우드 물량을 소화하고 있다.

2) 할리우드 제작과 테마파크의 핵심, 미국 '유니버설 스튜디오'

유니버설 스튜디오는 세계 최대의 영상 제작단지로서 각광을 받고 있다. 특히 유니버설 스
튜디오는 영화, 방송 콘텐츠를 이용한 다양한 테마파크 및 관광 체험 전략으로 부가 수익을
창출하고 있어, 향후 HD 드라마타운의 일반인 참여 운영전략에 대해 집중적으로 알아본다.

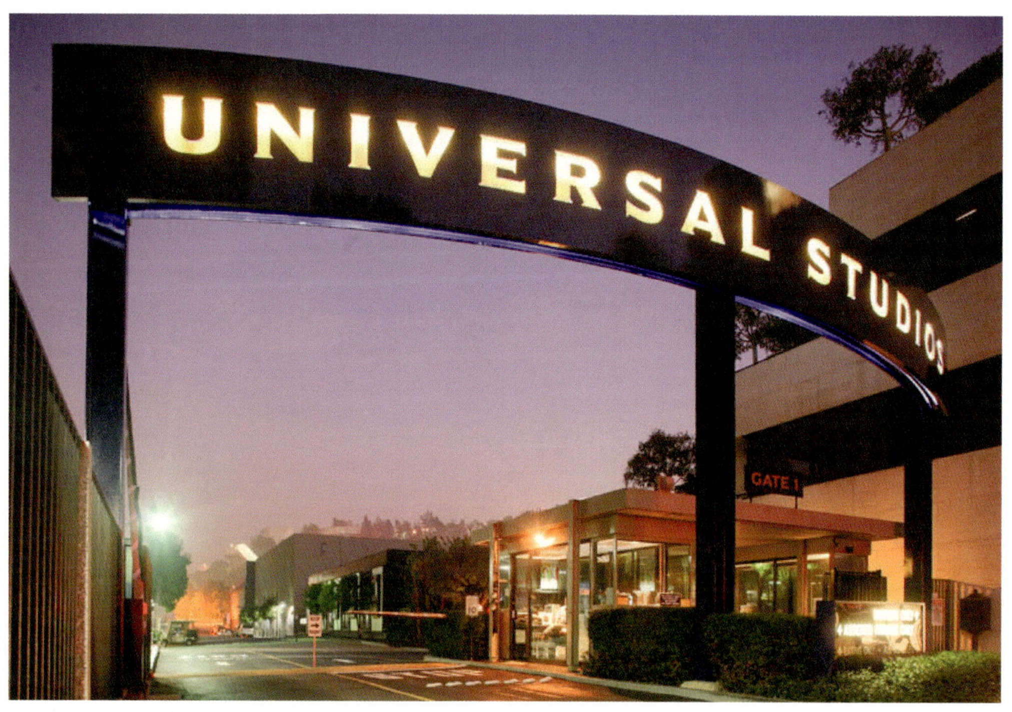

[그림 Ⅲ-7] 미국 '유니버설 스튜디오'

※ 출처: HD 드라마타운 조성사업 타당성 연구용역 보고서. 한국 미디어 연구소(2009)

가. 세계 최대 규모의 미국 촬영소, 유니버설 스튜디오

'유니버설 스튜디오'는 미국 할리우드에 있는 스튜디오 중 가장 규모가 크고 인기 있는 곳으로서 세계 최대 영화 스튜디오답게 약 170만km^2(약 5천여만 평)라는 광대한 부지에 스튜디오센터(제작 지원), 엔터테인먼트센터(테마파크), 트램 투어(관광) 등으로 나누어져 있으며, 스튜디오 옆에는 1950년대풍의 쇼핑센터와 유니버설 시티 워크가 있다.

스튜디오가 있는 센터에는 야외 세트장을 구축하고 있는데, 전반적인 촬영 인프라를 갖추고 있고, 제작 지원 시설인 프로덕션, 포스트 프로덕션, 그리고 특수효과 지원시설을 갖추고 있다. 따라서 장·단편영화, TV, 독립·상업영화, 뮤직 비디오, 뉴미디어 등, 모든 분야에 제작과 촬영지원이 가능한 시설을 구축하고 있다.

특히 분야마다 고급 전문가가 배치되어 기술적으로 발생하는 문제를 즉각적으로 해결해 주고 있으며, 제작을 시작하는 단계에서 제작이 완료되는 단계에 이르는 제반 시스템을 패키지 형태로 계약하여 제작 완료까지 별도의 추가 사용료 없이 모든 지원 시설을 활용하도록 하고 있다.

　또한, 대표적인 미국 LA의 관광명소로서 유명한 '유니버설 스튜디오'는 영화 촬영시설 및 기법을 활용하여 테마파크 형태로 관광객을 유치하는 전 세계적으로 가장 성공한 관광명소이다.

나. 실내 스튜디오 지원 시설

　'유니버설 스튜디오'는 평균 1,000m^2(약 300~400평) 공간으로 총 30개의 실내 촬영 스튜디오를 보유하고 있으며, 영화 및 시즌 드라마 등 장기적 촬영 제작을 가능케 하는 충분한 공간을 확보하고 있다. 30개 스튜디오 중, 18개 관은 다양한 형태와 깊이의 공간이 있어 흙, 물 등을 수용이 가능하고 이외에도 다양한 형태의 건축물도 추가로 활용할 수 있다.

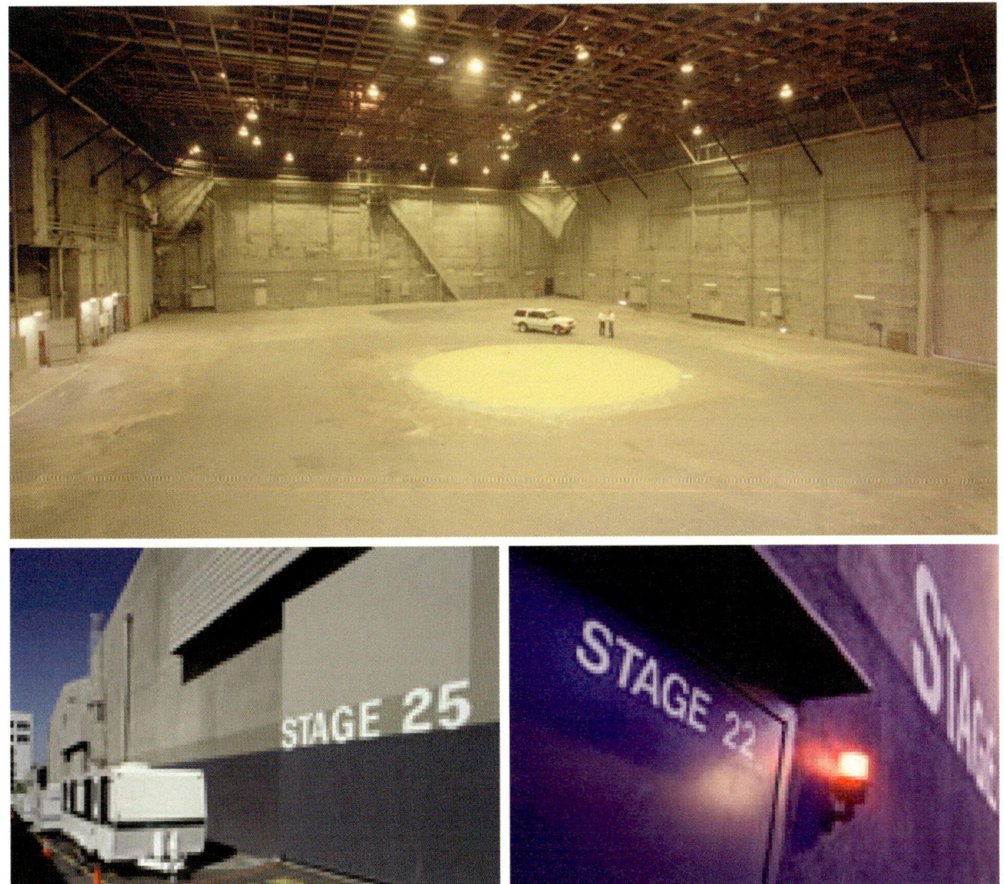

[그림 Ⅲ-8] 미국 '유니버설 스튜디오' 실내 스튜디오 지원 시설

※ 출처: HD 드라마타운 조성사업 타당성 연구용역 보고서, 한국 미디어 연구소(2009)

다. 야외 세트장 지원 시설

'유니버설 스튜디오' 내 야외 세트장은 세계에서 가장 큰 세트장 중 하나이며, 30개 이상의 뉴욕·상위층·유럽풍·멕시코풍·서부 스타일의 거리, Falls Lake, 수중탱크와 같은 인기 있는 지역을 포함한 야외 세트장을 구축하고 있다. 또한 집, 교회, 오두막집, 주유소, 호수 등 건물 외관과 그 외 기본적인 시설 세트장도 보유하고 있다.

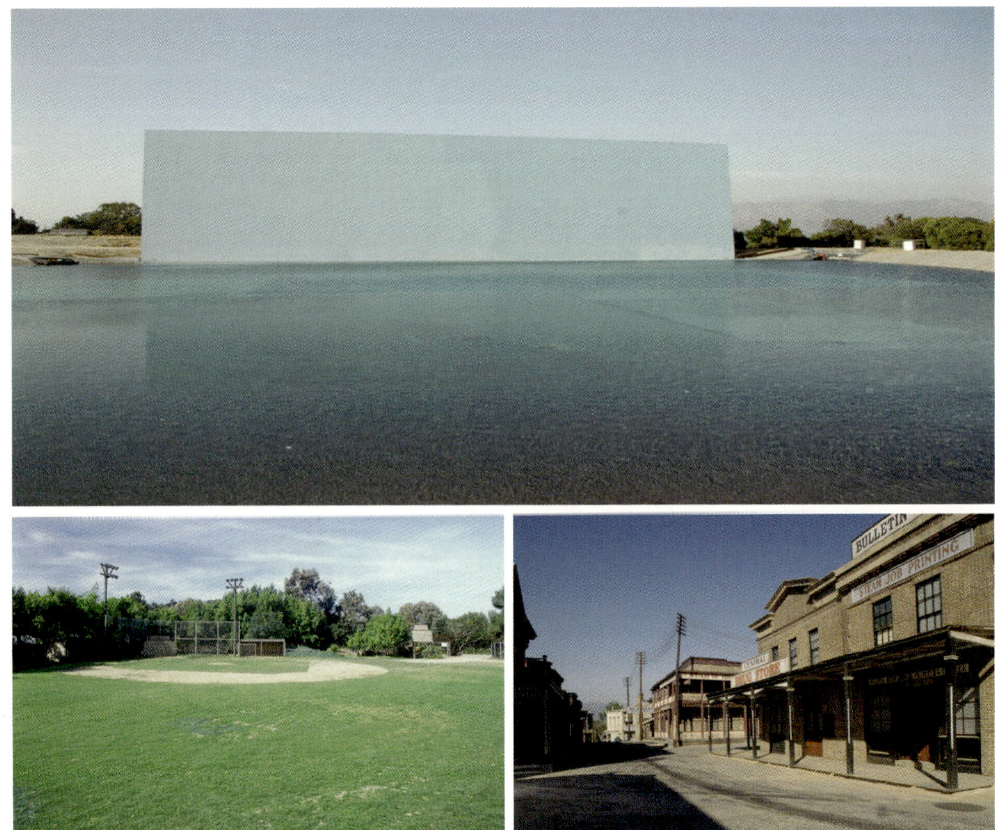

[그림 III-9] 미국 '유니버설 스튜디오' 실내 스튜디오 지원 시설

※ 출처: HD 드라마타운 조성사업 타당성 연구용역 보고서. 한국 미디어 연구소(2009)

라. 제작 서비스 지원 시설

지원 시설은 크게 기획부분에서 활용이 가능한 회의실, 분장실, 드레스 룸 및 기타 식당 및 네트워크 지원실이 있고, 제작 부분에서 설계실, 화공제작, 목재 창고, 소품 및 미니어처 제작실을 갖추고 있다.

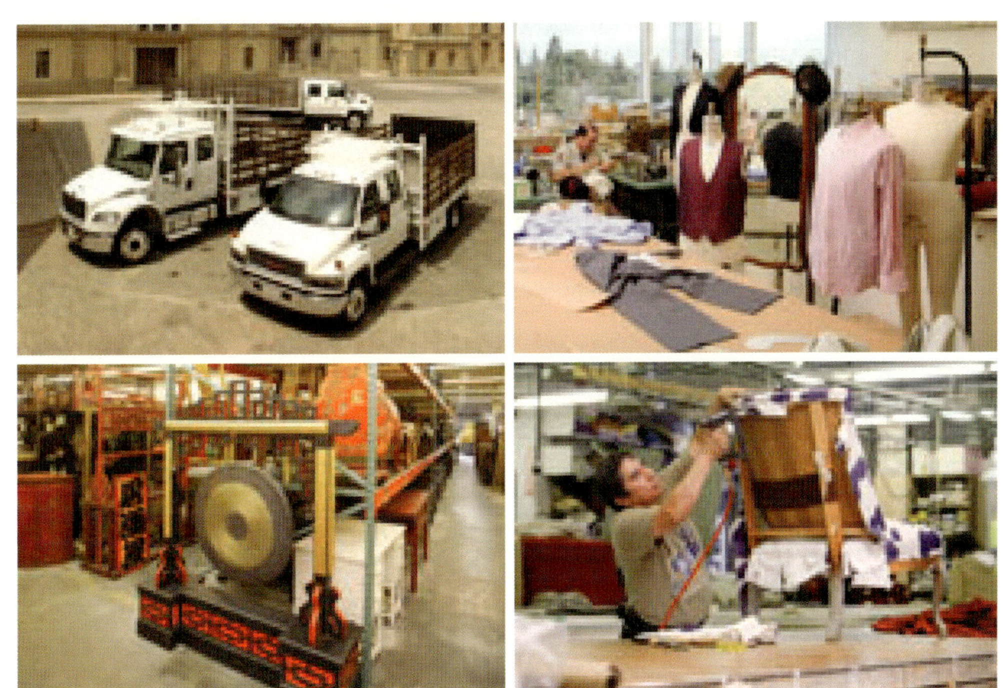

[그림 III‑10] 미국 '유니버설 스튜디오' 제작 서비스 지원 시설

※ 출처: HD 드라마타운 조성사업 타당성 연구용역 보고서. 한국 미디어 연구소(2009)

마. 후반 작업 지원 시설

음향부에서는 믹싱, 편집, 디자인, 효과음, **ADR facilities**를 제공하고 많은 수상경력이 있는 음향부서를 보유하고 있으며, 특히 **BluWave Audio**는 복구, 보존, 마스터링, 이송, 기록 서비스를 수행한다. 편집부에서는 편집장비와 음향실 임대를 제공한다. 유니버설 스튜디오 니지털 서비스는 **Telecine**, 색채보정, 온라인 편집, 품질개선, 스크래치 제거, 복구, 비디오복사 및 전환, 인코딩 서비스 등을 제공한다.

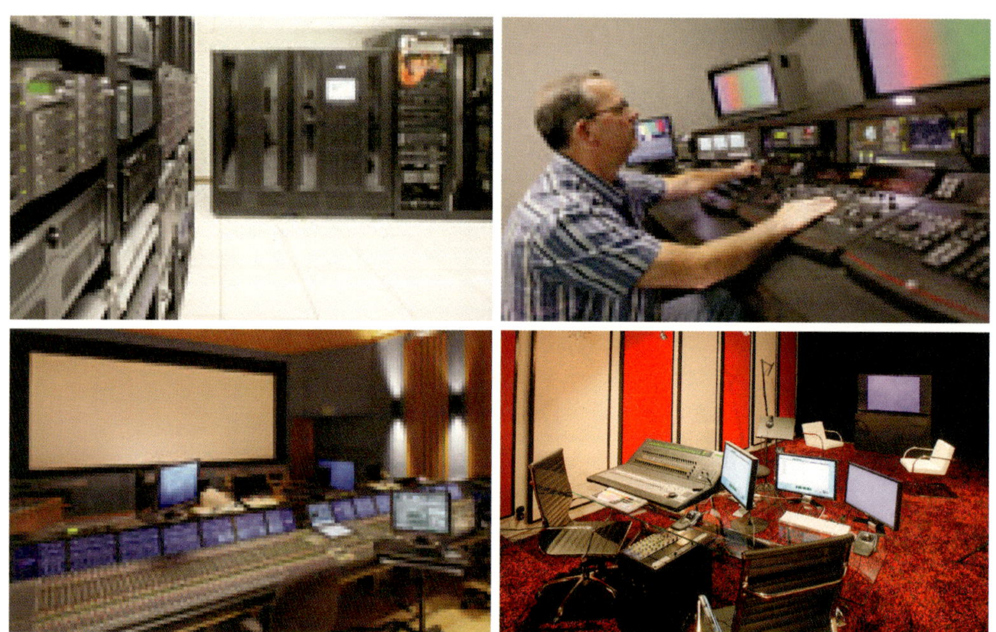

[그림 Ⅲ-11] 미국 '유니버설 스튜디오' 후반 작업 지원 시설

바. 테마파크

세계 최대의 영화 스튜디오 답게 광대한 부지에 설립된 이곳은 영화 워터월드 공연장을 중심으로 다양한 영화 세트장을 체험할 수 있게 구성되어 있다. 특히 영화 워터월드는 흥행에 실패했지만 테마파크에서는 지금까지 가장 인기 있는 공연장으로 각광 받고 있다.

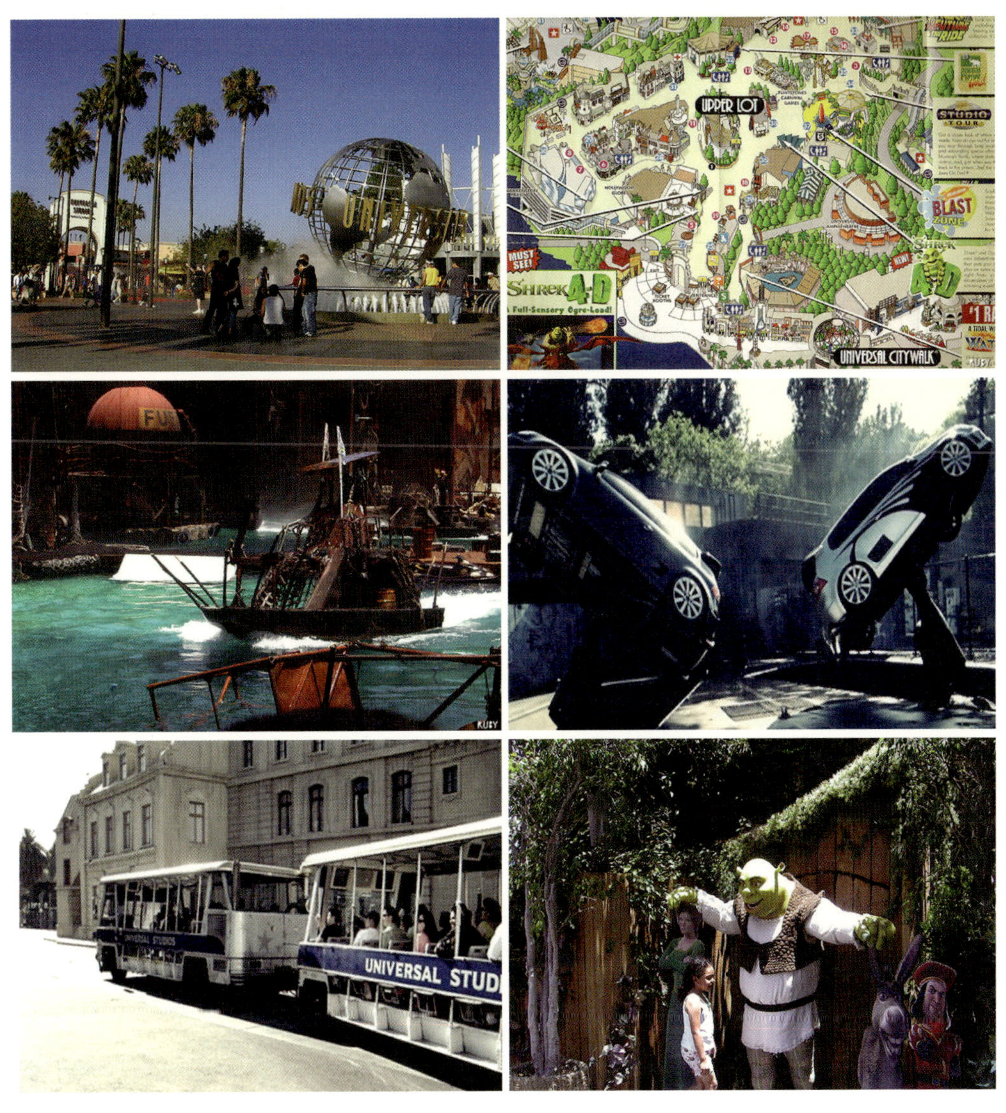

[그림 Ⅲ-12] 미국 '유니버설 스튜디오' 테마파크

※ 출처: HD 드라마타운 조성사업 타당성 연구용역 보고서. 한국 미디어 연구소(2009)

3) 첨단 영상 기술을 기반으로 한 OSMU 선도기업, '루카스필름'

영화 <스타워즈> 시리즈의 감독 조지 루카스가 설립한 루카스필름은 영화산업을 통해 다양한 부가 가치를 창출한 대표적인 콘텐츠 융합형 기업으로서 향후 HD 드라마타운과 대덕 연구단지 및 대전 CT 센터의 연계를 통해 드라마, 영화를 기반으로 기술개발 및 게임, VR,

출판 등에 대한 부가가치 창출 방안의 모범 전략으로 알아본다.

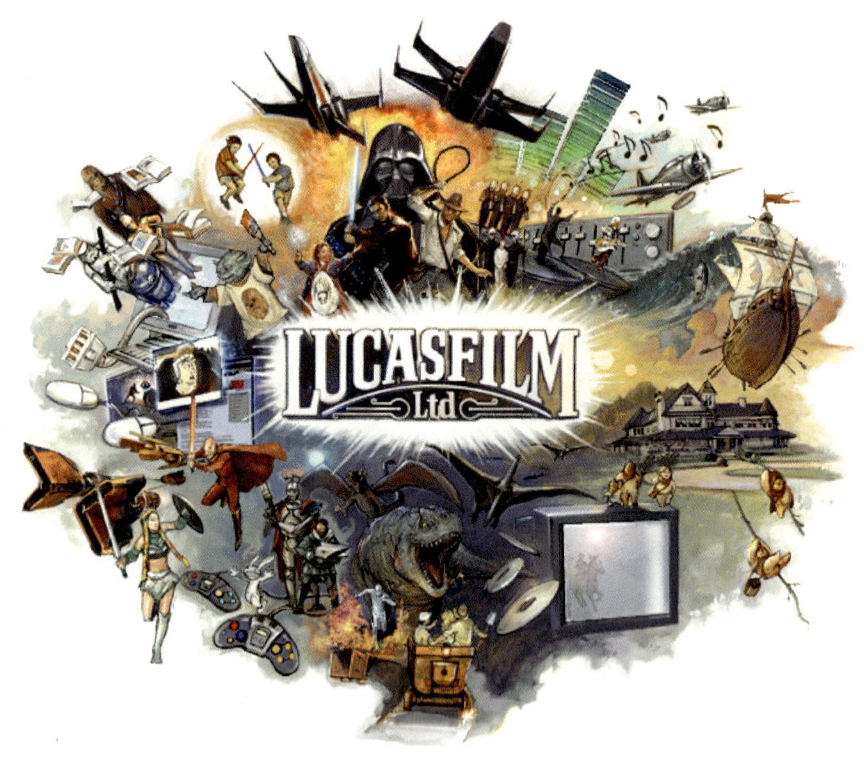

[그림 Ⅲ-13] 루카스필름

※ 출처: HD 드라마타운 조성사업 타당성 연구용역 보고서. 한국 미디어 연구소(2009)

가. 무에서 유를 창조하는 첨단 영상 기술의 활용

영화 <스타워즈>의 감독 조지 루카스가 만든 첨단 영상 기술개발 및 영상 특수효과제작을 전문으로 하는 회사로서, 영화 <스타워즈> 시리즈의 수익으로 특수효과 장치 및 소프트웨어 개발, THX사운드, 게임, 캐릭터 사업 등으로 확장하여 원소스멀티유즈(OSMU)에 필요한 인프라 기업과 통합 제작하는 제작사, 그리고 이를 라이센싱하는 퍼블리셔까지, 수직적인 기획, 제작, 프로듀싱, 퍼블리싱 시스템을 완벽하게 구축한 종합 멀티미디어 회사이다.

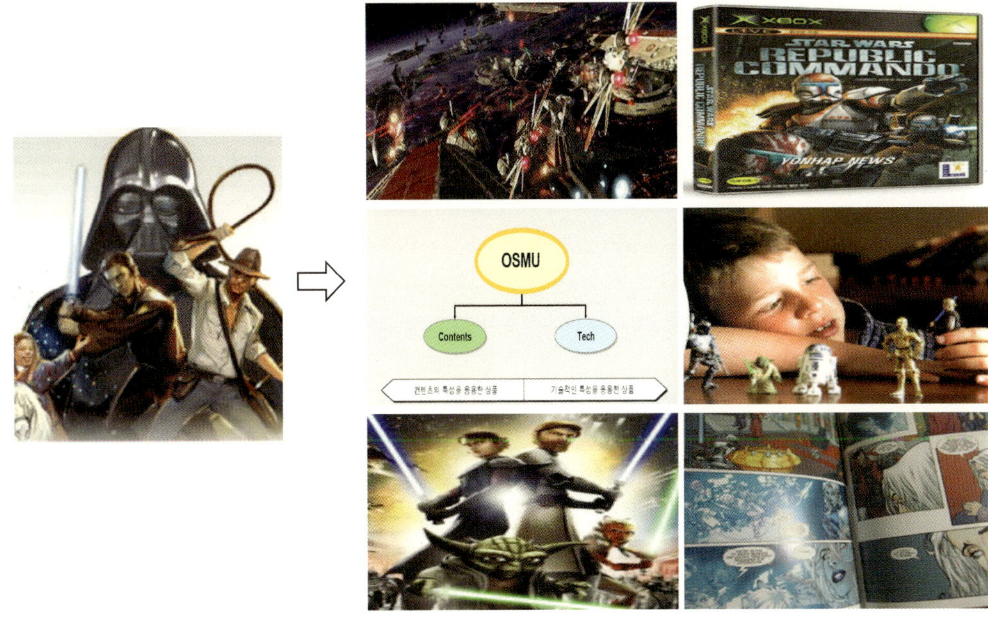

[그림 III-14] 영화 '스타워즈'의 OSMU

※ 출처: HD 드라마타운 조성사업 타당성 연구용역 보고서, 한국 미디어 연구소(2009)

나. 다양한 문화산업으로의 활용

루카스필름은 영화 <스타워즈> 콘텐츠를 활용하여 ILM 등, 계열 회사를 통해 특수효과 및 제작수입으로 총 18억 달러를, 소설-게임-만화-캐릭터 사업 등으로 총 45억 달러를 벌어들였다.

[표 III-2] 루카스 계열회사

회사명	역할 업무
루카스필름(Lucas Film)	제작, 총괄
ILM(Industrial Light & Magic)	특수효과기술 개발
루카스필름 애니메이션(Lucas Film Animation)	애니메이션, 만화제작
루카스 온라인(Lucas Online)	온라인 동영상 서비스
스카이워커 사운드(Skywalker Sound)	디지털 사운드 개발 제작
루카스 라이센싱(Lucas Licensing)	캐릭터 등의 판매 관리
루카스아츠(Lucas Atrs)	게임 제작

4) 영상과 관광 산업이 융합된 새로운 영상 메카 뉴질랜드 '웰리우드'

영화 반지의 제왕으로 유명해진 뉴질랜드 웰리우드는 영상 콘텐츠 산업을 통해 천연 야외 촬영지, 첨단 기술력과 영상 인력 양성을 통해 다양한 관광산업으로 발전시킨 대표적인 영상 제작단지이다.

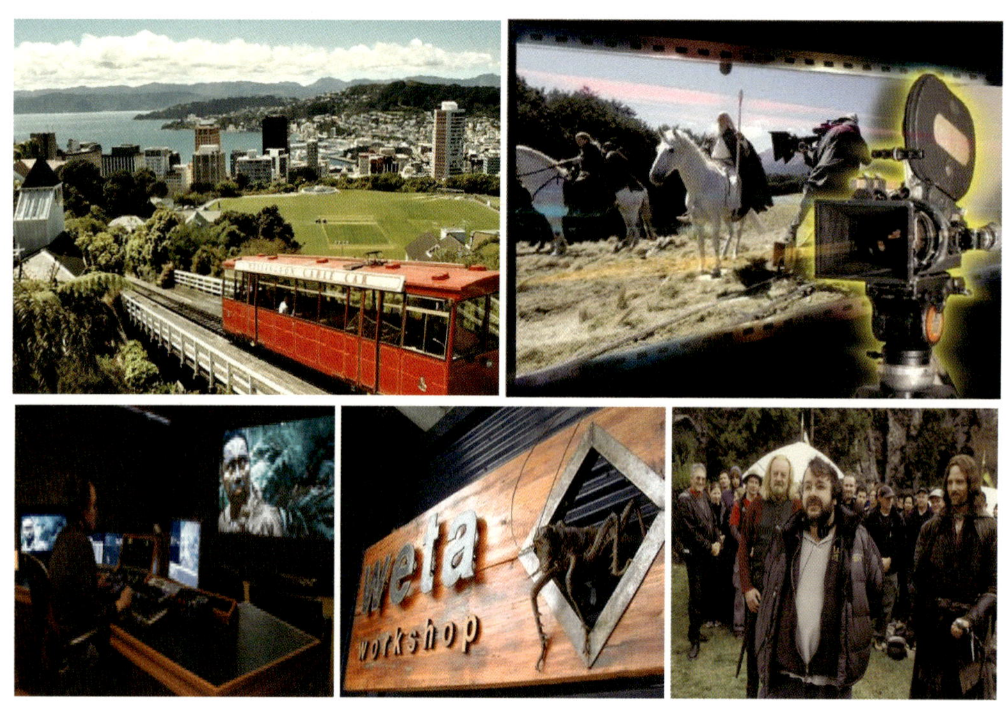

[그림 Ⅲ-15] 뉴질랜드 '웰리우드'

※ 출처: HD 드라마타운 조성사업 타당성 연구용역 보고서. 한국 미디어 연구소(2009)

가. 웰리우드

'웰리우드'란 뉴질랜드 수도 웰링턴과 영상 산업의 원조, 할리우드의 합성어로, 영화 <반지의 제왕> 시리즈로 시작된 뉴질랜드 영상 산업이 크게 성장하면서 색 보정, 음향효과 등 이른바 영화 후반부 작업회사들이 모여들며, 영화 산업의 새로운 메카로 등장했다. 대표적인 회사가 잭슨 감독이 세운 '파크로드 포스트'와 그의 동업자 리처드 테일러가 이끄는 '웨타 그룹'이다.

나. 인구 400만 명 중 영상산업 종사자 3만 명

<반지의 제왕> 이전, 주로 1908년대에는 자국영화 점유율이 5%이었고 자국 출신 유명 배우나 감독은 호주, 미국 등 외국에서 주로 활동을 하였다. 90년대 초, 할리우드 TV 시리즈물의 원정 촬영을 계기로 전환점을 맞이하게 되는데, 이는 주요 스태프는 미국인이었지만 장기적 촬영에 자국민 역할 비중이 늘어났기 때문이다. 이러한 인프라를 바탕으로 피터 잭슨 감독은 영화 <반지의 제왕> 시리즈로 시각효과 하우스 '웨타 디지털'과 '웨타 워크숍', 그리고 후반 작업 회사 필름 유니트의 소유주 겸 운영자가 됐고, 최신 설비와 젊은 인력들로 업그레이드해 나갔다.

조지 루카스처럼 자기만의 '영화 공작소'를 갖게 된 것이지만, 결과는 달랐다. 그는 현지인 2만 3,000명을 고용했고, 이를 통해 엄청난 부가가치를 창출했다. 이 무렵 뉴질랜드의 영상산업은 164%의 성장을 거뒀고, 영상산업 종사자만 3만 명에 이르게 됐다. 이후, 뉴질랜드 정부의 영상 제작 지원제도에 탄력을 받아 전 세계로부터 많은 영화 제작사를 유치하는 밑거름이 되어, 거의 8,000명에 이르는 제작진과 천여 명의 배우에 대한 고용 창출로 이어졌다.

다. 최강 종목은 집적화한 로케이션과 후반 작업

뉴질랜드는 어느 곳이든 카메라만 들이대면 '그림'이 된다. 노스아일랜드의 중심지인 오클랜드나 웰링턴처럼 큰 도시에서도 한 시간 거리에서 녹색 평야와 원시림과 기암괴석과 검은 해변을 모두 만날 수 있다. 번지점프, 래프팅 등의 레저가 발달한 사우스아일랜드는 냉대 평야와 만년설과 빙벽 등을 껴안고 있어, 국내외적으로 재난액션이나 서사 액션 촬영지로 인기가 높다.

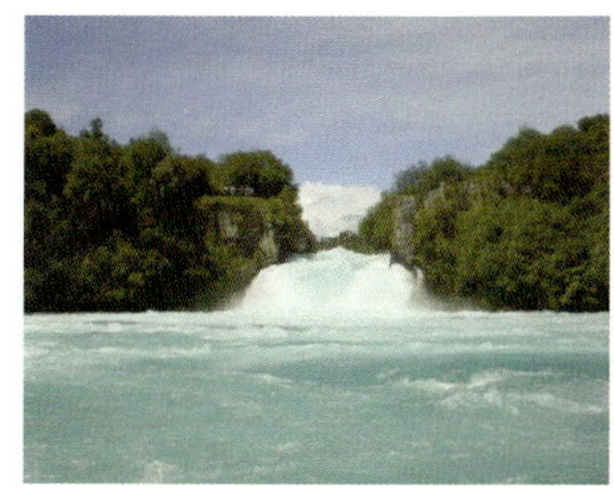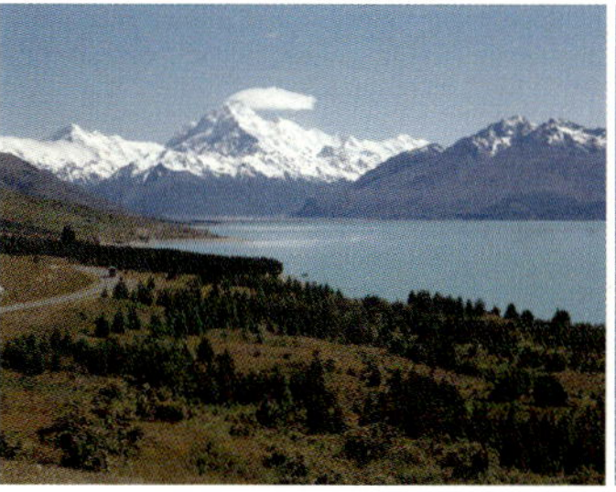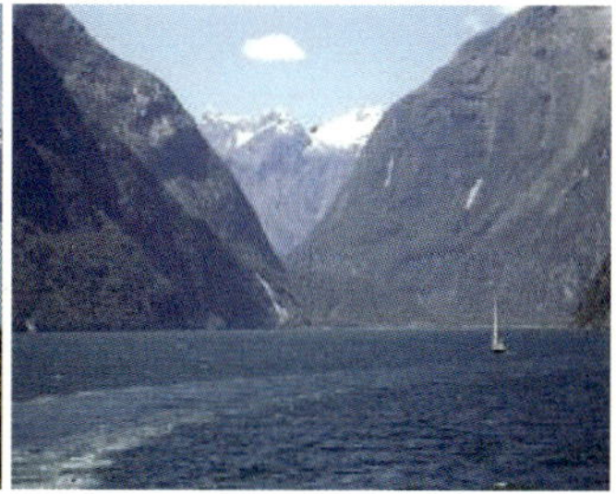

[그림 Ⅲ-16] 뉴질랜드 로케이션 촬영지

※ 출처: HD 드라마타운 조성사업 타당성 연구용역 보고서. 한국 미디어 연구소(2009)

2명에서 시작해 이제 400여 명의 직원을 거느리고 있는 웨타는 현재 할리우드의 영화 <아이, 로봇>의 시각효과에도 참여하였으며, 연간 12~15편의 작품의 후반 작업을 소화하고 있다. 디지털 기반의 후반 작업 기술은 할리우드와 맞먹는 수준으로 평가되고 있으며, 수려한 자연은 천연 로케이션 촬영장으로 활용할 수 있어서 많은 외국 제작자들이 활용하고 있다.

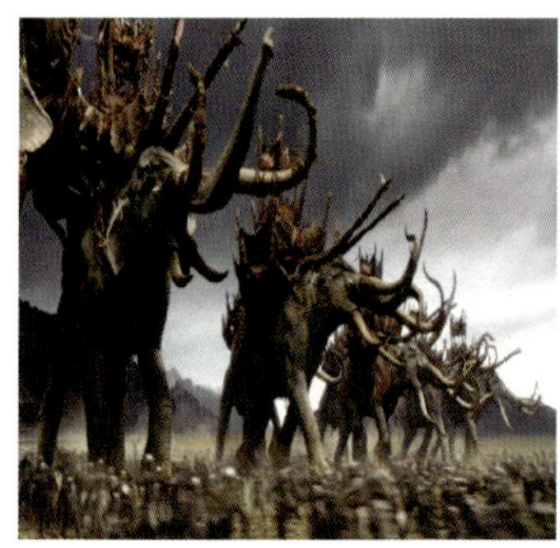
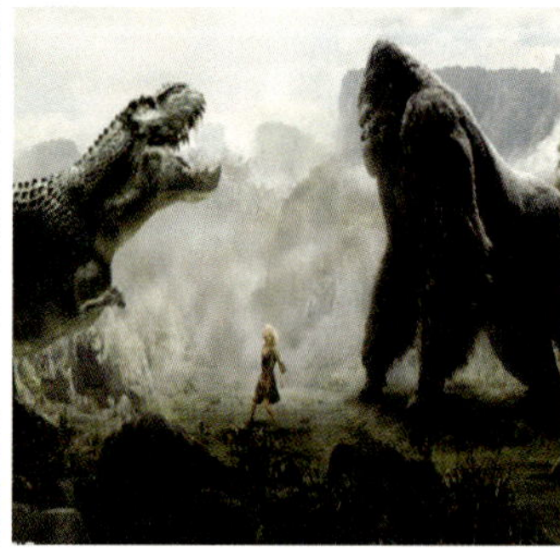
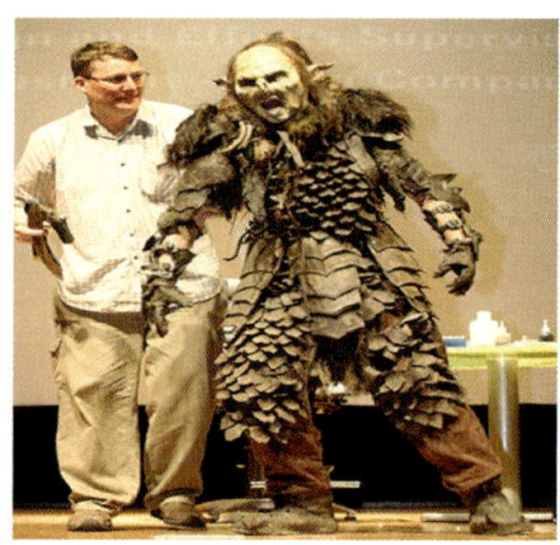

[그림 III-17] '웨타 스튜디오'의 첨단 제작 기술

※ 출처: HD 드라마타운 조성사업 타당성 연구용역 보고서. 한국 미디어 연구소(2009)

뉴질랜드에서 영화 촬영을 한 관계자들을 대상으로 한 조사 결과에 의하면 다음과 같은 점이 뉴질랜드 영화촬영의 주된 이점으로 밝혀졌다.

① 고도의 전문 기능을 갖춘 영화계 인력(제작진과 배우)

② 촬영 및 영상 처리에 필요한 첨단 프로덕션 기술과 포스트 프로덕션 인프라

③ 제작비 측면: 유리한 뉴질랜드 달러 환율, 고예산 영화에 대한 정부 보조금 제도, 인건비 관련 부대경비 절감, 제작비 절약(2008년 중, 뉴질랜드에서 촬영한 국제 영화제작사는 모두 8개에 이른다.)

2008년 11월 12일 환상적인 자연경관과 우수 영화 인력 및 기술을 바탕으로 뉴질랜드는 지난 5년간 총 915백만 달러(NZ$)를 벌어들였다. 필름 뉴질랜드(Film New Zealand)의 연차보고서에 의하면 영상 제작 수익의 대부분(54%)은 일명 웰리우드라 불리는 수도 웰링턴에 돌아가고, 그 뒤를 이어 오클랜드가 2위(36%)를 차지했다. 남섬은 전 지역을 통틀어 915백만 달러의 6%, 북섬 중부지역은 1%를 얻었다.

또 이 보고서(뉴질랜드 관광청 보고, 2008. 11.)에 따르면 수익은 숙박시설, 음식과 음료, 세트 설치 자재, 사무용품 렌탈, 교통편 등 여러 가지 형태로 광범위하게 지역사회에 유입되

었다고 한다.

5) 영화계 스튜디오인 도에이 도쿄 촬영소

일본의 드라마 촬영소는 크게 세 가지로 분류할 수 있다. 첫째, 영화사가 운영하는 영화촬영소가 TV 프로그램 제작도 병행하는 경우, 둘째, 방송사가 자회사를 두고 TV 드라마 등을 촬영하는 경우, 그리고 셋째, 기타 다양한 민간회사 등이 촬영을 운영하는 경우이다.

영화사 계열 촬영장은 도에이 도쿄촬영소가 있다. 도에이 도쿄촬영소는 도쿄도 네리마구에 있는 영화계 스튜디오이다. 일본의 대형 영화사인 도에이의 1개 사업소이며 현재는 촬영소 안에 도에이 아카데미, 도에이 TV 프로덕션 특수촬영연구소 등 관련 기업들이 입주해 있다.

도에이 촬영소가 갖고 있는 포스트 프로덕션 시설로는 더빙룸 및 MA룸, 사운드 편집실 등이 있다. 그밖에 G스튜디오에는 회의실, 리허설실, 의상실, 메이크실, 배우대기실 등이 있다. 특히 설비, 기재(제작공장, 자재창고) 및 의상 등의 미술협력회사를 촬영현장과 동일한 부지 내에 두고 있는데 세트장 설치의 효율성과 긴급시의 대응을 위해서이다. 로케이션의 미술제작, 특수미술내장공사, 각종 이벤트 설치도 하고 있다.

도에이 아카데미는 촬영소부지 내에 설치되어 있는 인력 양성소로 현장과 직결되는 배우 양성 지도를 받을 수 있다. 또한 영화, TV, 애니메이션, CM등에의 배우, 성우의 캐스팅 업무도 담당하고 있다. 배우회관은 5층 건물로 되어 있는데 내부에는 배우대기실(45실), 메이크실(5실), 리허설실(2실), 의상실(3실), 회의실(2실)외에 연기센터와 도에이 아카데미 사무소가 설치되어 있다.

한편 도에이 도쿄촬영소는 현재 급변하는 영상업계의 니즈에 부응하고자 2010년 5월 말 완공을 목표로 도쿄촬영소지구를 개축하고 있다. 이번 리뉴얼의 핵심은 영상제작 시 일련의 흐름을 고려해 250평을 넘는 신 스튜디오와 촬영소와 포스트 프로덕션을 결합시킨 디지털센터이다. 디지털센터는 영화, TV, DVD 등 모든 분야에 대응할 원스톱 작업을 실시함으로써 크리에이터 입장에서는 프로그램 퀄리티 조정 능력을 향상시킬 수 있고 스태프와 캐스트 입장에서도 보다 편리한 시설이 될 것이다.

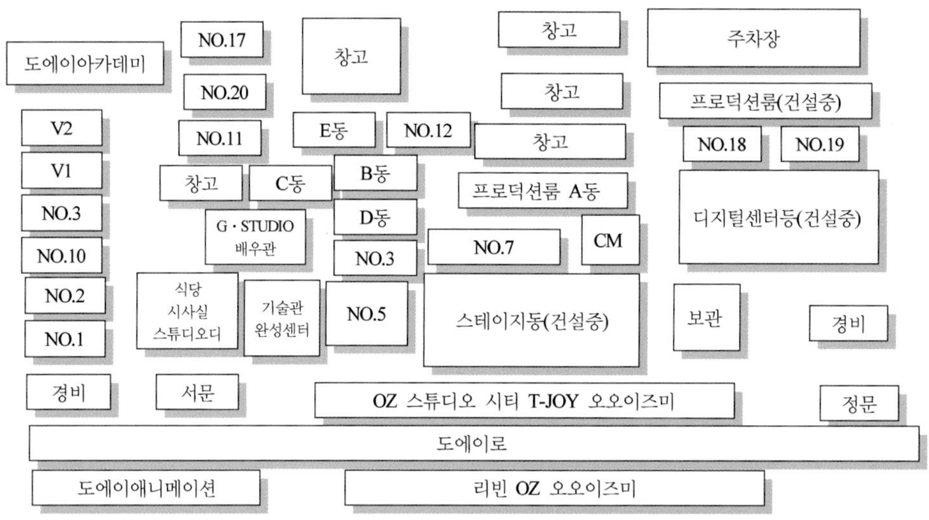

[그림 Ⅲ-18] '도에이' 도쿄촬영소의 구성도

※ 출처: HD 드라마타운 조성사업 타당성 연구용역 보고서. 한국 미디어 연구소(2009)

6) 방송사 계열 TV 촬영장인 미도리야마 스튜디오

방송사 계열 TV 촬영장으로는 TBS의 미도리야마 스튜디오가 있다. 미도리야마(綠山) 스튜디오는 도쿄의 키스테이션인 'TBS인정방송주식회사'가 소유하고 있는 TV 스튜디오이다. 설립 당시는 TBS가 직접 관리를 하고 있었지만, 지금은 자회사인 'MSC'를 설립해 스튜디오의 관리운영을 맡기고 있다. MSC는 도쿄 기누다에 위치한 'TBS 기누다 스튜디오'의 관리도 맡아 운영하고 있다. 미도리야마 스튜디오에서는 TBS 제작 드라마를 중심으로 일부 버라이어티 프로그램도 제작하고 있으며, 다른 방송국, 지방방송 및 NHK가 제작 방송하는 드라마 등 TV 프로그램의 녹화 외에 영화, 광고촬영 등도 이루어지고 있다.

미도리야마 실내 스튜디오는 180평 규모가 3개, 240평 규모가 2개 있다. 모두 최첨단의 HD설비를 갖추고 있어 HD제작이 가능하다. 그리고 스튜디오 부속으로 부조정실, 라커룸과 메이크룸, 스튜디오 뒤편에는 일본 최대 규모의 미술 스페이스가 있다.

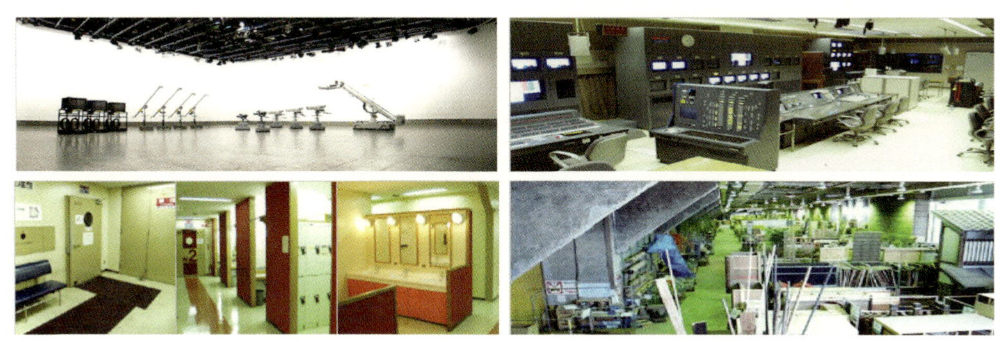

[그림 III-19] 미도리야마 스튜디오, 부조정실, 미술세트

※ 출처: HD 드라마타운 조성사업 타당성 연구용역 보고서, 한국 미디어 연구소(2009)

7) 민간주도의 TV 촬영장인 워프스테이션 에도

민간주도의 TV 촬영장으로 워프스테이션 에도가 있다. 워프스테이션 에도는 도쿄와 가까운 이바라기현 남부에 위치하고 있으며 에도시대의 모습과 멀티미디어를 즐길 수 있는 박물관 파크로서 오픈했다. 하지만 적자경영이 지속되자, 2007년부터 2010년 3월까지 NHK 계열의 NHK 엔터프라이즈에 위탁을 맡겨 운영되고 있다. 워프스테이션 에도는 에도성 존과 에도마을 존, 숙박가도 등으로 구성되어 있다. 워프스테이션 에도는 지금까지 영화, 드라마, 버라이어티 프로그램 등의 촬영이 이루어져왔는데, 특히 시설주변에는 하천을 비롯해 풍부한 자연과 사적지도 남아있어 사극촬영에는 적격이라고 할 수 있다.

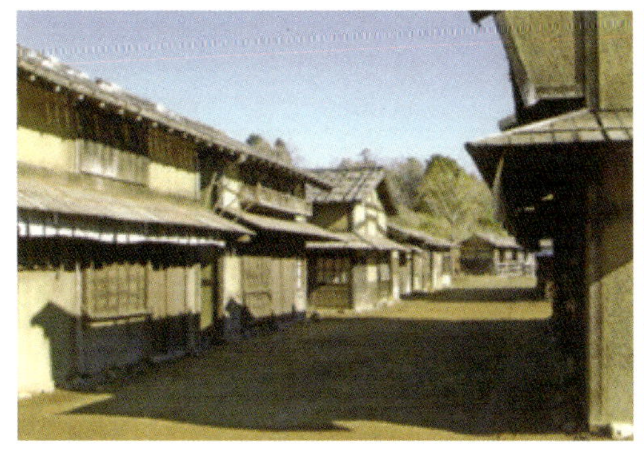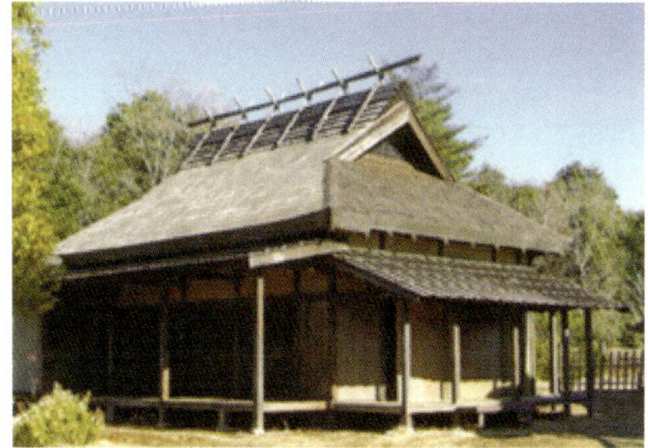

[그림 III-20] 워프스테이션 에도의 상가건물(좌)과 무가관(우)

※ 출처:HD 드라마타운 조성사업 타당성 연구용역 보고서, 한국 미디어 연구소(2009)

[표 Ⅲ-3] 워프스테이션 에도의 시설 구성

전기관명	개요
에도의 알아 관	에도 서민의 문화를 어린이들에게도 알기 쉽고 즐겁게 소개하는 관
에도 워프관	토카이도를 네비게이션 체험 등
3D드라마 씨어터	시대극의 로케나 편집의 뒤편을 3D하이비젼으로 즐길수 있는
네오·나카무라 극장	다목적 이벤트 홀
국제 교류관	일본과 세계의 귀중한 역사·문화를 소개하는 관. 첫회는 나미카와 만리 사진전
음의 관	에도의 세계를 소리로 체감
황문만유관	황문 모양이 재판하는 성격 진단
에도 요괴관	일본 최초의 요괴 체험 박물관
화의 강호시대의 풍속화관	시노다 마사히로 감독 제작의 강호시대의 풍속화 씨어터
전기준탐험관	히라가원내와 해중 탐험하는 놀이 기구형 씨어터

8) 고객과 함께 체험하는 일본 후지 TV

일본 후지 TV는 방송 콘텐츠 제작과정을 활용하여 트래킹 서비스를 통해 부가창출하는 전략으로 방송사의 홍보와 수익성을 높이고 있다.

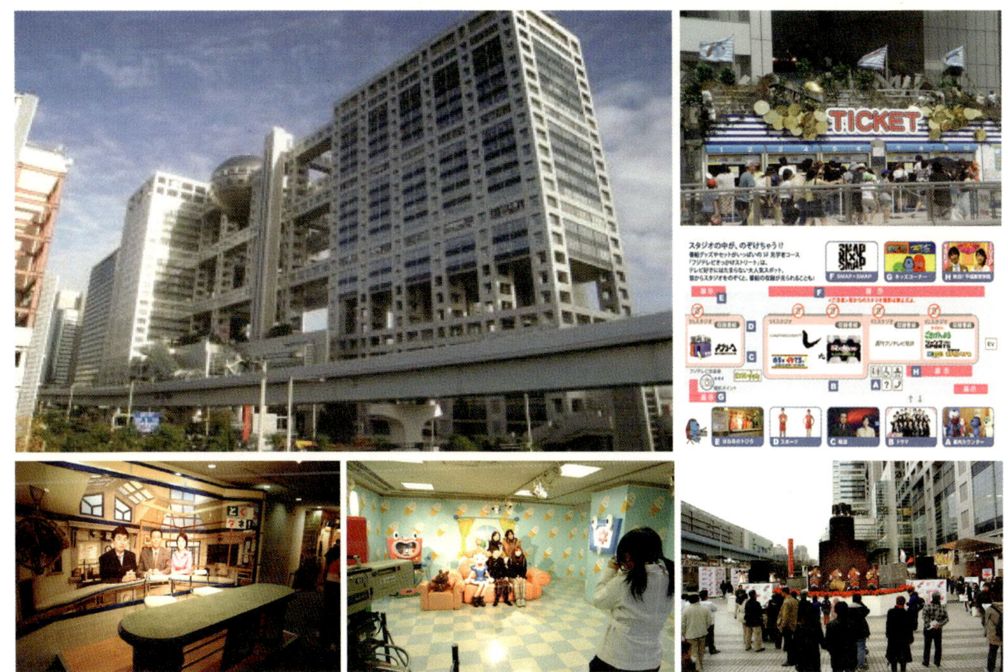

[그림 Ⅲ-21] 일본 후지 TV

※ 출처:HD 드라마타운 조성사업 타당성 연구용역 보고서, 한국 미디어 연구소(2009)

도쿄의 주요 관광지역 중의 하나인 오다이바(お台場)에 위치한 일본 후지 TV 본사 건물은 이 지역 관광 명소로서 이름이 알려졌다. 스튜디오 프로므나드에서는 인기 방송의 세트장에서 기념사진을 찍거나 각 방송의 패널 사진과 소도구가 전시되어 있어 즐겁게 견학할 수 있으며, 스튜디오의 녹화 풍경을 직접 볼 수 있는 것도 방송국에서만 체험할 수 있는 고유의 아이템으로 각광받고 있다.

일본 후지 TV 본사는 단일 방송사라는 한계에도 스튜디오 관람과 같은 체험 시스템과 다양한 이벤트(예: 44일 동안 4,334,911명의 관람객을 유치한 '오바이다 모험 임금')를 연계하여 많은 수익을 내고 있다.

9) 독일 쾰른 미디어 파크

독일 쾰른 시에 위치한 쾰른미디어파크는 1980년대의 경기불황의 돌파구로 독일정부의 주도로 첨단산업을 육성하고자 한 정부정책의 결과물이다. 1980년 유럽을 휩쓴 불경기 때

쾰른 시의 주력산업인 화학, 기계, 자동차 부품 업종이 극심한 불황을 겪으면서 관련 중소기업들이 잇달아 도산하고 2만여 명의 실업자가 발생함에 따라 시당국은 경기부양을 통한 고용창출을 최우선 과제로 정하고 핵심사업을 모색하였다. 그리하여 1985년 시 공무원, 시의원, 전문가들이 모여서 토론을 거듭한 끝에 지속적인 고용창출을 위해 첨단산업을 육성, 발전시키기로 하고 독일 각 곳에 흩어져 있던 정보통신 사업을 한데 모아 독일판 실리콘밸리를 육성하고자 하였다.

쾰른 미디어 파크는 1989년부터 추진되어 2004년 완공하였고 그 규모는 20만㎡의 규모로 조성되어 있으며 방송, 영화 등 미디어 산업과 정보통신 및 IT산업 등 140여 개의 기업이 입주하여 3,000여 명의 종사자들이 근무하고 있다.

전체 입주공간에서 미디어 산업 26%, IT산업 21%, 예술문화산업 6%의 비율을 차지하고 있으며, 연구 개발뿐만 아니라, 문화, 생활, 레저생활까지 즐길 수 있는 복합 생활단지로서 계획되고 완성된 연구와 문화, 산업의 집합공간이라 할 수 있다.

독일의 쾰른 미디어 파크는 설립 당시를 제외하고는 정부의 재정지원 없이 민간기업방식으로 운영되고 있다. 원래의 미디어 파크 조성 취지는 미디어관련 독일의 기업들을 집적하는 데 있었다. 약 13년간의 조성 기간 중 시와 주정부의 주된 지원은 단지 내 주거시설, 단지용 발전 시설 및 공원 등 인프라 시설의 건립으로 한정적이었다. 쾰른 미디어 파크는 연구 및 주거 생활과 관련한 모든 활동을 영위할 수 있는 복합생활단지의 구조로 미디어 파크의 관리 조직들은 이벤트 행사, 콘서트, 음악 박람회 등을 기획하고, 아이디어를 제공하는 기능까지 담당하고 있다.

비슷한 사례의 미디어 및 IT산업 단지는 유치기업에 대한 별도의 인센티브가 존재하는 데 비해 쾰른미디어시티는 별도의 인센티브가 제공되지 않는다. 하지만 미디어 파크 내에 갖추어진 각종 인프라와 산업 환경으로 인해 독일 및 외국 기업의 유치는 꾸준히 증가하고 있는 추세이다. 이러한 이유로 현재 독일에서 제작되는 영화와 TV 프로그램의 30%를 자체적으로 제작하고 있다. 현재 쾰른 미디어 파크는 전 세계적으로 시와 정부의 미디어 산업에 대한 뚜렷한 목적의식으로부터 얻어진 성공이라는 평가를 받고 있다.

쾰른 미디어 파크는 미디어와 도시 개발을 접목하여 새로운 산업도시의 유형을 창조하였다. 단지의 개발은 쾰른 시 25.1%, 주정부 25.1%, 그리고 개인투자자들이 공동출자하여 설립한 '미디어파크 쾰른개발 유한회사(MPK)'6)가 담당하고, 관리운영은 또 다른 민관합동법인

---

6) 개발과 운영을 담당하고 있는 미디어파크 쾰른 유한회사(MPK)는 시와 노르트라인 – 베스트팔렌주가 각각 25.1%를 출자하고, 민간부문이 그 나

으로서 MPK, MPR, KOMED, MKK 등이 유기적으로 결합하여 담당하였다. MPK는 토지의 분양 및 임대관련 계약 관리를, MPR은 입주업체를 선정하고 금융지원 등을 담당하고, KOMED(커뮤니케이션미디어센터)는 단지 전체의 마케팅, 홍보, 미디어 관련 프로그램 및 세미나를 담당하였다. 그리고 MKK는 쾰른 시 문화부 산하단체로 인터넷으로 미디어파크 쾰른을 전 세계에 홍보하고 있다.

쾰른 미디어 파크에 대해 요약하자면, 정부의 첨단산업 육성정책에 따라서 독일 각지에 흩어진 정보통신 산업을 한 곳에 집적시키기 위한 정책으로부터 시행된 미디어 파크라고 할 수 있다. 현재는 정부의 지원 없이 운영되는 안정적인 수익구조를 확보하고 있다. 복합생활단지로서 단지 내에서 문화, 생활, 레저 등을 영위하며, 미디어산업 26%, IT산업 21%, 예술문화산업 6%의 산업 비율을 차지한다. 정부와 민간기업의 합동법인으로 여러 개의 관리 기업들이 유기적으로 결합하여 운영되고 있으며, 정부 및 민간기업의 합동법인으로 기능별로 기관을 분리하여, 각 기관이 유기적으로 결합하여 운영할 수 있도록 하였다.

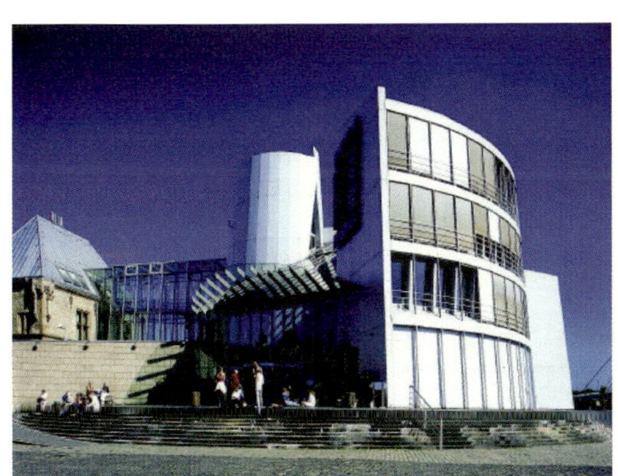
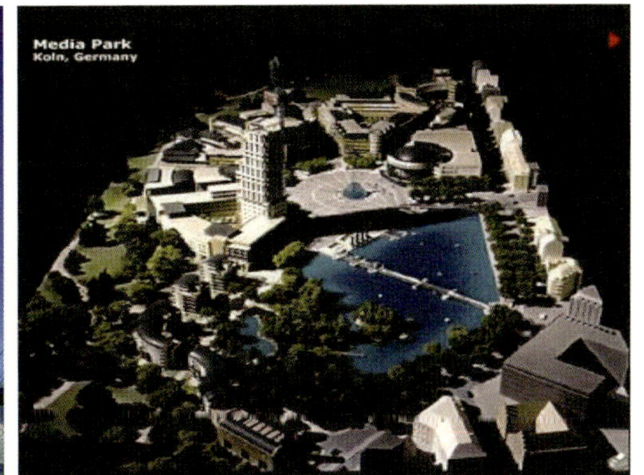

[그림 Ⅲ-22] 쾰른 미디어 파크

※ 출처: http://www.vr.kaist.ac.kr

10) 아일랜드 더블린 디지털 허브

더블린 디지털 허브는 아일랜드 정부의 디지털 미디어 육성 정책의 일환으로 더블린 시에 위치한 기네스 맥주 양조공장을 정부에서 직접 매입하여 산업에 대한 인프라를 구축하고 투

머지를 출자해 구성되었다.

자를 실시하여 조성한 디지털 미디어 허브의 대표적인 성공사례이다. 아일랜드 정부는 미디어 산업의 조성을 위해 2001년 디지털 허브의 문을 열고, 50여 개의 기업을 유치하였다. 또한 국가의 정책 방향을 IT 육성 정책으로 바꾸어 입주한 기업에는 최신 기술로 무장한 네트워크 서비스 및 디지털 콘텐츠 제작에 관련한 인프라를 제공하고 있다.

더블린 디지털 허브는 영화, 디지털 TV, 라디오 콘텐츠 제작, 음악, 애니메이션, 전자출판 등 콘텐츠 산업을 유치하여 큰 성공을 거두었고, 계속해서 투자를 실시할 예정이다. 이와 같은 정부의 투자로 아일랜드의 산업구조에서 IT산업에 대한 비중이 25%까지 높아지고 있다. 현재 더블린 디지털 허브에는 연구시설, 사이버 교육센터, 첨단 미디어 업무단지, 벤처 빌딩 및 창업 지원센터, 가상학교 등이 설립되어 디지털 콘텐츠 관련한 기업들이 안정적으로 운영될 수 있도록 지원하고 있다.

더블린 디지털 허브는 정부가 일부 부지와 건물을 직접 매입하여 별도의 개발회사인 Digital Hub Development Agency를 설립, 더블린 시와 함께 개발을 추진하는 방식으로 정부 주도형 사업을 통해 새로운 사업에 투자하는 형태를 띠고 있다.

정부는 디지털 허브 조성에 2억 5,000만 유로를 소요하였다. 소요된 비용 중에 토지 및 건물 매입비로 1억 3,000만 유로를 투자하였고, 나머지 1억 2,000만 유로는 민간 투자의 유치로 자금을 조달하였다. 디지털 허브의 운영은 정부가 주도적으로 운영하며, 시의원, 지역주민, 기업인, 교육기관대표 등 22명의 개발 자문 위원회를 구성하여 경영 및 유지에 대한 자문을 구하고 있다. 디지털 허브 조성에 계획된 총 9에이커의 개발 계획 중, 현재 2에이커의 구역에 대한 개발이 진행되었으며, 개발 속도는 매년 두 배의 성장세를 보이고 있다.

또한 디지털 허브에 입주한 기업 및 건물주에게는 유럽에서 가장 낮은 수준의 법인세율인 10%의 세금 감면 혜택, 부지건물 매입 보조금, 종업원 고용 및 훈련보조금 지원 등을 통해서 기업의 수익성을 높여주고 편의를 제공하며, 앞으로 지속될 기업의 유치에 대해 긍정적인 영향을 미치고 있다. 현재의 디지털 허브는 정부의 추가 지원 없이도 운영될 수 있을 만큼 안정적인 수익구조를 확보하였으며, 기업들의 투자유치 및 기업이전에 대한 의지도 증가하고 있다.

더블린 디지털 허브는 정부와 더블린 시 자체적으로 Digital Hub Development Agency를 설립하여 있으며, 정부의 추가지원 없이 운영되고 있으며, 입주한 기업 대부분은 아일랜드 자국기업 위주의 입주구조를 지니고 있으나 Intel, HP, Dell과 같은 세계적 기업의 유럽시장에 대한 헤드쿼터가 아일랜드에 위치하고 있고, 한국의 삼성이 투자 우선 지역으로 선정할 만큼 세계시장에서의 디지털 허브에 대한 수요는 꾸준히 증가할 전망이다.

따라서 더블린 디지털 허브는 정부의 디지털·미디어산업 육성 정책에 의해 시작된 도시개발로 민간과 함께 투자하여 운영해 나가는 구조로 현재는 정부의 지원 없이 민간운영방식으로 운영되고 있다고 정리해 볼 수 있겠다. 또한 유치 기업에 대해서는 법인세 인하와 보조금의 형태로 정부의 지원을 받는다.

미디어와 IT산업에 대해 특화된 더블린 디지털 허브는 정부가 주도적으로 운영하며, 시의원, 지역주민, 기업인, 교육기관대표 등 22명의 개발 자문 위원회를 구성하여 경영 및 유지에 대한 자문을 구하고 있다. 특히 정부의 추가 지원 없이 운영될 수 있을 만큼 안정적인 수익구조를 가지고 있다. 조직 운영 차원에서는 정부와 더블린 시 자체적으로 Digital Hub Development Agency를 설립 민간투자기업과 함께 민간운영방식으로 운영하고 있다.

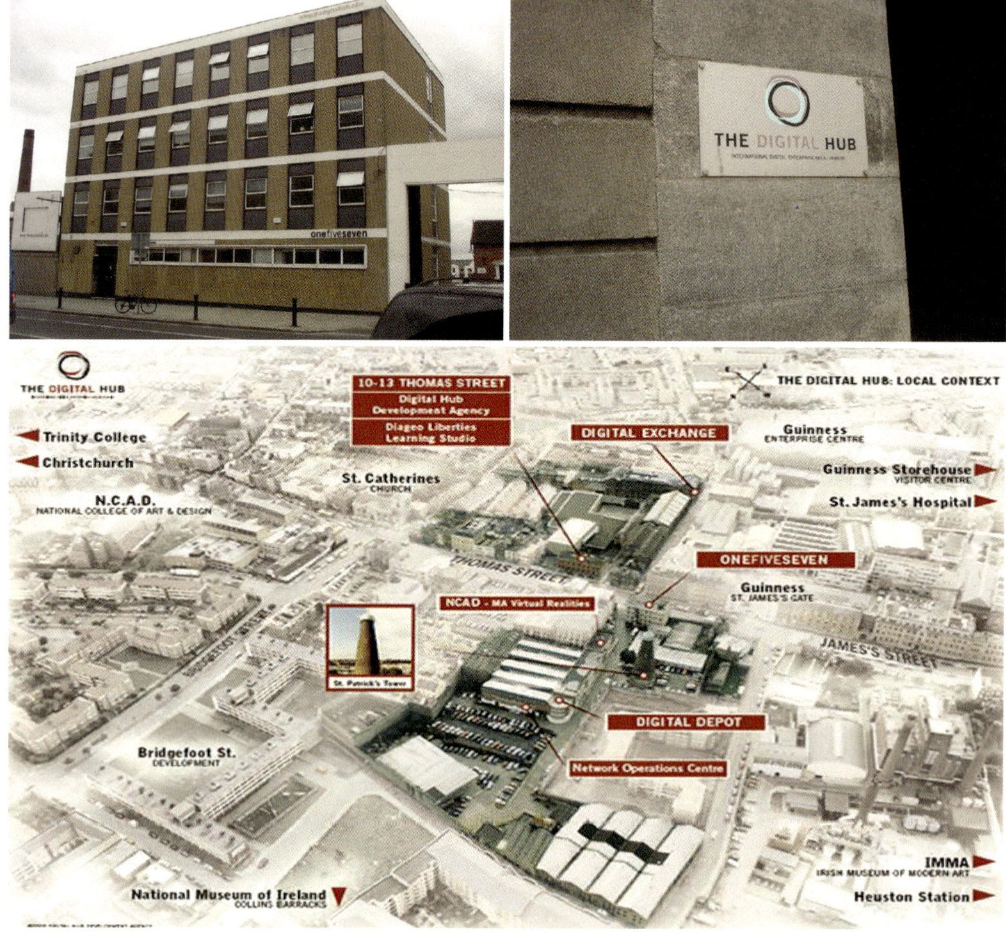

[그림 Ⅲ-23] 더블린 디지털 허브

※ 출처: (재)경기디지털 콘텐츠진흥원, 2008.

2. 국내 사례 분석

국내에는 실내 촬영 스튜디오와 야외 세트장으로 구분되어 있으며 전반적으로 집적화된 영상 제작 단지가 거의 없는 것으로 판단되었다. 현재 드라마제작 산업은 크게 성장하여, 1,000평 이상의 스튜디오의 대형화가 설비되어야 하나, 대부분의 국내 스튜디오는 500평 이상의 스튜디오 시설이 전무하다. 지자체별 구축 현황에 대해 구체적인 문제점을 평가해 보았다.

1) 남양주 종합 촬영소

　남양주 종합 촬영소는 40만 평의 부지에 3만 평 규모의 야외 세트와 규모별로 다양한 6개의 실내 촬영스튜디오, 기타 지원시설 등을 갖추고 있다.

　남양주 종합 촬영소는 실내 스튜디오 위주로 촬영을 전문으로 하는 곳으로 제작사들이 촬영을 위해 많이 이용하지만 갈수록 커지는 영상 제작 규모에 적합한 500평 이상의 대형 스튜디오가 부족하며, 서울을 기준으로 접근성은 용이하지만, 기업의 집적화, 기술의 지원보다는 장소 임대 수준의 지원 정책이 전부여서 전문영상제작단지로서의 기능은 매우 부족한 편이다.

　또한 일부 관광 및 투어 서비스를 하고 있지만 홍보 및 운영전략 부족으로 한때 연간 37만 명까지 달했던 관람객은 지금 현재 계속 줄고 있다.

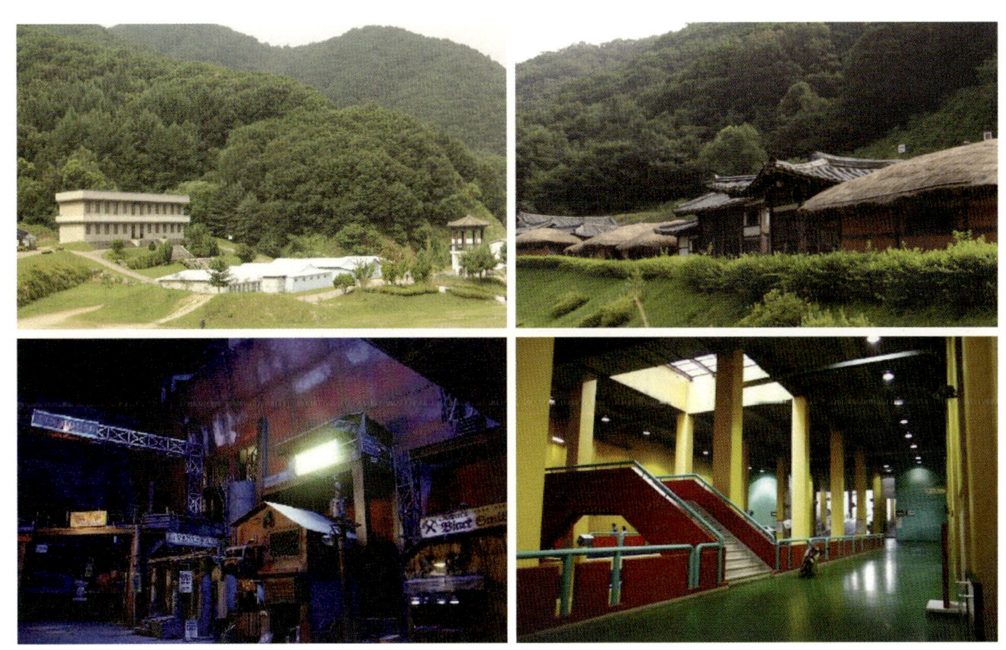

[그림 Ⅲ-24] 남양주 종합 촬영소

※ 출처: HD 드라마타운 운영 방안 연구 용역. 홍용락. 이옥기(2010)

가. 실내 스튜디오

영화 위주의 부분 장면 제작에 적합한 400평 규모의 스튜디오, 세트 제작시설을 갖추고 있다.

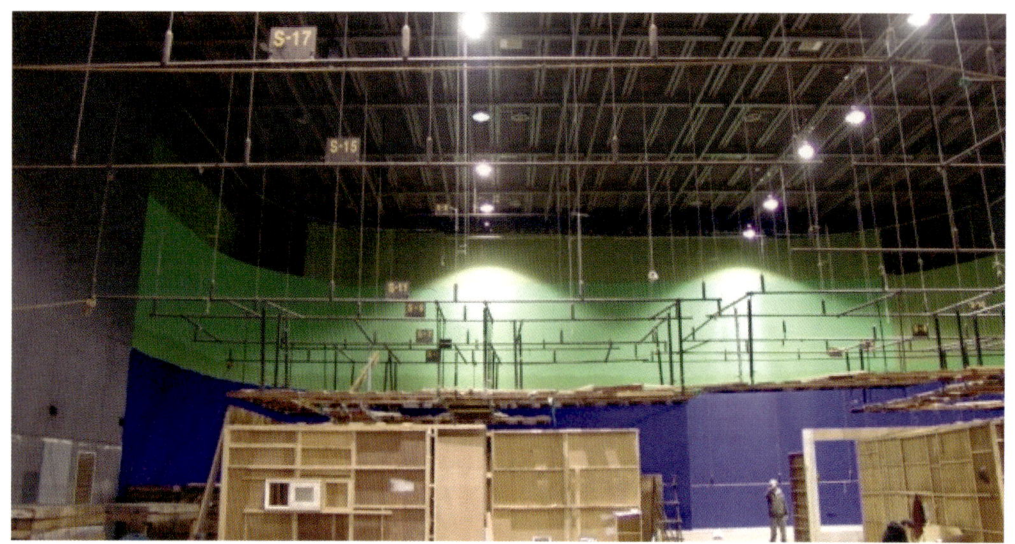

[그림 Ⅲ-25] 1 스튜디오

※ 출처: HD 드라마타운 운영 방안 연구 용역, 홍용락. 이옥기(2010)

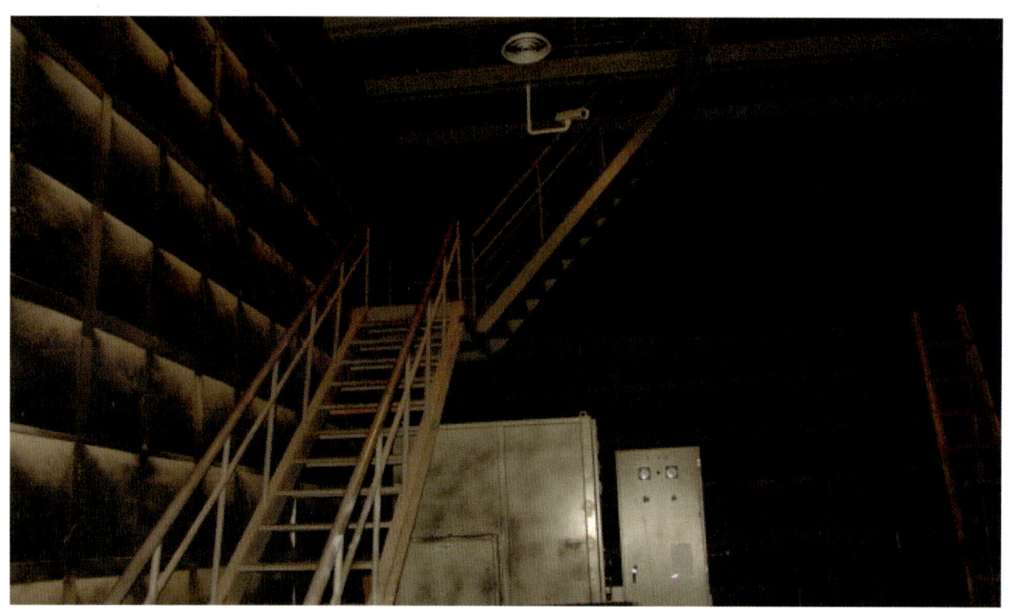

[그림 Ⅲ-26] 2, 3 스튜디오

※ 출처: HD 드라마타운 운영 방안 연구 용역, 홍용락. 이옥기(2010)

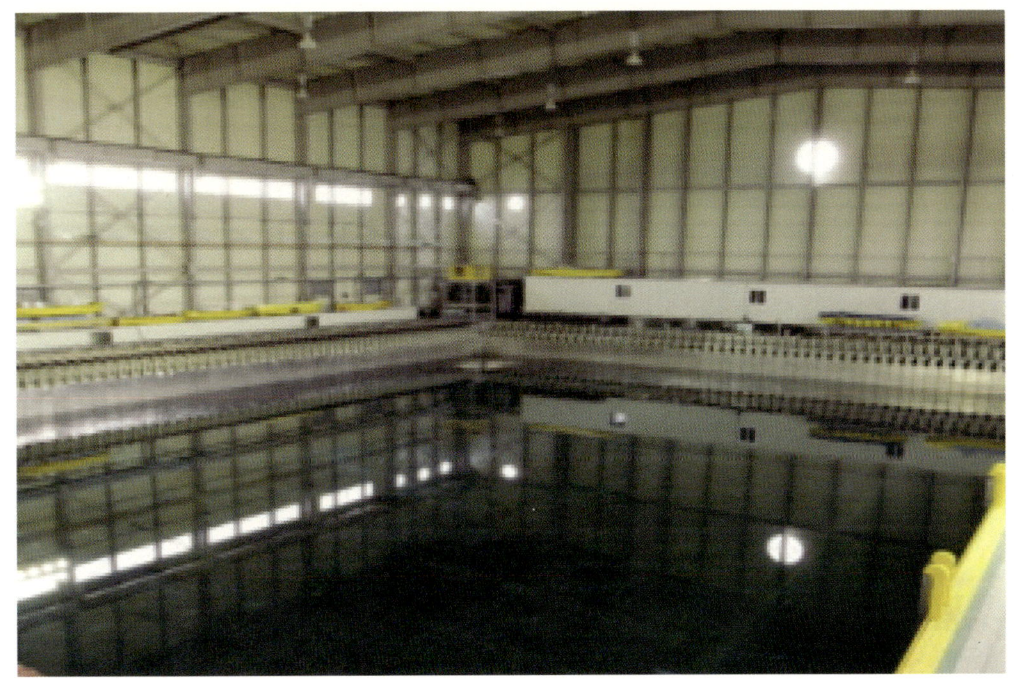

[그림 Ⅲ-27] 5 스튜디오

※ 출처: HD 드라마타운 운영 방안 연구 용역, 홍용락, 이옥기(2010)

　5번째 스튜디오에는 스테이지 중앙에 수조가 설치되어 있고 미니어처를 활용한 수중촬영 및 각종 특수촬영이 가능하나 규모가 작아 그 활용성은 낮다.

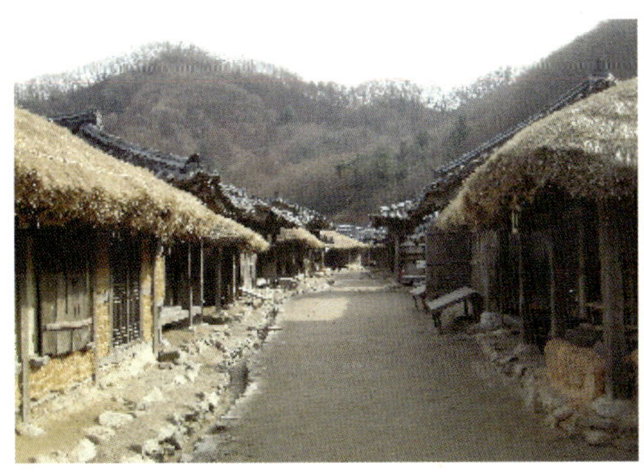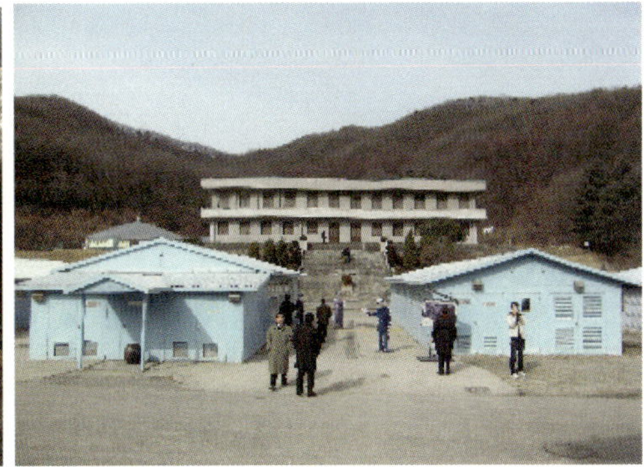

[그림 Ⅲ-28] 야외 세트장

- 판문점 세트, 전통 한옥[운당], 민속마을 세트 등 조성.
- 서울 종로구에 있던 조선 후기 양반 가옥으로 1994년에 복원.
※ 출처:HD 드라마타운 운영 방안 연구 용역, 홍용락, 이옥기 (2010)

나. 기타지원시설

– 춘사관: 숙박과 휴게 편의시설 구비

2) 파주 아트서비스

국내 최대 규모의 민영 스튜디오로서 파주 아트서비스는 영화 제작자들을 위해 쾌적한 제작 환경을 만들기 위해 실내 스튜디오 제작 위주로 설립하였다. 지리적 접근성은 남양주 종합 촬영소처럼 유리하지만 아트서비스 역시 드라마제작 분야에서 요구하는 1,000평 이상의 대형 스튜디오는 전무하며, 제작자 위주의 모든 구축이 이루어져 관광과 체험 등 일반인을 위한 서비스 지원은 없다.

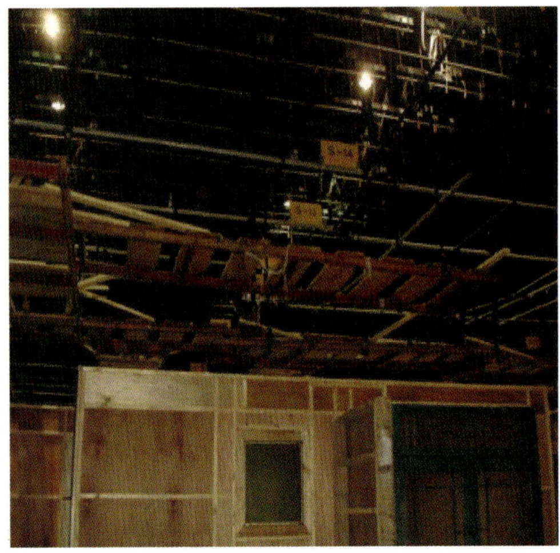
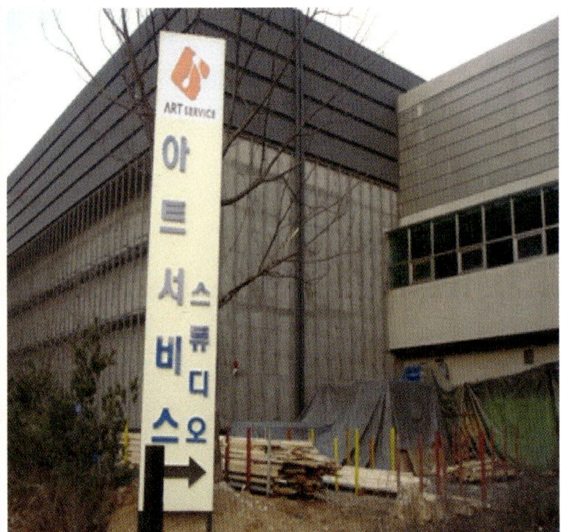

[그림 Ⅲ–29] 아트 서비스

※ 출처: HD 드라마타운 운영 방안 연구 용역. 홍용락. 이옥기(2010)

가. A 스튜디오

1층	스튜디오, 미술제작실, 스태프대기실, 스튜디오 운영실,
2층	스태프휴게실(숙소), 야외테라스, 회의실
3층	스태프휴게실(숙소)

나. B, C 스튜디오

지하 1층	세트제작실
1층	스튜디오, 분장실, 스태프대기실
2층	직화연구실
3층	식당

3) 부산영화촬영스튜디오

부산영화촬영스튜디오는 최근 후반장비 지원 및 다양한 기업 입주시설 등을 통해 영상제작단지로서의 면모를 갖추려 하고 있으나 1,000평 이상의 대형 스튜디오시설이 전무하고, 관련 기업들에 가장 중요한 요건중 하나인 지리적인 접근성이 매우 취약한 단점이 있다.

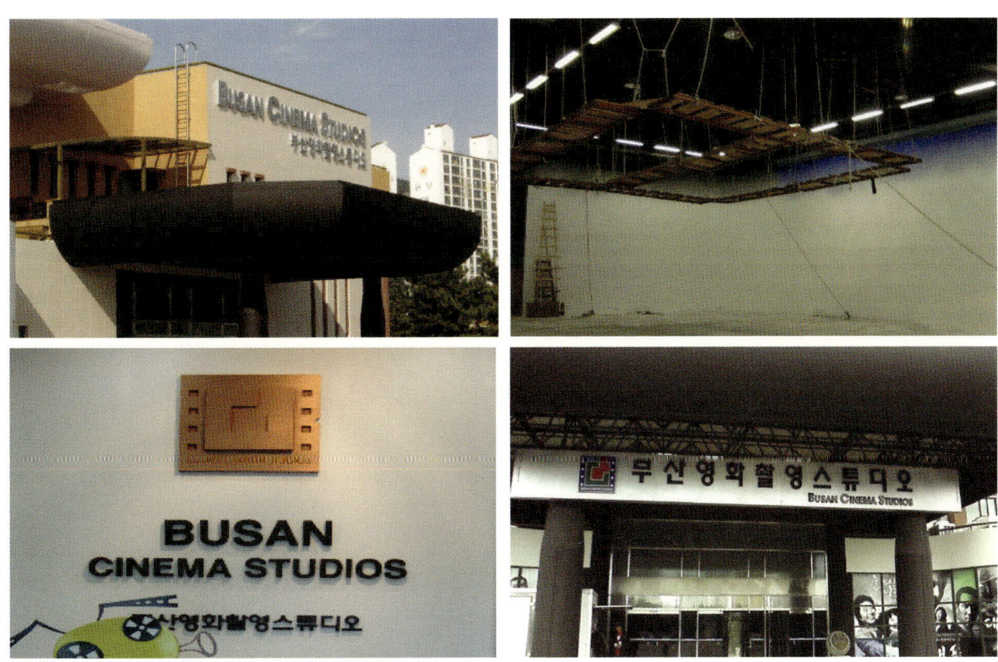

[그림 III-30] 부산 영화촬영 스튜디오

※ 출처: HD 드라마타운 운영 방안 연구 용역. 홍용락. 이옥기(2010)

가. 실내 스튜디오

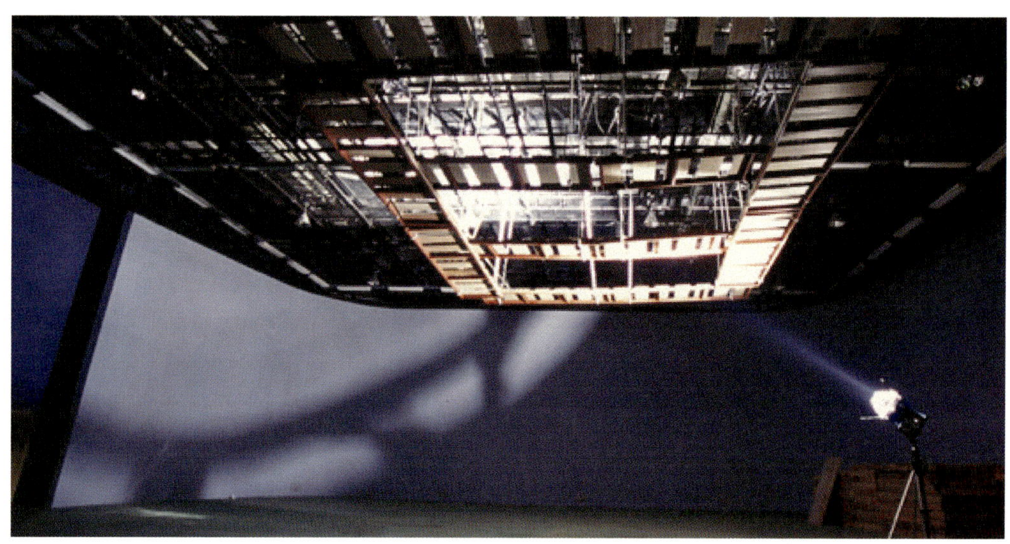

[그림 Ⅲ-31] A 스튜디오

- 규모: 27m×31m×7.5m(837㎡/250평)
※ 출처: HD 드라마타운 운영 방안 연구 용역. 홍용락. 이옥기(2010)

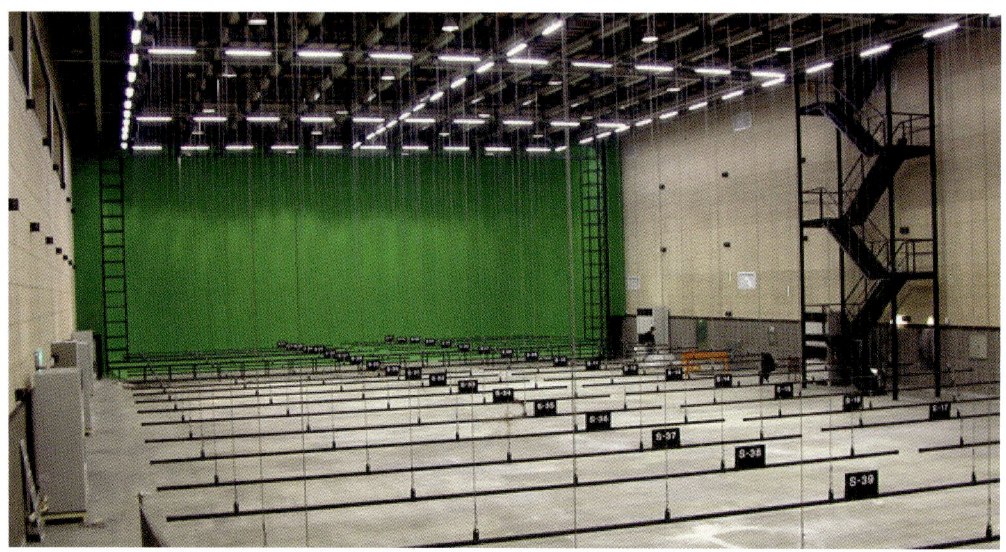

[그림 Ⅲ-32] B 스튜디오

- 규모: 58m×29m×10.5m(1,682㎡/500평)
※ 출처: HD 드라마타운 운영 방안 연구 용역. 홍용락. 이옥기(2010)

나. 그 외 부대시설

물품창고, 감독실, 스텝실, 분장실 등의 기본적인 시설을 갖추고 있다.

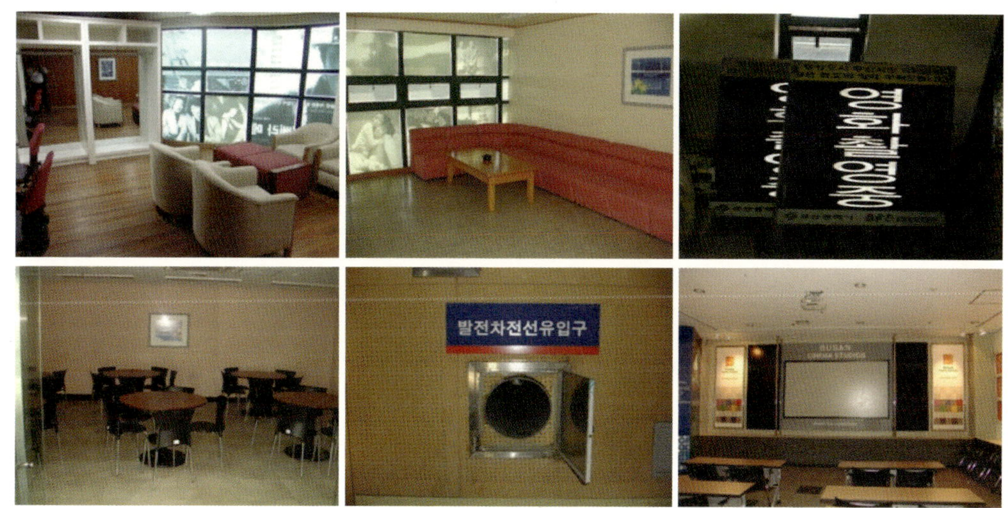

[그림 Ⅲ-33] 부산 영화촬영 스튜디오

※ 출처: HD 드라마타운 운영 방안 연구 용역. 홍용락. 이옥기(2010)

4) 각 지자체 오픈 세트장 현황

국내 촬영용 야외 세트장은 전국적으로 비교적 많은 곳에 설치되어 있다. 사극시설을 비롯하여 현대 거리, 수목원, 휴양림 등 다양한 형태로 분포되어 있으나, 1회 촬영 후 관람 등을 통해 구체적인 사후 운영 전략이 없어 수익을 내는 곳이 많지 않았다.

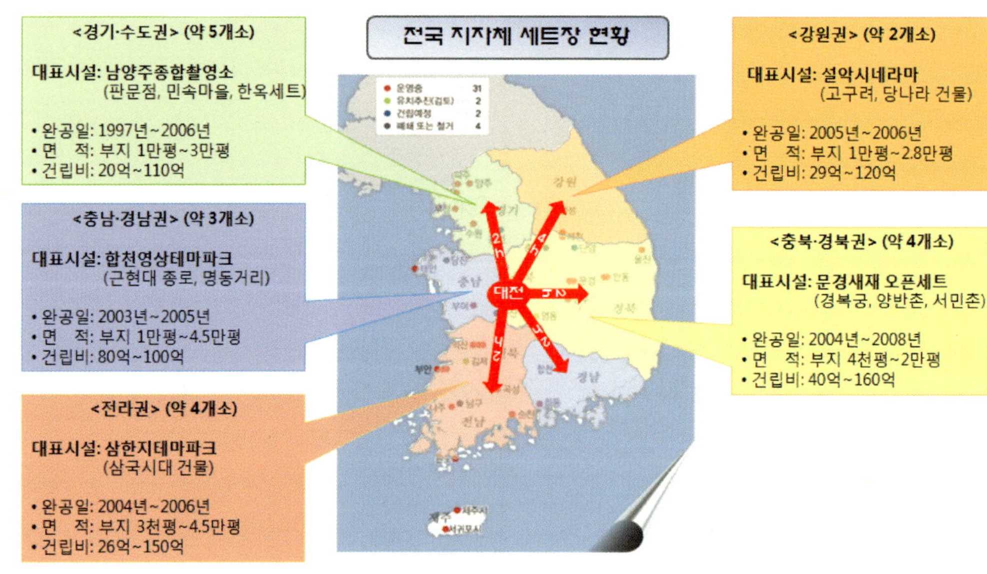

[그림 Ⅲ-34] 전국 지자체 세트장 현황

※출처: 윤호진(2009). 『HD 드라마타운』 설립과 방송콘텐츠 제작인프라 구축방안

[표 Ⅲ-4] 사극 세트장 현황

(2007. 9.)

사극 세트장 현황		
경기도	남양주시	민속마을 세트장
	용인시	신돈 세트장(MBC)
		정조대왕 `이산' 세트장(MBC)
	양주시	대장금 세트장(MBC)
		허준 세트장(MBC)
		상도 세트장(MBC)
강원도	횡성군	토지(SBS)
	속초시	대조영(KBS)
충청남도	부여군	서동요(SBS)
	금산군	상도(MBC)
충청북도	제천시	왕건 세트장(KBS)/대망(SBS)
	단양군	연개소문 세트장(SBS)
경상북도	문경시	왕건 세트장(KBS) / 연개소문 세트장(SBS)
경상남도	창녕읍	허준 세트장(MBC)
전라북도	익산시	서동요 1세트장(SBS)
		서동요 2세트장(SBS)
	부안군	전라좌수영 이순신(이순신·KBS)
전라남도	나주시	삼한지 테마파크(주몽·MBC)
	완도	해신 세트장(KBS)
제주시	북제주군	태왕사신기 세트장(MBC)

※ 출처: 이코노미21.

[표 Ⅲ-5] 주요 지자체의 드라마 테마파크 운영 현황

지자체	명칭	완공 연도	투자계획(백만원)		입장요금	특기사항
			지자체	민자		
부천	판타스틱 스튜디오	2003	4,200	1700	성인 3,000 중고생 2,000 어린이 1,000	야인시대 세트장 부천문화재단 위탁운영 중
부천	필빅 스튜디오	2004	0	6,700	무료	부천시 부지 임대료(13억) 받고 3년 계약, (주)GMB코리아 픽쳐스 운영
전북 부안	부안영상 테마파크	2005	4,000	15,000	성인 5,000 청소년 4,000 어린이 3,000	불멸의 이순신 세트장, KBS 아트비전이 운영
전남 완도	해신 세트장	2005	5,000	12,300	성인 2,000 청소년 1,500 어린이 1,000	관광시설 확충, 드라마 해신 특구지정 추진으로 대표적인 해양휴양관광단지 개발 계획
강원 횡성	횡성 테마랜드	2004 (세트) 2010 (부대)	3,600 (세트)	3,000 (세트) 60,000 (부대)	성인 3,000 청소년 2,500 어린이 2,000 유아 1,000	토지 세트장 건설 군 지원, 테마파크 개발은 민자 계획
경기 남양주	남양주 종합 촬영소	1997	0	65,000	성인 3,000 중고생 2,500 어린이 2,000	JSA판문점세트장(2002년) 민속마을세트장(2002년) 영화진흥위원회 운영
경기 양주	대장금 테마파크	2004	0	N.A	성인 5,000 어린이 3,000	양주 MBC문화동산 내 MBC운영
전북 남원	춘향 테마파크	2004	4,750	0		총 사업비 94억 중 국비 47억, 영화 춘향연
인천 옹진	옹진 테마파크	2008	19,000	N.A		
경북 문경	문경 테마파크	2007	30,000			'왕건', '무인시대', '연개소문' 종합야외촬영 테마파크
인천 강화	강화 영상단지	—	3,000	5,000		
경기 용인	MBC 드라미아	2010	42,000	118,000		신돈 세트장 있음
경기 고양	방송 영상단지					

※출처 : 옥성수(2005)를 참고로 재구성

가. 주요 시설

(1) KBS 수원센터

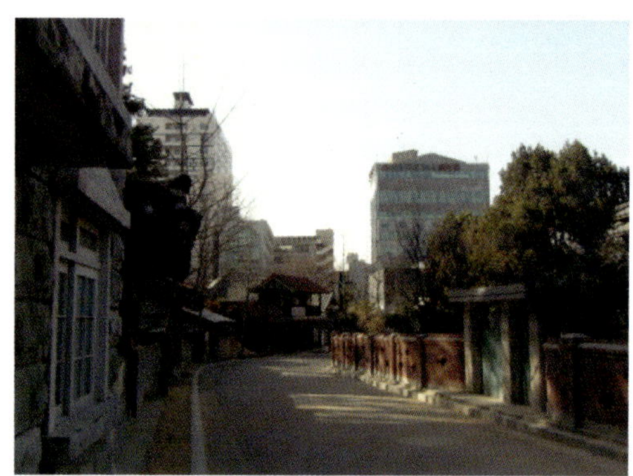
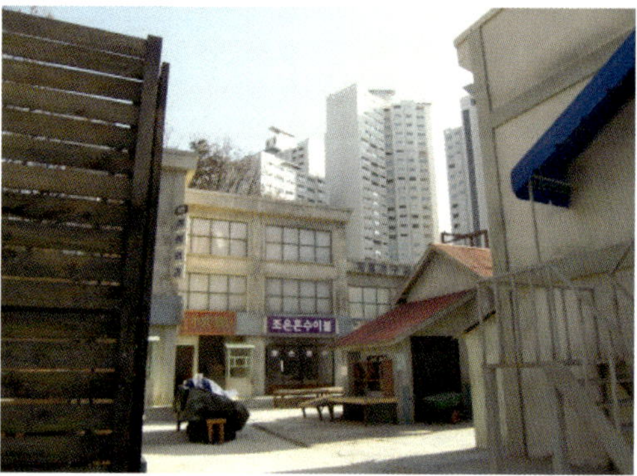

[그림 Ⅲ-35] KBS 수원센터

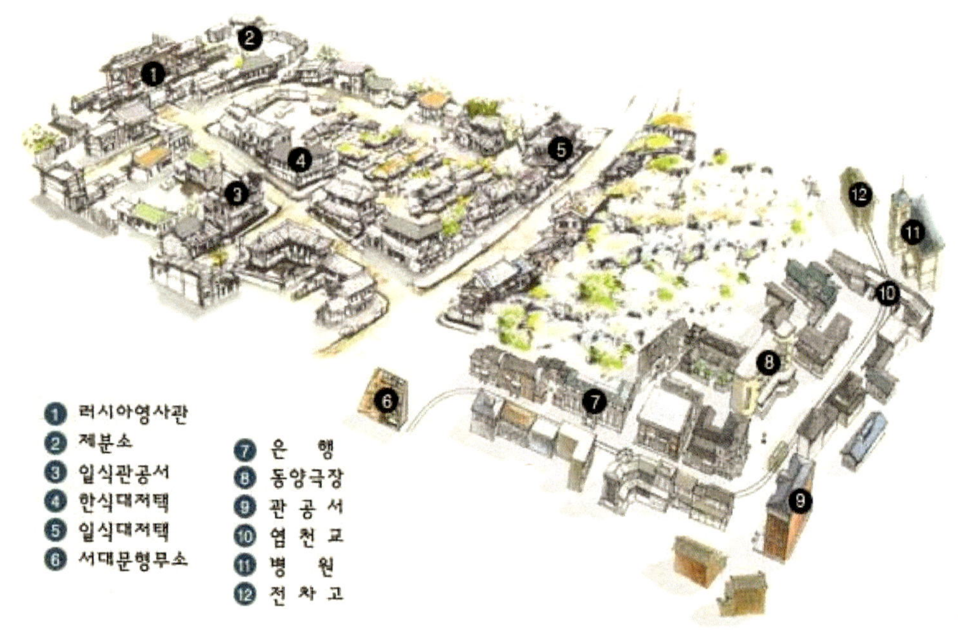

※출처: http://office.kbs.co.kr/suwon/

[표 Ⅲ-6] KBS 수원센터 현황

주요 촬영물	동양극장, 명성황후(1890년~1960년 시대물 촬영소)
주요 세트	러시아 영사관, 동양극장, 일식 건물 등 105동으로 구성
건립연도	2000년도 건립하면서 활용(2002년 완공)
평수	부지 17,000평 중 5,500평 활용
특징	드라마제작센터, 야외 세트, 특수촬영장으로 구성 70~80% 축소 미니어처 현재 활용률 20% 도심지에 위치하여 주변 고층건물이 촬영에 방해가 됨

(2) MBC 용인 세트(드라미아)

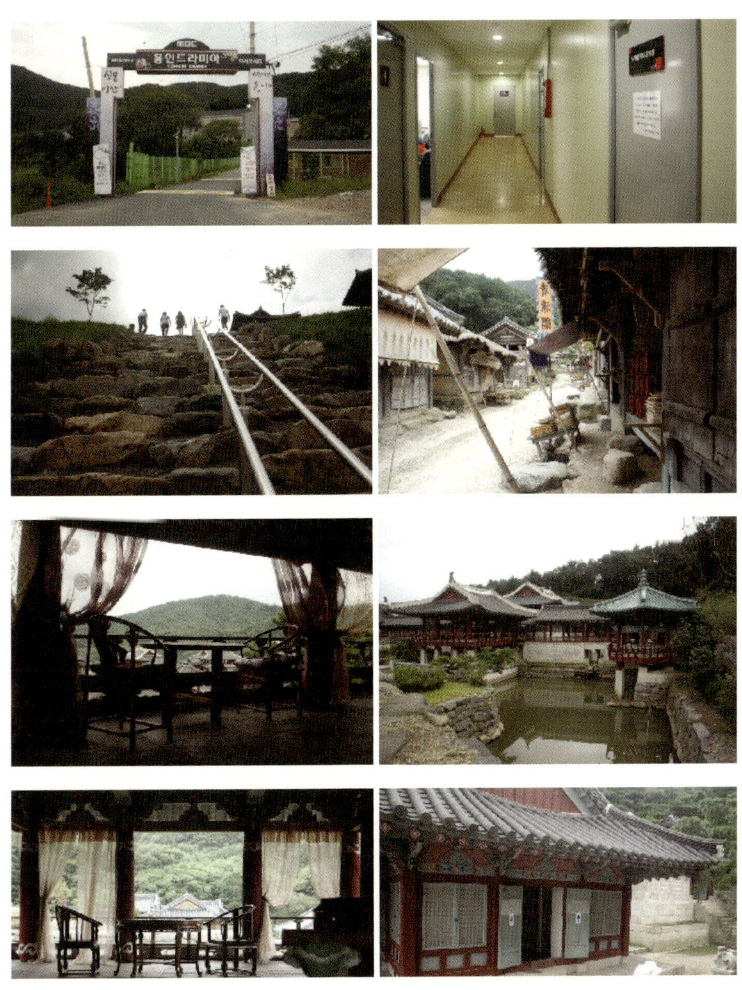

[그림 Ⅲ-36] MBC 용인 드라미아

※출처: http://ggholic.tistory.com/3733

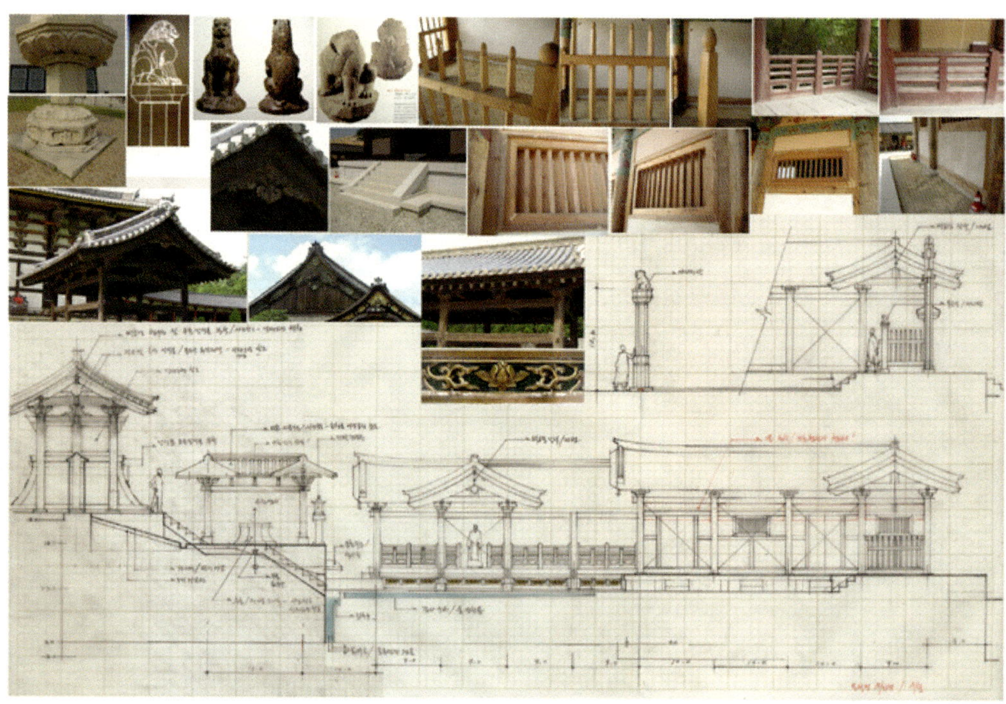

[그림 Ⅲ-37] MBC 선덕여왕 오픈 세트

※출처: http://www.mbcart.com/Broad/View.aspx?id=51&ct=0101

[표 Ⅲ-7] MBC 용인 세트 현황

주요 촬영물	신돈, 이산
주요 세트	고려궁궐 만월대, 사찰, 관가 등(선덕여왕 세트 신축 중)
건립연도	2005년~현재
평수	부지 10,700평(선덕여왕 세트 추가 시 20,000여 평), 건평 5,000평 (선덕여왕 세트 1,700평 별도)
건립비	110억(신규 선덕여왕 세트 50억 포함)
특징	MBC 전용 세트장으로 일반에게 비공개 야외 세트 및 실내 세트로 구성 철저한 고증하에 건축(1년 이상 소요, 실제 돌, 나무 등의 재료 사용) 도심으로부터의 접근성이 떨어짐

(3) 고구려 대장간 마을

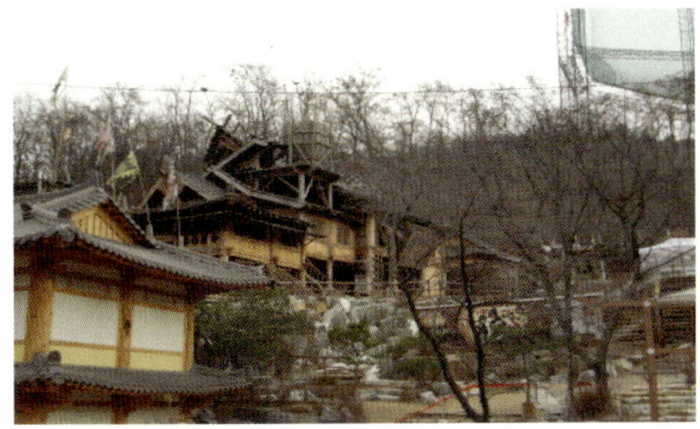
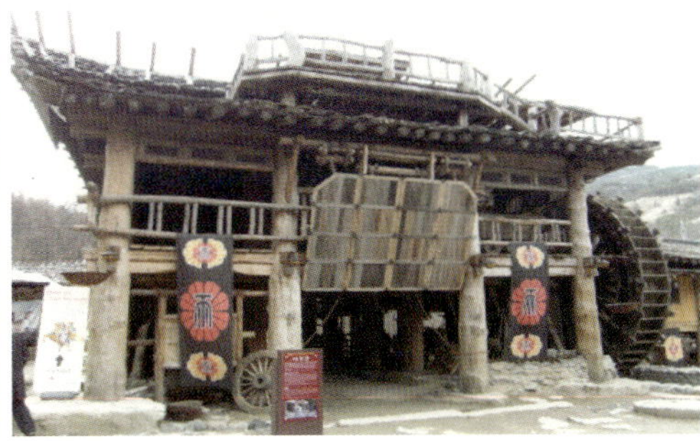

[그림 Ⅲ-38] 고구려 대장간 마을

[표 Ⅲ-8] 고구려 대장간 마을

주요촬영물	태왕사신기, 바람의 나라
주요 세트	거믈촌, 담덕채, 경당, 야외학습장, 기념박물관 등
건립연도	2006년
특징	도심에서 적절히 떨어진 지역(아차산 등산로 활용) 일본 관광객이 단체 관람 드라마 OST 활용, 학습체험관, 기념박물관 등 부대체험시설 구비 삼족오 문양체험, 고구려 와당체험, 인절미 체험 등 프로그램 구성 관람객 10만 명 돌파기념 행사 개최(2009년 3월 14일)

(4) 부천판타스틱스튜디오

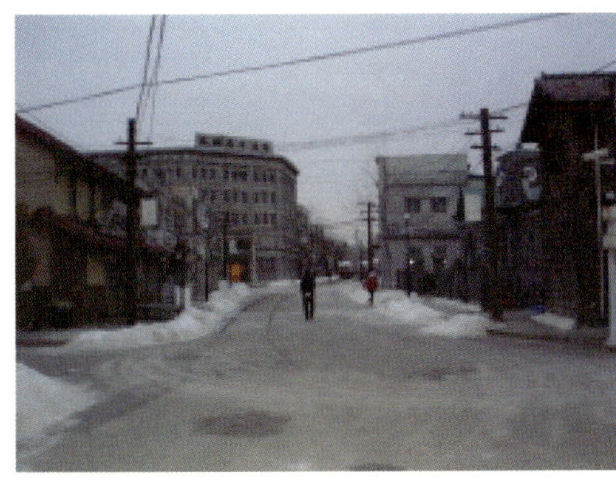
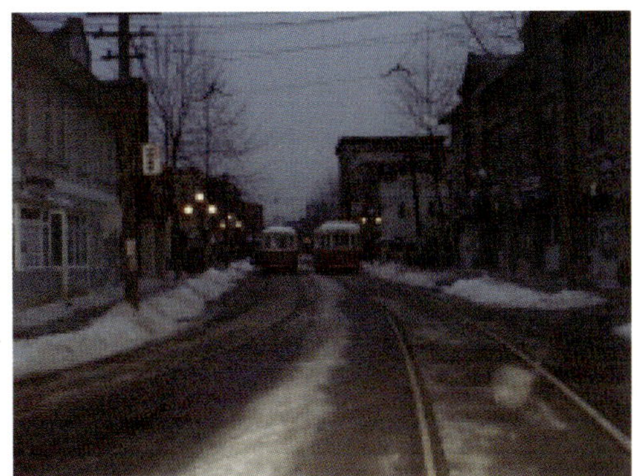

[그림 Ⅲ-39] 부천판타스틱스튜디오

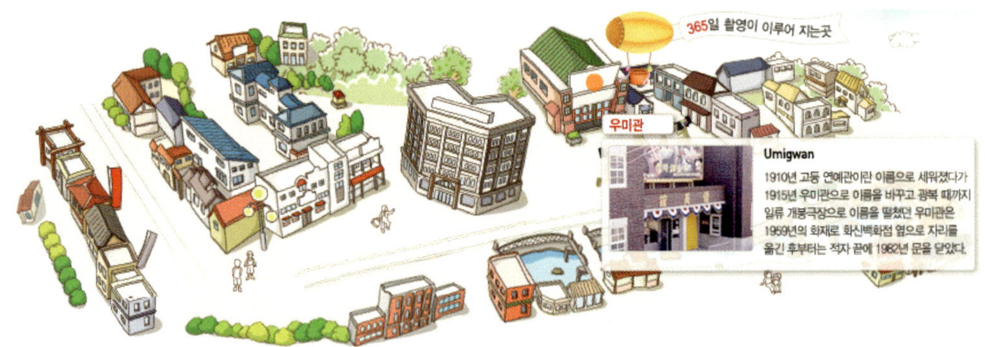

[그림 Ⅲ-40] 부천판타스틱스튜디오

※출처: http://www.fantasticstudio.or.kr/

[표 Ⅲ-9] 부천판타스틱스튜디오

주요촬영물	야인시대, 태극기 휘날리며(1930~1970년대 종로, 명동거리)
주요 세트	화신백화점, 우미관, 종로경찰서 등 일본식 건물
특징	도심지 위치하여 주변 고층건물이 촬영에 방해가 됨 주변에 부대관광시설 보유(아인스월드, 타이거월드 등) 부천영화제 기간 동안 특수분장 세미나(전문교육) 개강(2008년)

(5) 횡성 테마랜드

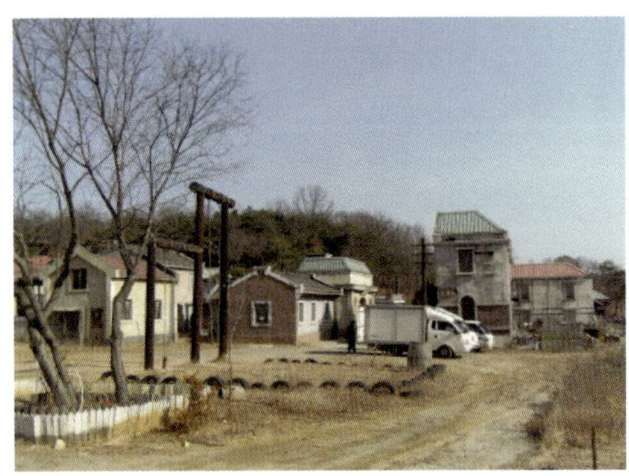 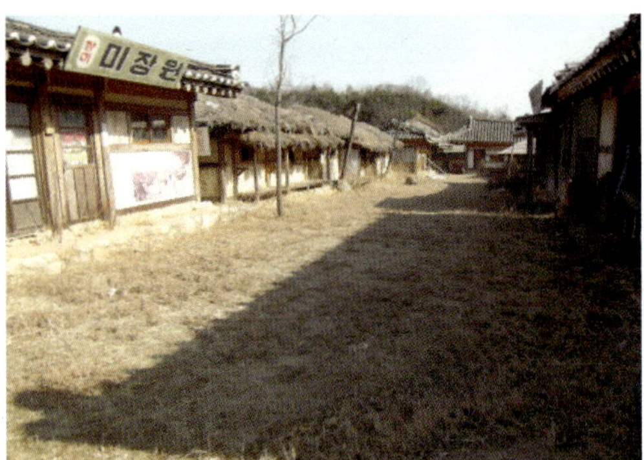

[그림 Ⅲ-41] 횡성 테마랜드

※출처: http://www.hsthemeland.com/

[표 Ⅲ-10] 횡성 테마랜드

주요촬영물	토지, 황금사과(1900년대 근대물 세트)
주요 세트	진주거리, 용정거리, 하얼빈거리, 회령거리, 신경거리(총 79개 동)
건립연도	2005년
평수	드라마 세트 부지 10,000평(전체 85,000평)
건립비	29억 원(도로 등 인프라 구축비까지 합산하면 80억 원)
특징	횡성 테마랜드(허브공원, 놀이시설, 수영장 등으로 구성) 內 위치 세트장 활용 후 2006년 이후 유지보수가 안 되어 가건물 파손 및 황폐화 진행 입장료 수익(5억)을 제외하고 수익 없음 횡성군-횡성 테마랜드-SBS 간 영상관광문화단지 조성을 위한 협약체결(2004년 8월 3일) 이후 법인운영 중(횡성 테마랜드)

(6) 속초 대조영 세트

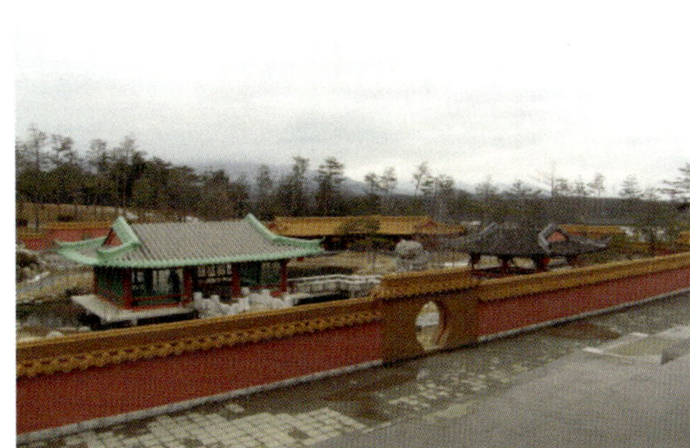
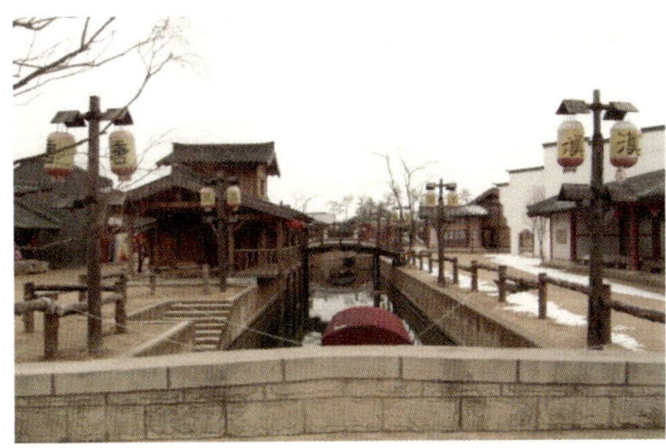

[그림 Ⅲ-42] 속초 대조영 세트

※출처: http://www.kbs.co.kr/dmz/news

[표 Ⅲ-11] 속초 대조영 세트

주요촬영물	대조영, 홍길동
주요 세트	당나라 양식 64동, 고구려 양식 52동 외
건립연도	2006년 12월
평수	27,500평
건립비	120억 원
특징	한화리조트, 설악 워터피아와 주변 시설과 연계 식음매장, 상품매장, 체험시설(국궁, A.T.V, 사주풀이, 민속놀이 등) 보유 왕녀 자명고 촬영 중(2009년 3월 현재)

(7) 단양 오픈 세트장

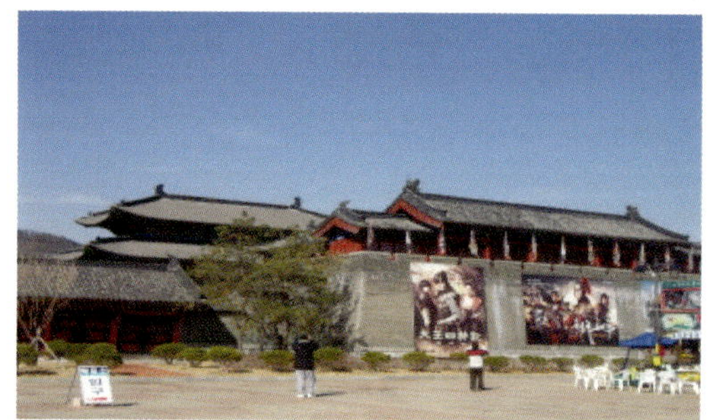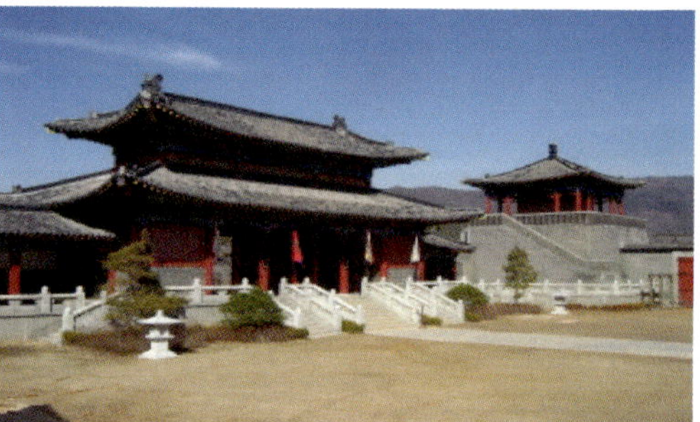

[그림 Ⅲ-43] 단양 오픈 세트장

[표 Ⅲ-12] 단양 오픈 세트장

주요촬영물	천추태후, 연개소문, 태왕사신기
주요 세트	고려 궁 등 50여 동 건물
평수	부지 4,150평
특징	온달관광단지 내 위치 실제 천연재료와 인공재료를 혼용 박물관(온달관), 온달산성, 온달동굴, 야외공원 등 연계관광시설 보유 식당, 농산물판매징, 도산품판매상 능 부대시설 보유 매년 10월 온달문화축제 개최

(8) 영주 선비촌

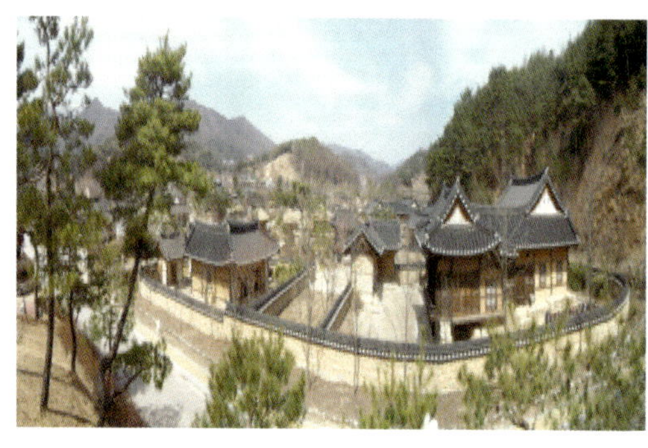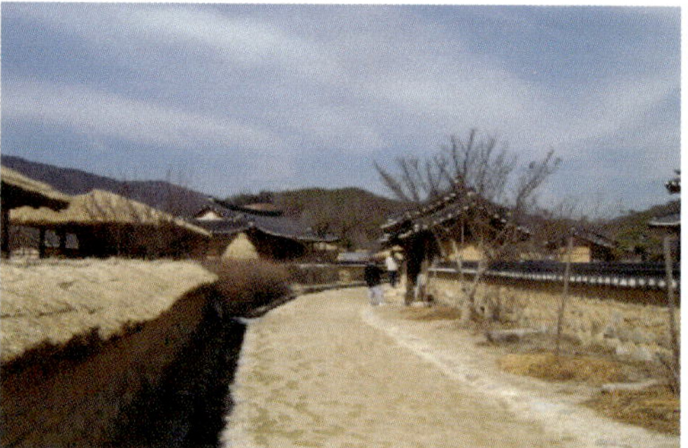

[그림 Ⅲ-44] 영주 선비촌

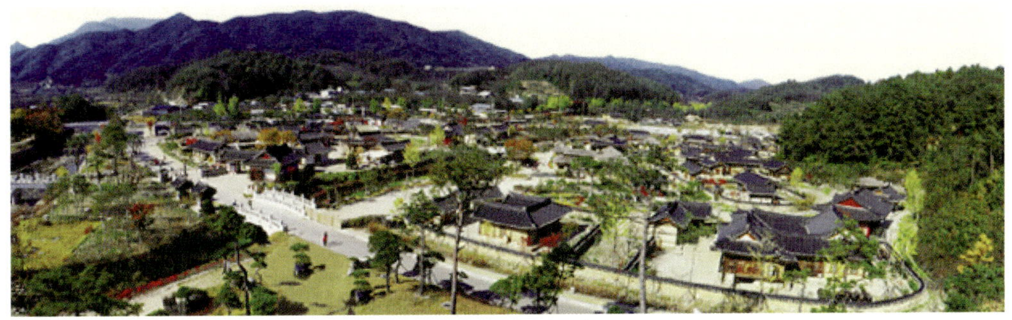

[그림 Ⅲ-45] 영주 선비촌

※출처: http://tour.yeongju.go.kr/open content/theme tour/experience tour/sunbichon

[표 Ⅲ-13] 영주 선비촌

주요 촬영물	선비촌, 민속시설 및 식당·상가건물 30동		
건립연도	2004년 9월 22일(착공일: 1997년 12월 26일)		
평수	부지 17,460평(건평 807평)		
건립비	164억 원		
특징	탁본 체험, 숙박 체험, 목공예 체험 등 체험 프로그램 제공 소수박물관, 소수서원, 식당 등 부대시설 보유		

(9) 문경새재 오픈 세트

문경새재 KBS촬영장은 대조영, 태조왕건, 대왕세종 등의 촬영으로 유명한 곳이다. 최근 뿌리깊은 나무를 촬영하였다. 문경새재 촬영장은 KBS가 2000년부터 고려시대를 배경으로 내하드라미를 촬영하면서 설립한 곳으로 문경새재 제2관문 뒤 용사골에 위치해 있다. 19,891 평의 부지에 왕궁 2곳, 기와집 42동, 초가 40동, 기타 13동으로 구성되어 있으며, 국내 최대 사극 촬영지이다. 촬영장을 문경 새재로 설치하게 된 배경은 후백제의 왕 견훤의 고향이 문경 가은이고, 무엇보다도 조령산과 주흘산이 고려의 수도인 개성의 송악산과 흡사하고 옛모습이 잘 보존되어 있기 때문이다.

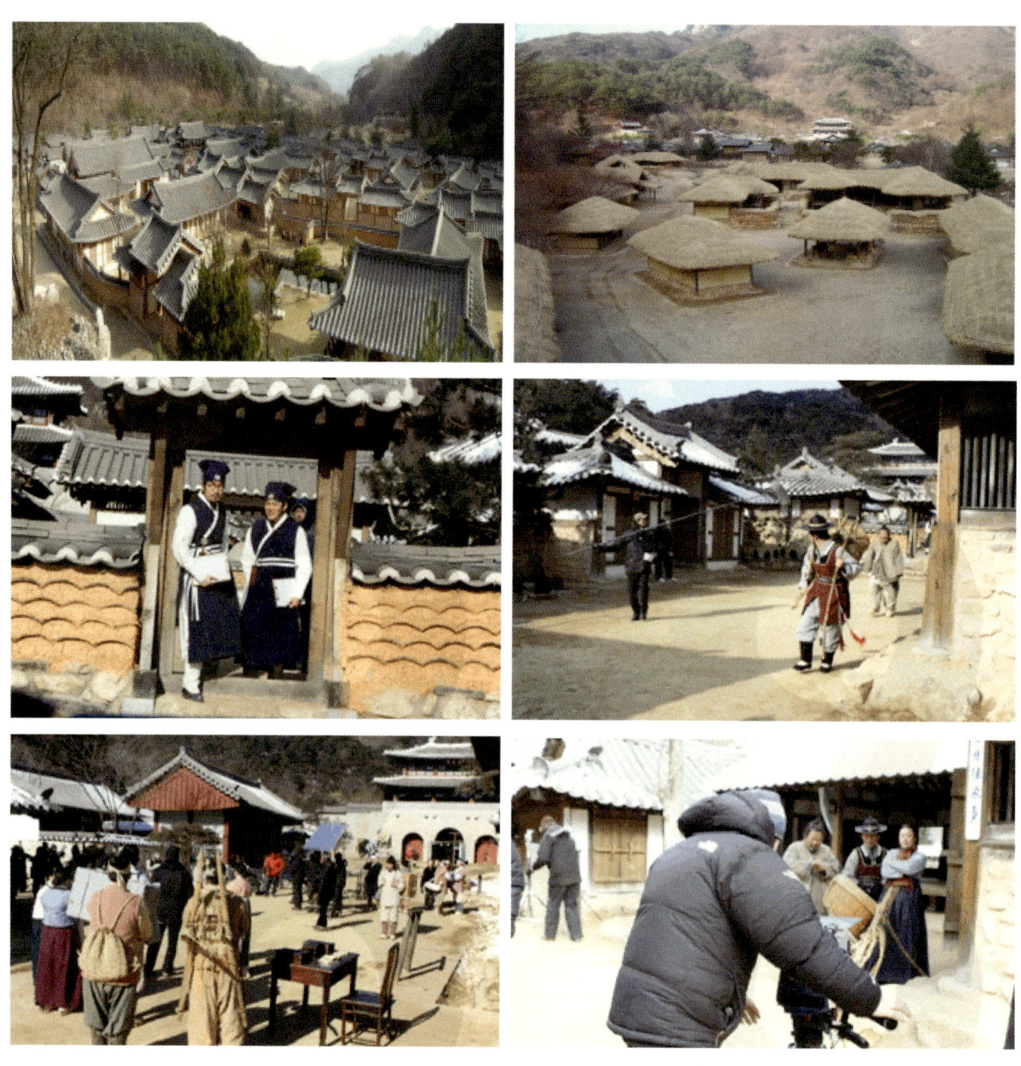

[그림 Ⅲ-46] 문경새재 오픈 세트

※출처: http://chungjutour.co.kr/fplace/kbs - munkyong.html

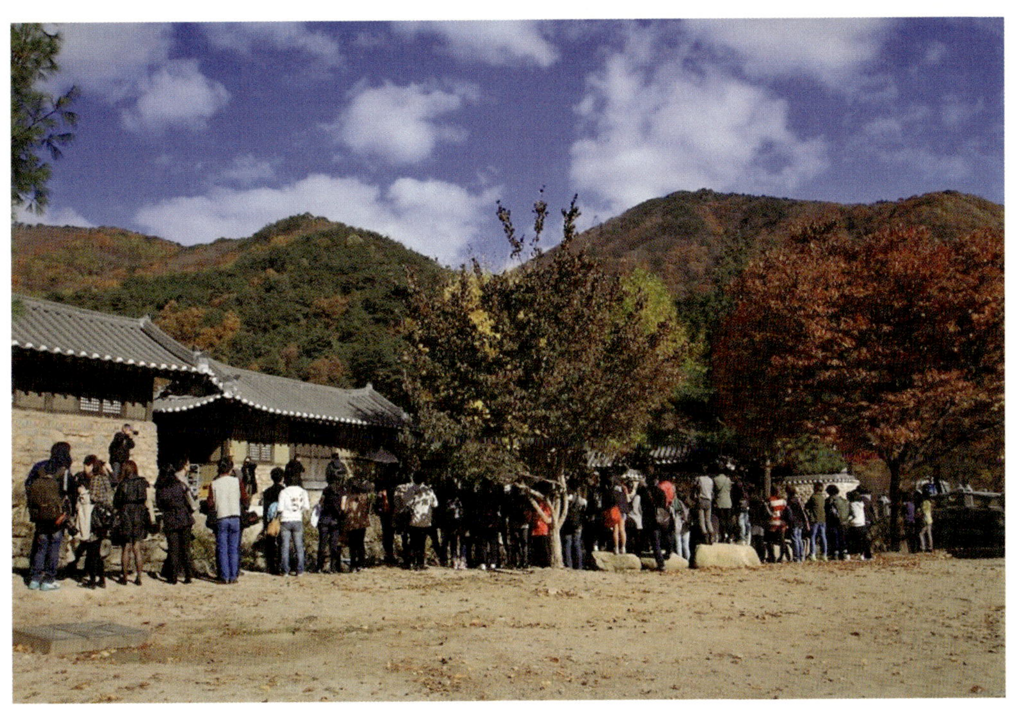

[그림 Ⅲ-47] 문경새재 〈뿌리깊은 나무〉 오픈 세트 촬영장

※출처: http://reignman.tistory.com/934

[표 Ⅲ-14] 문경새재 오픈 세트

주요 촬영물	대왕세종, 대조영, 무인시대
주요구성	130동(경복궁 23동, 동궁 5동, 궐내각사 7동, 양반촌 68동 등)
건립연도	2008년 4월 16일
평수	부지 21,175평
건립비	총 70억(문경시 63억, KBS 7억) 1차 건립: 2000년 2월 23일(32억 원/19,891평) 2차 건립: 2008년 4월 16일(세종대왕用)
특징	문경새재 도립공원 관광단지와 연계 바위산 등 자연환경이 가장 좋음(주변 조령산과 주흘산 등) 시설마다 안내 키오스크 설치(한국어/영어)

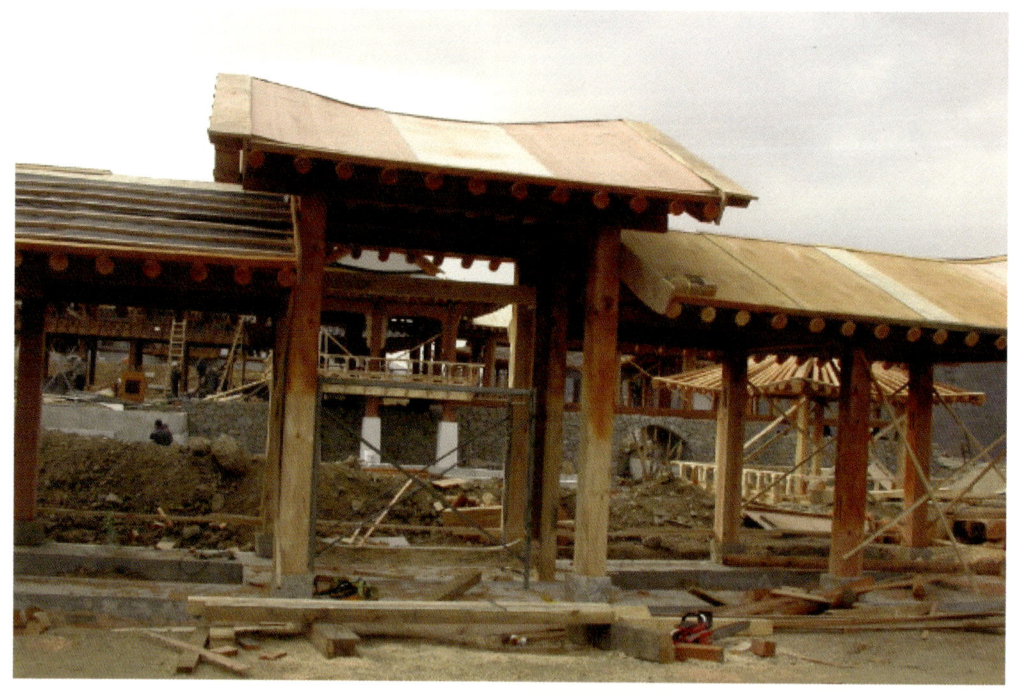

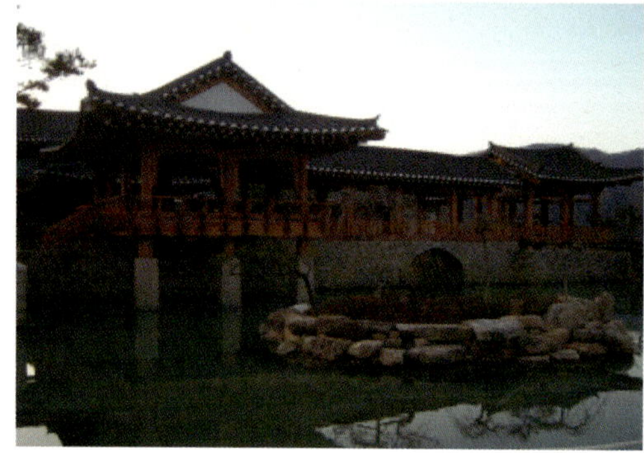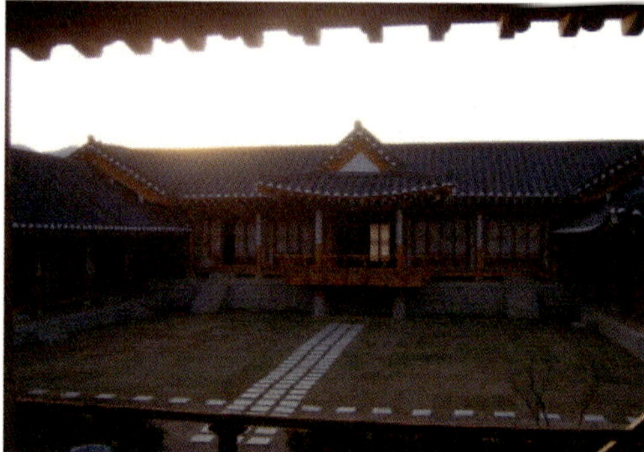

[그림 Ⅲ-48] 괴산 바람의 화원 세트장

※촬영: http://blog.daum.net/mongrae/18310855

주요 촬영물	바람의 화원
주요 세트	오픈 세트, 연못, 활터 등
건립연도	2008년 11월
평수	부지 8,400평
건립비	총 40억((주)비전테크 35억, SBS 5억)
특징	인근 도심에서 먼 거리에 위치 천연재료 활용 유지보수가 이루어지지 않고 있음(기둥에 곰팡이 생김)

(11) 서동요 테마파크

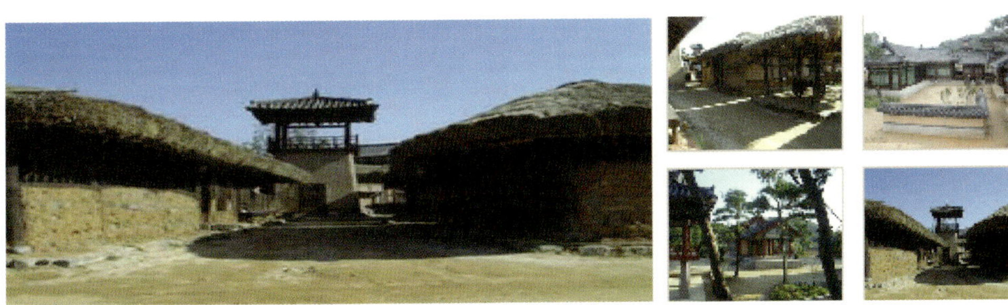

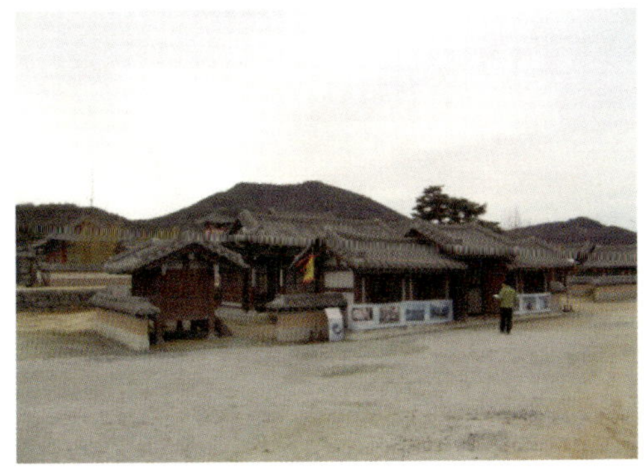

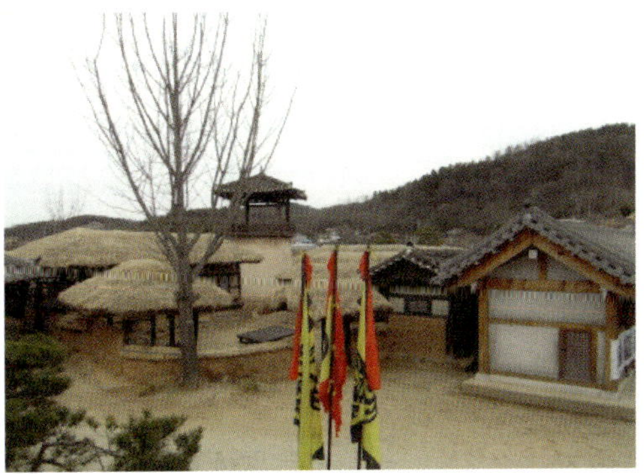

[그림 Ⅲ-49] 서동요 테마파크

※ 출처: http://www.jeongnimsaji.or.kr/travel/showplace03.asp

주요 촬영물	서동요
주요 세트	왕궁촌 외 21개 동
건립연도	2005년
평수	부지 30,000평
특징	가화저수지를 활용하여 선착장 시설(서동나루) 구비(현재 운영 정지) 방문객 저조로 운영되는 시설이 거의 없음

(12) 서동요 오픈 세트장 1 – 선화공주 사가

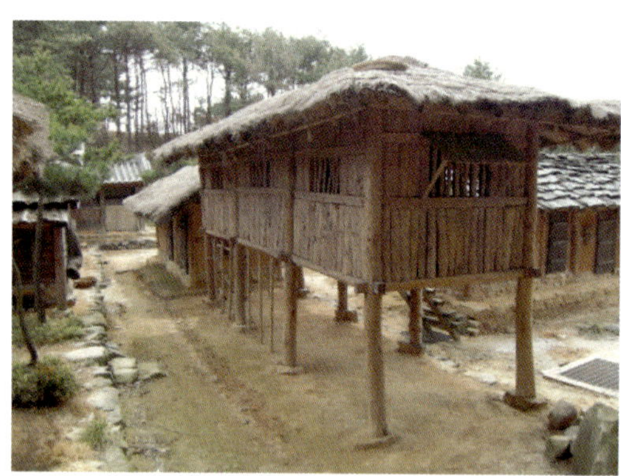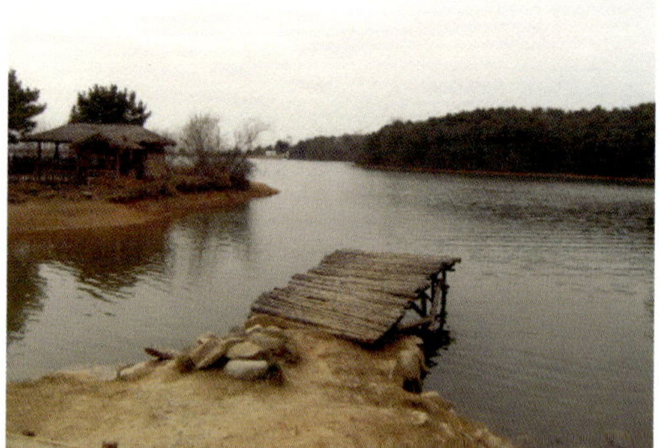

[그림 Ⅲ-50] 서동요 오픈 세트장

※출처: http://www.seodongyo.co.kr/place/form.asp

[표 Ⅲ-17] 서동요 오픈 세트장 1

주요 촬영물	서동요
주요 구성	산채, 망루 등
건립연도	2005년
평수	부지 8,000평
특징	산채, 망루 등의 시설이 산속에 위치 관리인이 없고 유지보수가 되지 않고 있음

(13) 서동요 오픈 세트장 2 - 서동생가

[표 Ⅲ-18] 서동요 오픈 세트장 2

주요 촬영물	서동요
주요 구성	서동 생가와 주변 마을 복원
건립연도	2005년
평수	부지 6,000평
특징	호숫가에 위치 관리인 없음

(14) 부안영상 테마파크

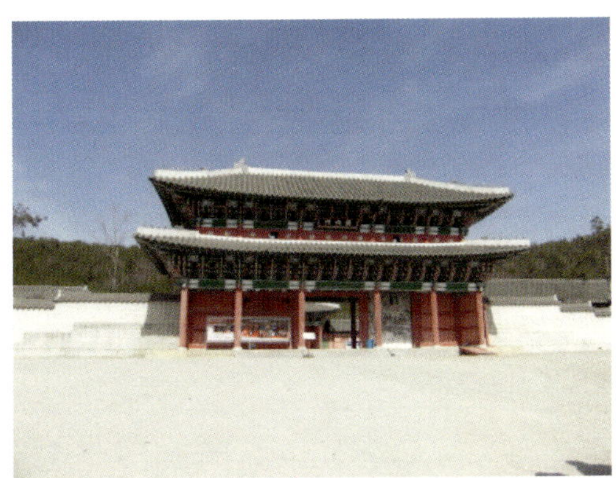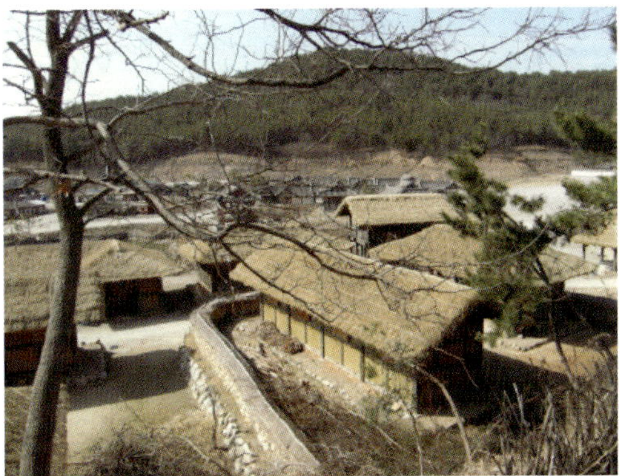

[그림 Ⅲ-51] 부안영상 테마파크

※출처: http://www.buanpark.com/

[표 Ⅲ-19] 부안영상 테마파크

주요 촬영물	불멸의 이순신, 이산, 왕의 남자
주요 구성	왕궁, 평민촌 등
건립연도	2005년
평수	부지 44,891평(1차 부안민속촌 완공, 2차 선셋파라다이스 건립 계획)
건립비	총 100억(민자, 전라북도, 부안군 공동시행)/(주)TMW에서 운영 중
특징	부안영상문화특구를 지정하여 주변 산지와 바다를 활용 수요일에도 관광버스를 이용하여 많은 관람객이 이용 상투적이지 않은 독특한 체험 프로그램을 운영 중(솟대 만들기, 천년목 동전 던지기 등)

(15) 나주영상 테마파크 – 삼한지 테마파크

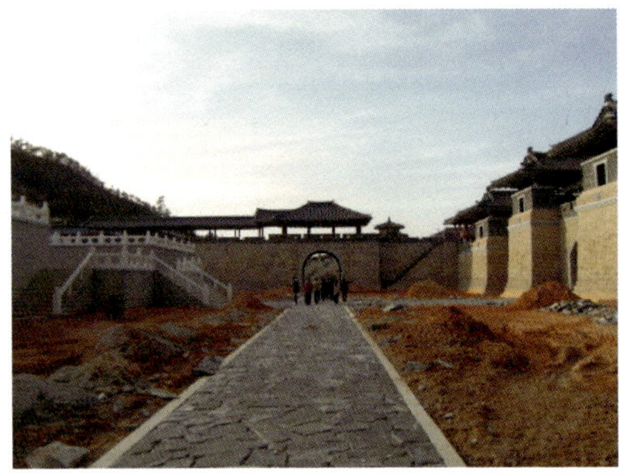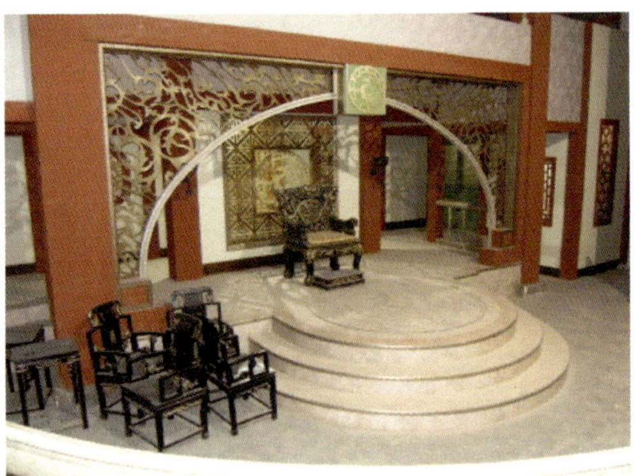

[그림 Ⅲ-52] 나주영상 테마파크

※출처: http://www.najuthemepark.com/

[표 Ⅲ-20] 나주영상 테마파크

주요 촬영물	주몽, 바람의 나라
주요 세트	신단, 졸본 부여성 등
건립연도	2005~건립 중(2009년 4월 오픈)
평수	부지 45,000평
건립비	총 80억
특징	영산강을 이용하여 가장 이상적인 세트장의 조건을 갖고 있음 국내 최대 규모의 영상테마공원 성 안에 실내 세트장 보유

(16) 청해포구 세트장

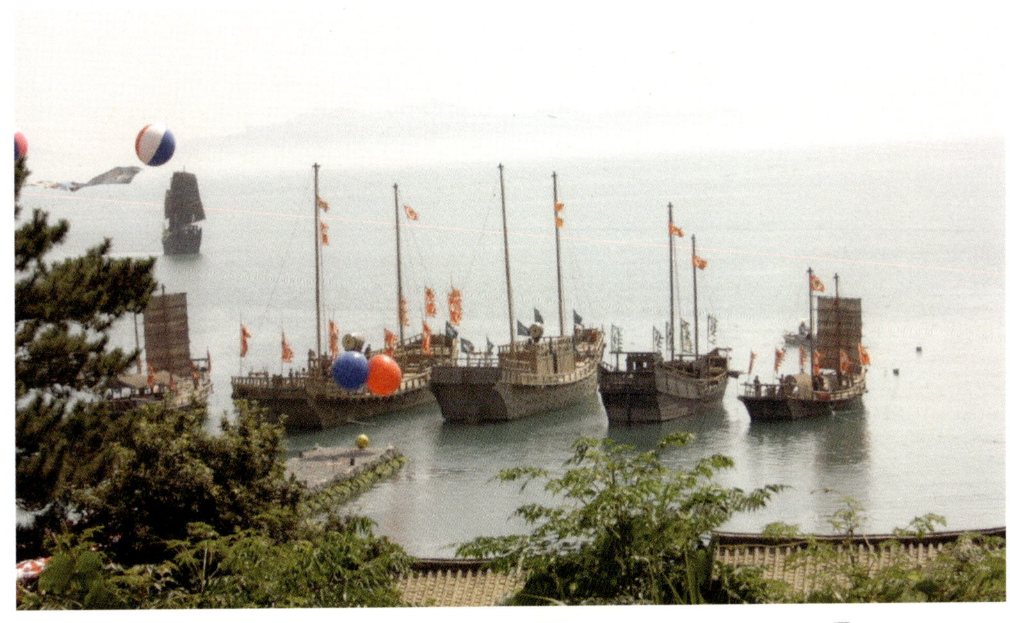

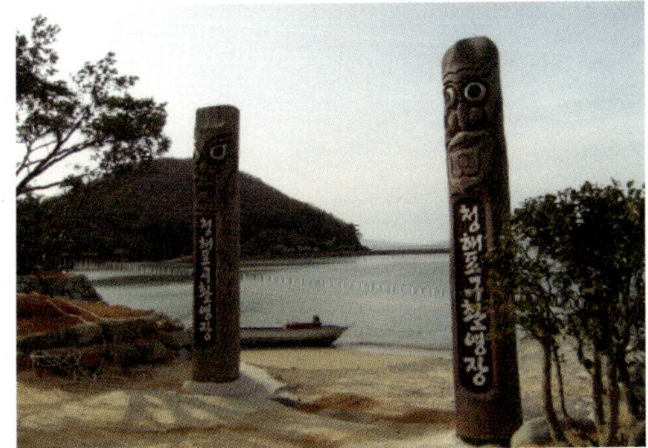
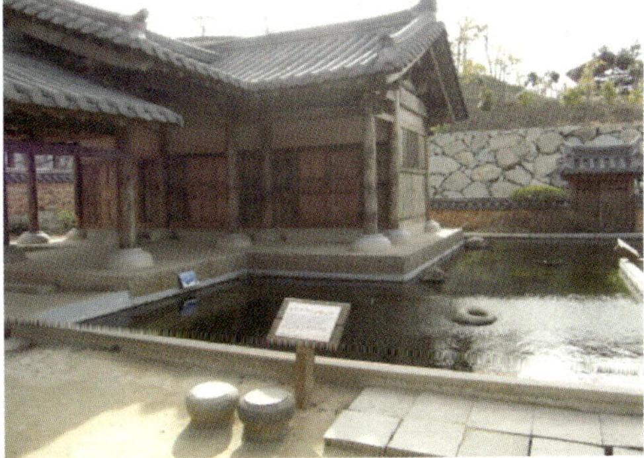

[그림 Ⅲ-53] 청해포구 세트장

[표 Ⅲ-21] 청해포구 세트장

주요 촬영물	해신, 신돈, 신기전
주요 구성	군영막사, 망루 등 40여 동
건립연도	2004년 12월
평수	부지 20,000평
건립비	총 150억
특징	바닷가에 위치하여 해상 장면 촬영 용이 목재를 사용한 건축 디자인이 자연스럽고 아름다움 세트 이외에도 화석 규화목, 기암괴석, 각종 수목 및 분재 전시 전기관광차 가이드 시스템(가이드가 동승하여 전기자동차로 세트 안내) 관광지개발계획 최종 확정(2008년 11월 14일): 해양 레저시설, 숙박, 상가, 위락, 식물원 건립 계획

(17) 신라방 촬영장

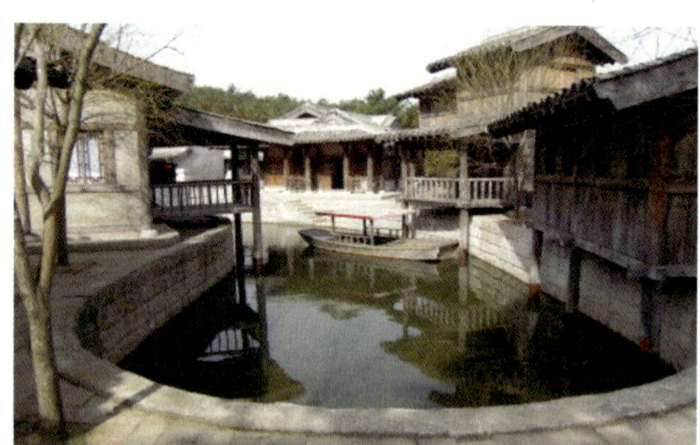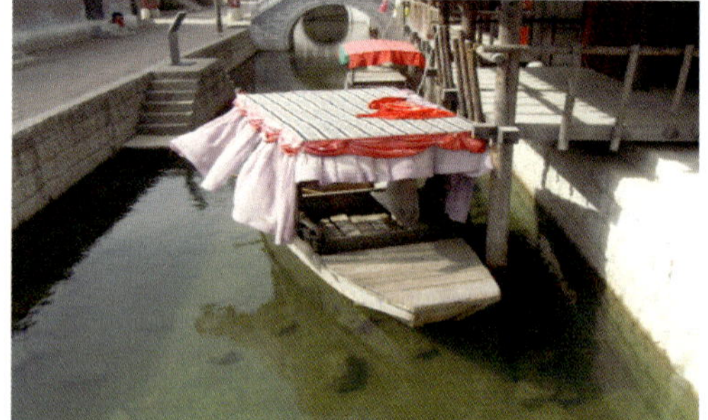

[그림 Ⅲ-54] 신라방 촬영장

※출처: HTTP://www.wando114.com/sub/tour/image/

[표 Ⅲ-22] 신라방 촬영장

주요 촬영물	해신
주요 구성	건물 42동, 수로 1개
건립연도	2004년 12월
평수	부지 3,000평
특징	산지를 활용하여 주변 풍광이 좋음 중국식 건물 사이로 수로가 흐름(선박이 있으나 활용하지 않음) 지자체가 운영하며 관광객 저조

(18) 순천 드라마 촬영장

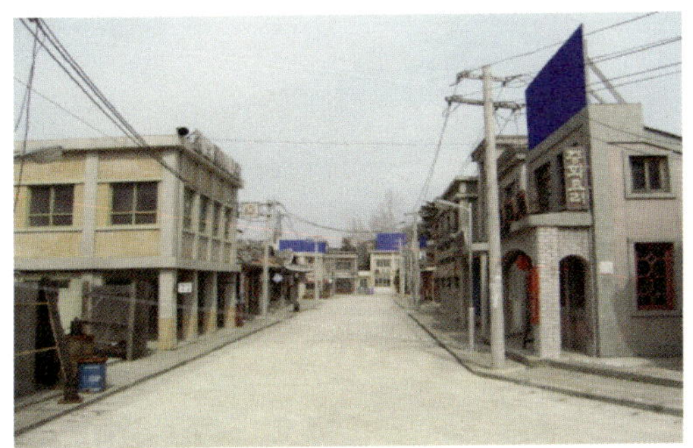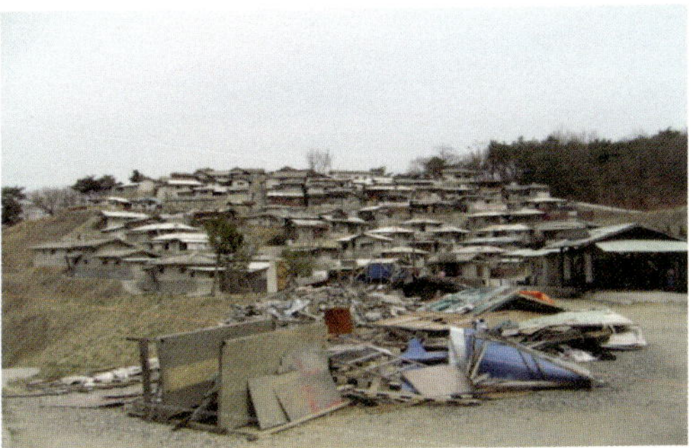

[그림 III-55] 순천 드라마 촬영장

※출처: http://tour.suncheon.go.kr/home/tour/ten_scene/drama/index.html

[표 III-23] 순천 드라마 촬영장

주요 촬영물	사랑과 야망, 에덴의 동쪽
주요 세트	순천 읍내, 서울 봉천동 달동네, 서울 변두리 번화가
건립연도	2006년
평수	부지 12,000평
건립비	총 63억
특징	실제 폐자재를 이용하여 달동네를 재현 블루스크린 간판을 이용해 후반 작업 시 CG로 간판내용 교체 가능

(19) 합천영상 테마파크

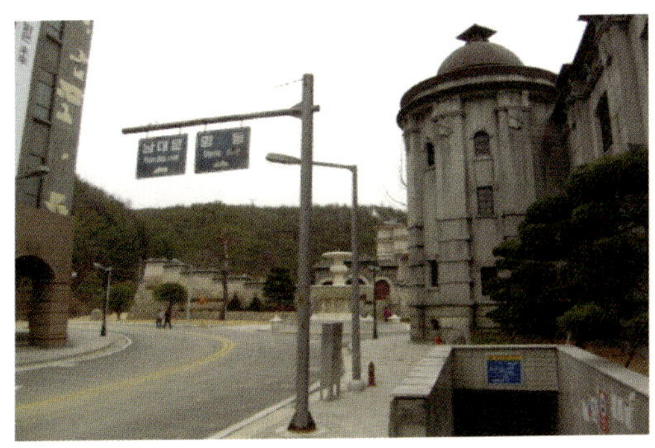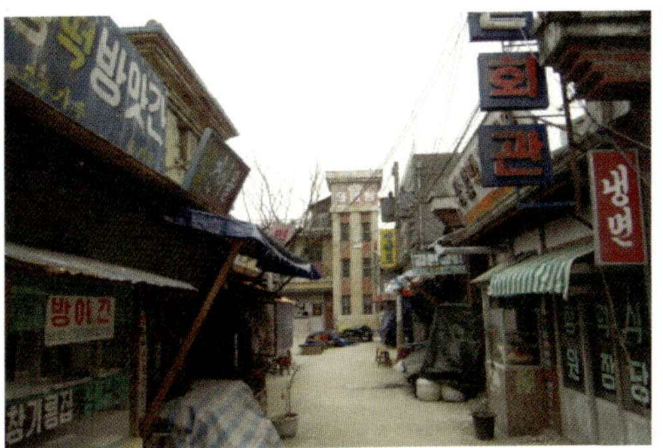

[그림 III-56] 합천영상 테마파크

※출처: http://theme.hc.go.kr/

[표 Ⅲ-24] 합천영상테마파크

주요촬영물	에덴의 동쪽, 서울 1945
주요구성	한국은행, 신세계백화점, 태성빌딩 등 36개 동
건립연도	2003년
평수	부지 22,000평
건립비	총 95억
특징	국내 세트장 중 가장 높은 고층빌딩(명동~종로 거리) 보유 비행기, 기차, 탱크 등 전쟁관련 시설 보유 버스조차장 등 가장 근현대적인 시설 보유(1970년대)

나. 국내 구축 사례 총평

국내 영상 관련 촬영 스튜디오는 기업의 집적화를 통한 통합적인 제작지원보다는 장비 및 시설 임대 수준의 지원 정책에 한하고 있으며 사용기업의 전반적인 통합 지원보다는 주로 단발적인 촬영지원에만 집중되어 있다.

세트장의 경우는 전국적으로 약 30여 개의 야외 세트장이 산재하고 있으며, 삼국시대 세트장을 비롯하여 대다수의 세트장은 사극용 세트로 구성되어 있다(평균규모: 1.8만 평 / 평균 건립비: 82억). 일부 도심지에 위치한 세트장의 경우(예: KBS 수원센터, 부천만다스빅스튜디오, 순천 세트장)에는 아파트 등 고층건물 때문에 자유로운 촬영이 불가능하며 도심을 벗어난 외곽에 있는 세트장의 경우는 주변 건물이 없는 대신 관람객의 접근성이 떨어진다. 그리고 관광 등 연계 프로그램을 고려하지 않은 경우 세트장이 황폐해졌으나, 주변 관광시설과 연계된 곳은 관광객들이 많이 찾아오고 있다(예: 문경새재 세트장, 속초 대조영 세트장, 구리 고구려 대장간마을 등).

[표 III-25] 기존 건립된 실내 스튜디오 촬영장 및 세트장과의 차별화 방안

구분	HD 드라마타운	창고형 스튜디오	방송사 스튜디오	야외 오픈 세트장
스튜디오 규모	최소 500평~ 최대 1,500평	300~500평 이하	400평 이하	해당 사항 없음
기본설비	조명 및 세트버튼, 호리즌트 등	無	조명 및 세트버튼, 호리즌트 등	해당 사항 없음
시설	전기, 수도, 가스, 소방시설 등	필요 시 외부 조달(발전차 등)	전기, 수도, 가스, 소방시설 등	해당 사항 없음
제작지원	의상·소품 세트, 포스트프로덕션, 숙식, 분장· 대기실 완비	필요 시 외부 조달	의상·소품 세트, 포스트프로덕션, 숙식, 분장·대기실 완비	필요 시 외부 조달
제작장비	특수카메라, 강설기, 강풍기, VR 장비 등	필요 시 외부 조달	필요 시 외부 조달	필요 시 외부 조달
스튜디오 재사용성	영구적	반영구적	영구적	해당 사항 없음
세트 재사용성	반영구적	1회성	반영구적	1회성
부가 서비스 연계	제작현장체험· 트래킹서비스, 영상 테마파크쇼 등	해당 사항 없음	해당 사항 없음	1회성 단순관람

제4장

하이브리드 디지털 드라마 제작단지

1. 기존 드라마 촬영 세트의 문제점

2. 디지털 제작단지 전문영상제작 단지 구성 요건

3. 하이브리드 디지털 드라마타운 조성

4. 하이브리드 디지털 드라마타운 기본조성 계획 안

5. 조성 후 운영 안

1. 기존 드라마 촬영 세트의 문제점

기존의 드라마들은 대부분 드라마 오픈 세트7)를 제작하여 촬영하는 정도였다. 즉 촬영 세트의 역할에만 머무르는 정도였다고 볼 수 있다.

한국인의 드라마에 대한 애정과 욕구는 다른 장르의 TV 프로그램보다 월등히 높은 수준이어서 드라마에 대한 수요가 그만큼 많다고 할 수 있다. 이를 반영하듯이, 현재 국내 지상파 방송에서는 평일 프라임타임에 2개 이상의 드라마를 방영되고 있으며 그 종류 또한 다양해지고 있다. 케이블 TV에서도 드라마 전문채널이 구축되어 24시간 내내 지상파 드라마를 재송출하고 있다.

계속해서 다양한 종류의 드라마들이 등장하고 있음에도 시대를 초월하여 꾸준한 사랑을 받고 있는 것이 바로 사극이다. 이에 따라 방송사들도 사극 제작에 각별한 관심을 기울여왔지만, 과거에는 시대적 특성에 대한 고려 없이 거의 동일한 세트장에서 촬영이 진행됐던 것이 사실이다. 그러나 지금까지의 역사극들이 주로 조선 시대를 배경으로 했던 것에 비해 점차 사극의 종류 또한 다양해지고, 삼국시대부터 고려, 조선, 일제 강점기나 해방 이후에 이르기까지 우리 민족의 역사와 얼을 다양한 시대에 걸쳐 묘사하는 일이 많아졌다. 주로 실내 스튜디오나 민속촌 등지에서만 촬영되었던 수준을 넘어서는 작품들이 늘어나고 있는 것이

---

7) 드라마 오픈 세트는 그 안에 있는 것들이 브라운관을 통해 마치 실제로 보이도록 하거나 극적 전개를 표현하기 위해 의도된 디자인으로 배경을 제공하기 위해 각 지자체의 지원을 받아 드라마 무대로 촬영하기 위해 설치된 야외시설을 말한다. 따라서 사실보다 더 사실적이고 극적으로 표현하기 위해 특정 환경의 구체적인 장소를 묘사하거나, 환경의 대표적인 분위기를 상기시키기 위해서는 그 환경을 대표할 수 있는 요소를 선택해 상징적으로 표현하는 정도였다.

다. 특히 디지털 드라마 환경에서는 화면에 훨씬 더 세밀한 부분까지 명확하게 드러나게 되므로 역사적 사실성이 부각되어야 하는 사극의 경우, 역사적으로 고증을 거친 정교한 세트장의 마련이 무엇보다 중요해졌다.

이러한 상황에서 2000년 이후 점차 대형 야외 세트 건립 사례가 늘고 있다. 지방자치제 실시 이후에는 지역의 역사 문화적 자산, 자연환경 등을 활용한 문화마케팅, 장소마케팅, 문화산업, 브랜드 등에 대한 관심이 고조되고 있다. 따라서 이러한 움직임의 일환으로 드라마 촬영지와 대형 세트를 적극 유치하여 지역경제 활성화와 지역 이미지 및 브랜드 가치를 제고하고자 하는 지자체에서 지원되는 장소, 세트 건립에 따른 비용 지원 등에 의존하였다. 이는 제작비 마련에 고초를 겪고 있는 방송사나 여러 제작사의 필요와 맞아떨어지게 되면서 지자체 중심의 대형 오픈 세트 건립은 더욱 활발해졌다.

2000년 이후 본격화된 야외 드라마 오픈 세트장은 현재 약 35개 정도로 파악되고 있다(윤호진, 2009). 그러나 드라마 촬영을 위해 건립된 이후 드라마 방영 당시에는 드라마의 인기에 힘입어 좋은 반응을 얻었으나 드라마 종영 후에 이렇다 할 후속 대책 없이 세트장 그대로 방치된 경우가 대부분이다. 예를 들면, 강원도 속초에 <대조영> 오픈 세트는 민자(한화국토개발)로 지은 몇 안 되는 세트장 중 하나로, 2만 7천여 평 부지에 80억여 원을 들여 고구려와 당나라의 황궁, 성곽, 민가 등을 재현하였다. <대조영> 외에도 <홍길동> 등이 촬영되었으며, 현재 SBS 드라마 <왕녀, 자명고>가 촬영되고 있으나, 설립 초기부터 부실 건설과 관리소홀로 많은 문제가 야기되었다.

이와는 반대로 지자체의 적극적인 노력으로 오픈 세트 근처의 관광지와의 연계 발전을 통해 지속적인 발전을 도모하고 있는 경우도 있다. 경북 문경의 <태조 왕건> 세트장은 관광지로도 잘 알려진 문경새재 도립공원 내 2만여 평에 고려의 개경궁 등 궁궐과 기와집 48동, 초가집 47동 등을 건립하여 단순 촬영지만으로 그치는 것이 아닌, 역사적인 문화 탐방을 위한 다양한 볼거리를 제공하는 관광자원으로 개발되어 시너지 효과를 보았다.

단양의 '온달관광지'도 지속적인 운영현황을 보이고 있는데, 충북 단양군 영춘면 하리 온달관광지에 2006년부터 50억 원 규모로 1만 3,720m² 부지에 건립되었다. 드라마 <연개소문> 촬영을 시작으로 <태왕사신기>와 <일지매>, <바람의 나라> 등이 촬영되었다. 또한 KBS와 단양군 간의 <천추태후> 제작지원 협약에 따라 군으로부터 사업비 8억 원을 지원받아 고려시대 건축물로 리모델링을 실시한 후, 드라마 <천추태후>가 촬영되었다. 또한 세트장 주변에는 온달산성과 온달동굴 등 고구려 문화를 느낄 수 있는 유적이 산재해 있어 지자체에서는 문화유산과 연계하여 적극 활용하고 있으며, 매년 10월에는 '온달문화축제'를 개최하고 있다.

드라마 세트장은 실내 촬영 스튜디오와 야외 세트장으로 구분되어 있으며 전반적으로 집적화된 영상 제작 단지가 거의 없고 운영 또한 체계적이지 않다. 따라서 이들 세트장을 경영목표와 운영현황 그리고 시설 현황을 중심으로 구체적인 문제점을 살펴보았다.

먼저, 경영목표를 가지고 운영되는 세트장은 거의 없는 실정이다. 따라서 철저한 사전 기획이 결여된 상태에서 드라마 오픈 세트가 건립되고 있다. 즉 경영에 대한 비전이나 경영목표 달성을 위한 마스터플랜이 없기 때문에 드라마 종영 이후에 대비한 지속적 홍보방안이 미비하고 다채로운 볼거리가 부족하며 부실시공으로 인한 안전사고 및 장기적 활용이 어렵다는 문제점이 발생하였다. 다음으로 운영 면에서도 조직구성의 체계성이 고려되지 않고 있다. 이는 인력의 부족과 함께 소규모 제작사들의 제작비 부족에 따른 지방 군소 도시로의 일회성 세트장 건립을 양산하는 악순환을 거듭하고 있다. 즉 지자체 간의 치열한 유치 경쟁과 지자체의 무리한 건립비용 지불, 지역적으로 분산된 관리 및 유지비용의 증대 그리고 무분별한 토지 용도 변경으로 인한 각종 위법행위와 산지나 오지 등에 위치한 교통 환경의 열악함 등을 파악할 조직 인력이 없다는 것이다. 또한, 마케팅 홍보의 전문 인력 및 재정 부족으로 결국에는 지속적인 관광객의 유치실패와 지자체의 부담으로 이어지며, 운영의 어려움이 가중되는 결과를 낳고 만다.

따라서 이러한 문제점을 개선하기 위해서는 운영주체가 조직과 운영의 노하우와 지속적인 관리가 효율적으로 가능한 곳으로 선정되어야 할 필요가 있다.

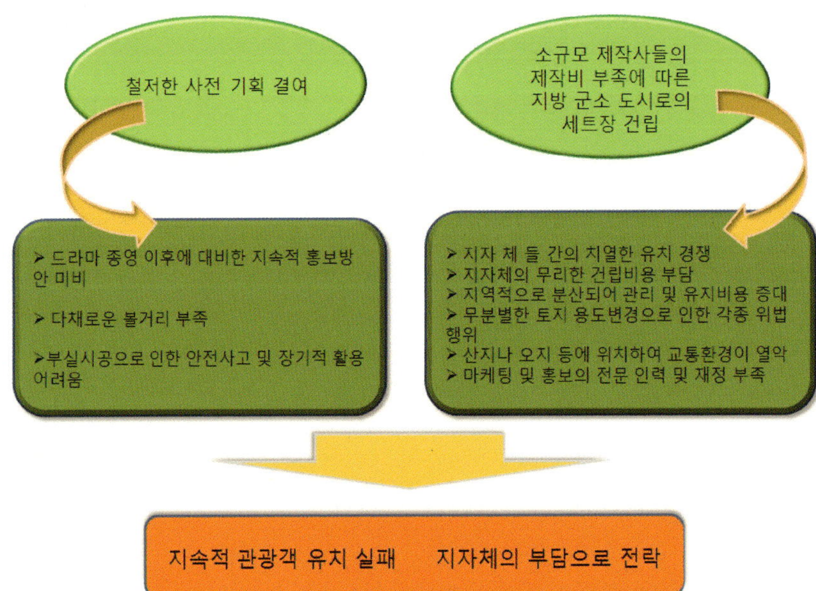

[그림 Ⅳ-1] 드라마 오픈 세트 조성사업의 문제점 분석

※ 출처: 윤호진(2009). 《디지털 콘텐츠 제작단지》 설립과 방송 콘텐츠 제작 인프라 구축방안.

2. 디지털 제작단지 전문영상 제작단지 구성 요건

드라마 제작단지의 문제점들을 파악한 후 향후 디지털 제작단지에서 고려해야 할 사항은 다음과 같다.

첫째, 테마파크는 기획단계에서부터 철저한 준비가 필요하다. 드라마 테마파크는 우선 제작을 위한 공간이라는 사실을 주지할 필요가 있다. 드라마 제작 계획부터 후반 작업까지의 연계 프로그램을 어떻게 체계적으로 운영하는가에 대한 스튜디오와 세트 주변의 제작 인프라를 먼저 확충하여 활용이 쉽도록 하는 것이 중요하다.

둘째, 영상매체의 발달과 디지털 방송 통신의 융합으로 수용자들의 변화가 수반되었고, 수용자들의 기대와 욕구가 높아졌다. 따라서 드라마 테마파크를 드라마 속의 다양한 볼거리를 제공하는 차원에서 방송현장의 체험(tracking)과 영상공연 문화를 관람하기 위한 다양한 아이템들을 개발하고 운영할 수 있는 방안이 요구된다.

셋째, 드라마 테마파크는 주변 관광지 개발과 연계한 운영방안을 모색함으로써 장기적 활용을 위해 계획부터 활용까지 연계 프로그램을 개발하고 세트 주변의 인근 인프라를 확충하여 활용이 쉽도록 해야 한다. 즉 지역 명소 관광과 탐방 그리고 레저 문화를 연계한 다양한 관광 프로그램을 개발하여 운영해야 한다.

[표 Ⅳ-1] 디지털 제작단지 전문영상제작 단지 구성 요건

구분	주요 내용		구성요건
외국 사례분석	외국 사례 결과분석 -관련 제작 기업 지사 인근 설립 구성 -대형 스튜디오 다량 보유 -효율적인 야외 세트장 -대도시를 중심으로 인근 30분~1시간 거리 위치(런던, LA, 웰링턴, 동경) -특수효과를 이용한 비용 시간 단축 -특수효과 기술 활용 게임, 캐릭터 사업 부가가치 창출 -관광투어, 테마파크 연계 수익 창출 -제작 지원 인프라 구축 -인력 양성 및 확보	⇒	-제작 시설(스튜디오, 세트장) 대형 및 다량 보유 -교통 편이성 -관련 기업의 집적화 -연계사업을 통한 수익의 지속성 확보 -지원 인프라 구축
국내 사례분석	국내 사례분석 -중소형 촬영스튜디오 중심 구축 -OSMU 구축 결여 -야외 세트장 지속적 수익 창출 미비 -첨단 기술 연계 활용 저조-외국 의존 -관광 연계 홍보 전략 미비	⇒	-전략적인 대형 시설 다량 보유 필요 -활용성 높은 가변 세트장 구축 -OSMU 연계 필요 -관광/테마파크 산업 연계 추진
수요자분석	-장기적 촬영이 가능한 인프라 필요 -제작비 절감을 위한 지원 혜택 -제작 프로세스별 인프라 구축 -숙박 및 기타 지원서비스 구축 -언제든 사용 가능한 다량 시설 보유 -교통 편이성 및 기술 자문 구축	⇒	-제작비 절감을 위한 인프라 집적화 -교통의 편이성 -제작 프로세스상 편이성 -시간 및 비용 절감안 확보 -관련 제도 확보
종합분석	종합 분석 -기업 집적화 시설 구축 -시설의 대형화, 다량 보유 필요 -교통 편이성 및 인접 효과 최대 -제작이 용이한 협력 인프라 구축 -제작비용 및 시간 절감을 위한 전략 -부가 가치 창출로 지속적 수익성 보장	⇒	핵심 구성 도출 요소 ① 집적화 및 대형화 ② 저비용·고효율화 ③ 첨단 영상기술 연계 ④ 지리적 접근성 용이

3. 하이브리드 디지털 드라마타운 조성

하이브리드 디지털 드라마타운을 추진하기 위한 방향은 첫째 대형 전천후 스튜디오 위주의 영상제작 단지 건설, 둘째 제작비용 절감 및 수익구조 활성화로 경제 가치 우선시, 셋째 전 도시를 드라마, 영화 등 영상물을 위한 제작 단지화로 크게 나누어 볼 수 있다.

[그림 IV-1] HD 드라마타운의 추진 방향 개요

1) 대형 전천후 스튜디오 위주의 영상 제작단지 건설

가. 대형 스튜디오 내 야외제작 기법 활용

실내 스튜디오 내에서 일정 분량 이상 야외 촬영이 가능하도록 대형 스튜디오를 조성하고 원(One) 카메라 기법을 이용한 야외 제작이 가능하도록 한다.

현재 조성 혹은 조성 예정되어 있는 스튜디오는 가장 큰 규모가 1,320~1,650㎡(400~500평) 이하인 중소형 스튜디오이며, 이는 드라마, 영화 등 대형 영상물 제작을 스튜디오 내에서 모두 소화하지 못하는 가장 큰 이유가 된다.

[표 Ⅳ-2] 대형과 중소형 스튜디오의 차이 비교

구분	대형 스튜디오	중소형 스튜디오
규모	층고 20m 이상 및 스튜디오 면적 3,300㎡(1,000평) 이상	층고 13m 이하 및 스튜디오 면적 1,650㎡(500평) 이하
카메라 활용	ENG 원(One) 카메라[8]	고정식 1, 2, 3 카메라
주요 제작 장르	대형 제작물	중소형 제작물
세트 규모	실제와 유사한 세트 배치	조립식 일회성 세트 배치
세트 활용도	장기간 고정 Type	일일 교체 Type
제작방향	영상미, 작품성 위주	스토리(줄거리) 위주
장비 사용성	크레인 등 특수장비도 활용가능	실내 카메라 위주
촬영 활용도	야외 로케이션 대체 가능	실내 촬영분만 가능

스튜디오의 대형화는 스튜디오 내에 제작에 필요한 세트를 실물 크기로 조성하는 것을 가능하게 함으로써 반드시 야외에서 촬영해야 하는 부분을 제외하고 모두 실내에서 촬영을 가능하게 한다.

실례로 2007년 MBC에서 방영되었던 드라마 '하얀거탑'은 수술실, 입원실, 회의실, 카페 등 촬영에 필요한 거의 모든 장소를 정밀하게 세트로 조성하여 화제가 된 바 있었는데, 이들 세트의 규모는 1,650㎡(500평)의 창고형 스튜디오 3개를 동시에 이용한 약 4,290㎡(1,300평) 규모였고, 그 안에서 대부분의 촬영이 진행되었다.

나. 24시간 365일 활용 가능한 단일 스튜디오 제공

현재 방송사 스튜디오의 경우 아래 [표 Ⅳ-2]에서 보는 것과 같이 제작되는 프로그램 수에 비해 스튜디오 수가 매우 부족하여 하나의 스튜디오에서 여러 프로그램이 동시에 제작되고 있는 상황이다.

---

8) 원(One) 카메라 기법은 실내에서 하나의 카메라로 세트 사이를 이동해 가며 촬영하는 것으로 현재 일반적인 야외 촬영 기법으로 사용되고 있음

[표 Ⅳ-3] 방송사 스튜디오 배정표(SBS, 2009년)

구분	월	화	수	목	금	토	일
일산 A (CA 4)	주말극장	주말극장	특별기획	특별기획	월화드라마	월화드라마	주말극장
(HD 300평)	[녹화]	[녹화]	[녹화]	[녹화]	[녹화]	[녹화]	[촬영]
일산 B (CA 4)	주말극장	주말극장	아침드라마	아침드라마	일일드라마	일일드라마	
(HD 300평)	[촬영]	[촬영]	[녹화]	[녹화]	[녹화]	[녹화]	
일산 C (촬영 250평)	드라마촬영	일일드라마 촬영	후속 특별기획 촬영	후속 드라마 촬영	후속 드라마 촬영		
일산 D (CA 6)			국민고시		잘 먹고 잘 사는 법		야심만만
(SD 200평)			[녹화]		[녹화/완제품]		[촬영]
일산 E (CA 5)					열린TV	TV로펌솔로몬	
(SD 200평)					[녹화]	[재연촬영]	
일산 F (CA 6)	좋은아침	좋은아침	연애시대	동물농장/ 건강스페셜	퀴즈육감대결		
(HD 250평)	(생방송포함 3편)	(생방송포함 2편)	[녹화]	[2편씩 격주 녹화]	[녹화]		
일산 G (촬영 480평)	드라마스페셜 촬영 전용 스튜디오						
공개홀 (CA 7)	스타킹	도전천곡			웃음을찾는 사람들	김정은의 초콜릿	SBS 인기가요
(HD 294평)	[녹화]	[녹화]			[녹화]	[녹화]	[생방송]
목동 1 (CA 4)	모닝와이드/ 좋은아침+1	모닝와이드/ 좋은아침+1	모닝와이드/ 좋은아침+1	모닝와이드/ 좋은아침+1	모닝와이드/ 좋은아침+1	토요특집	
(HD 80평)	생방송 투데이	생방송 투데이	생방송 투데이	생방송 투데이	생방송 투데이	생방송 모닝와이드	
목동 2 (CA 4)	대한민국의 힘	우리가바꾸는 세상	금요컬처클럽/ 물은생명이다	얼쑤! 일요일고향애		로또복권추첨	
(HD 80평)	[녹화]	[녹화]		[녹화/완제품]		[생방송]	
목동 3 (CA5/HD)	스포츠 제작 및 중계						
목동 4 (CA6/HD)	뉴스센터 / 스포츠뉴스						
목동 5 (CA3/HD)	DMB뉴스/버츄얼스튜디오/TV칼럼[녹화]						
목동 6 (CA 6)	지구촌VJ특급	게임쇼[녹화] /		접속무비월드			
(HD 120평)	[녹화]	뉴스추적[녹화]		[녹화]			
목동 7 (CA 6)	TV로펌 솔로몬	순간포착	생방송TV 연예	아이디어 하우머치	그것이알고싶다 [녹화]		
(HD 180평)	[녹화]	[녹화]	[생방송]	[녹화]	SBS토론 (생방송)		

따라서 스튜디오 스케줄에 따라 제작에 이용되는 세트를 반복적으로 해체하고 재조립하는 과정을 겪을 수밖에 없다. 그러나 최근 고화질 영상물이 일상화되어 감에 따라 전에는 보이지 않던 재조립 과정에서 생겨난 못질 흔적 등이 방송에 그대로 노출되는 등의 문제점을 가지고 있다. 이러한 문제점은 HD급 방송의 고화질, 고정밀 화질에서는 더욱 심각할 것이다.

드라마의 경우, 이러한 문제점을 극복하기 위해 세트의 재조립이 필요 없는 전용 스튜디오를 드라마 제작사에서 건립하거나 미사용 중인 물류창고를 개조하여 스튜디오로 활용하는 경우가 많은데 이러한 스튜디오는 방송사 스튜디오와 달리 제작 제반 시설이 미흡하여 원활한 제작에 어려움을 겪게 되는 때가 잦다.

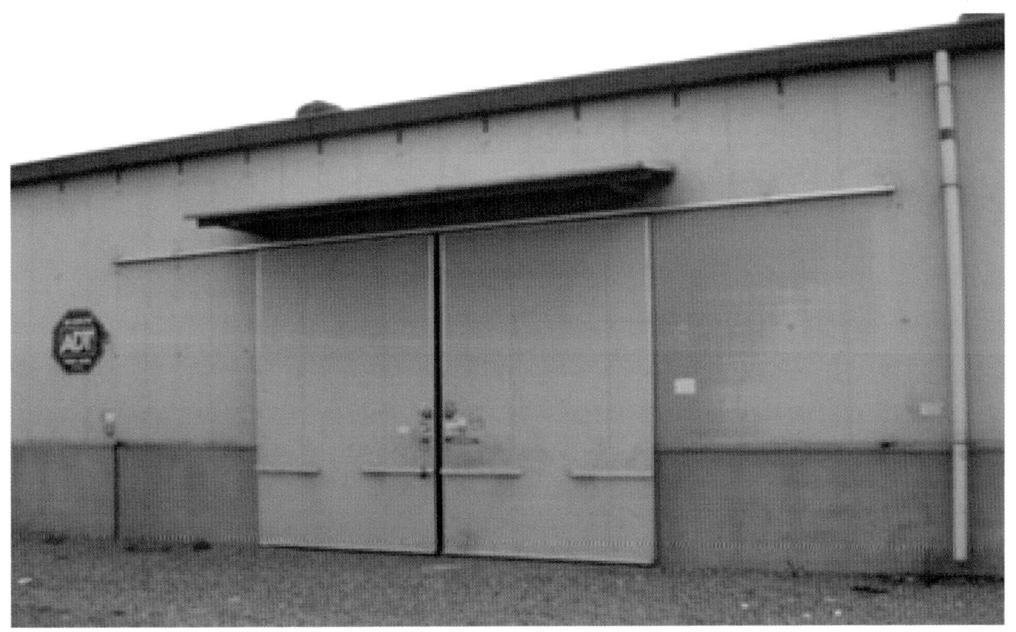

[그림 Ⅳ-3] 일반적으로 많이 사용되고 있는 창고 임대형 스튜디오의 예

따라서 하이브리드 디지털 드라마타운에서는 단일 스튜디오에서 다른 프로그램의 일정에 구애받지 않고 24시간 365일 전천후 촬영 및 제작이 가능하도록 하며 이에 따라 결과적으로 제작 기간 단축을 통한 제작비 절감 효과를 누릴 수 있도록 한다.

다. 전문시설의 단지 내 세트화

평소 촬영 허가를 받기가 어려운 병원 수술실, 비행기 내부 등의 전문시설을 하이브리드 디지털 드라마타운의 특수시설 스튜디오 내에 세트화하여 상시 촬영이 가능하도록 한다.

이는 전문시설의 촬영을 원활하게 하는 것과 함께 제작 기획 시 작가로 하여금 표현 영역을 확대할 수 있도록 동기를 부여하는 기능도 동시에 가질 수 있을 것으로 기대된다.

라. 첨단 영상기술력의 접목

하이브리드 디지털 드라마타운 인근에 위치한 대덕연구단지와의 첨단 영상 기술 연계가 용이하도록 제작단지 차원에서 환경을 조성하도록 한다.

또한 기술 연계에 따른 첨단 영상 기술과 콘텐츠 제작의 접목이 용이하도록 특수 촬영 시설 및 장비를 단지 내에 보유하여 쉽게 이용이 가능하도록 한다.

2) 제작비용 절감 및 수익구조 활성화로 경제 가치 우선시

가. 제작시설 집적화를 통한 One-Stop 시스템 구축

하나의 영상물이 제작되기 위해서는 프리(Pre) 프로덕션, 프로덕션, 포스트(Post) 프로덕션의 세 가지의 단계를 거치게 된다. 프리 프로덕션은 최초의 아이디어를 개발하고 프로그램의 성격, 목적, 방향, 전략을 명확히 하는 기획 과정을 말하며, 기획안과 대본 작성 기간이 이에 해당한다.

프로덕션은 기획안과 대본 등을 토대로 촬영과 녹화가 실시되는 제작과정을 말하는 것으로, 연습과정과 촬영 과정으로 구분된다. 마지막으로 포스트 프로덕션은 녹화된 화면과 소리를 편집하여 완성된 하나의 프로그램으로 만들어내는 후반 작업 과정을 말한다.

하이브리드 디지털 드라마타운에서는 기획과 제작, 편집에 이르는 제작 과정 모두가 한 곳에서 이루어질 수 있도록 제작시설을 집적화하고 이를 통한 One-Stop 시스템을 구축하여 하이브리드 디지털 드라마타운의 수익구조를 다양화하고 제작사에는 서비스 연계를 통한 비용절감 효과를 낳도록 한다.

나. 관광 서비스를 통한 수익 창출로 제작시설 사용임대료 최소화

하이브리드 디지털 드라마타운에서는 일반 관람객을 대상으로 일정한 동선을 따라 실제 제작 중인 스튜디오 내부를 관람하는 제작관람 서비스(Tracking Service)와 유니버설 스튜디오 등에서 시행하고 있는 것처럼 인기 영상물을 전문배우로 하여금 재현하게 하는 영상재현 공연 관람을 관광 연계 서비스로서 시행하도록 한다.

또한 이를 통해 창출된 수익은 제작사가 저렴하게 단지를 이용할 수 있도록 사용임대료를 최소화하는 데 쓰일 수 있도록 한다.

다. 미술 제작지원 등 제작관련 부대사업 진행

하이브리드 디지털 드라마타운은 대형 스튜디오에서 전반적인 촬영이 모두 가능하도록 하는 것을 주요 목표로 삼고 있으며 이는 고품질 세트 제작의 필요성을 동반한다. 따라서 하이브리드 디지털 드라마타운 내에 드라마, 영화 등에 사용되는 주 세트를 제작·관리하고 더 나아가 소품, 의상 등 모든 미술 제작지원 사업을 진행할 수 있는 시설을 조성하도록 한다.

3) 전 도시를 드라마, 영화 등 영상물을 위한 제작단지화

가. 시 차원의 정책적 지원 마련

하이브리드 디지털 드라마타운과 연계하여 지역자치제에서는 드라마 및 영화 제작사를 유치하기 위해 시 차원에서 세제지원 등의 다양한 정책 지원책을 마련하도록 한다. 더불어 드라마 및 영화 내에 해당지역이 주요 배경으로 설정될 경우 홍보 비용으로 지자체 내에서 일정 부분의 제작비를 지원하도록 한다. 이를 통해 타 지역에서 제작하는 것보다 더 유리하도록 환경을 조성하도록 한다.

나. 인근 촬영 특화 지역 보손·개발

하이브리드 디지털 드라마타운의 활성화로 추가적인 제작 부지가 요구될 때에는 인근주변 지역을 드라마 제작 단지화하는 방안을 모색하여 클러스터 전략을 활용하도록 한다. 그렇게 하기 위해서는 무분별한 개발이 아니라 지자체와 연계한 하이브리드 디지털 제작 단지를 조성하기 위한 로드맵에 따라 지역을 보존하고 개발하도록 한다.

4. 하이브리드 디지털 드라마타운 기본조성 계획 안

1) 하이브리드 디지털 드라마타운 기본조성 배치 최적화 사례 "대전 HD 드라마타운"

하이브리드 디지털 드라마타운의 시설 배치는 드라마와 영상물의 실제 제작수요와 니즈(Needs)를 감안하고 현재 구축된 기본 인프라를 최대한 활용하며 기능을 충분히 활용하여 시너지 효과를 극대화하는 방향으로 추진한다.

배치 최적화를 과학적으로 분석하기 위하여 主요인(Main Factors)을 아래 4개 항목으로 하여 최적화(Optimization) 기법을 통해 시설배치를 하였다.

① 수요자 니즈(드라마제작사 협회를 중심으로 한 설문조사)

② 드라마 제작 추세분석(문헌 조사 및 전문가 심층면접)

③ HD 드라마타운 조성 주변환경(현재 문화산업 클러스터 1~2단계 인프라, 엑스포과학공원 인프라, 엑스포 재창조 프로젝트)

④ 방송 영상 Tracking 서비스 경로 최적화

4개 主요인(Main Factors)을 분석하면 [표 Ⅳ-3]과 같다.

[표 Ⅳ-4] 시설배치를 위한 요소 분석

분석요인		세부내용
(1) 수요자 설문		드라마제작사 및 영화제작사 96개 사를 대상으로 한 2차 설문조사 결과 4,950㎡, 4,290㎡, 3,300㎡, 1,650㎡ 스튜디오 각각에 대한 예상수요는 각각 260%, 627%, 190%, 705%였고, CG스튜디오에 대한 예상수요는 378%로 나타남 1,650㎡(500평) 스튜디오의 경우 이미 여러 곳에 유사한 규모의 스튜디오가 많이 보급되어 있음을 감안하고, 3,300㎡(1,000평) 이상의 대형 스튜디오는 수요조사 결과 및 6인의 전문가 자문위원회를 결성하여 의견 수렴 후 규모별 수량을 결정
(2) 드라마 제작 추세		'09 상반기 미니시리즈, 수목드라마 등 제작 추세 분석 김종학 프로덕션 박창식 대표이사 외 제작사 대표 심층면접
(3) 주변 환경	문화산업 클러스터 1, 2단계	現 문화산업진흥원(2개 스튜디오 1,157㎡(350평), 860㎡(250평), 방송장비) 접근성 및 활용성 신축 CT 센터 17,900㎡(5,425평) 접근성 및 활용성 현 엑스포 본부건물 접근성 및 활용성
	엑스포과학공원 인프라	기본 인프라(전기, 수도, 가스, 통신) 최대 활용 기존 도로, 경관, 조경, 조명 최대 활용 기존 건축물(파빌리온) 최대 활용
	엑스포 재창조 프로젝트	엑스포 재창조 프로젝트로 인한 소음, 촬영방해 배제 상업시설(호텔, 쇼핑몰, 식당가 등) 최적연계 대전시 도룡동 재정비 사업과 연계성
(4) 방송 영상 Tracking 서비스		노약자, 어린이 등 배려한 거리, 관람시간, 관람방법 외국유사 사례(日本 후지 TV, 유니버설 스튜디오 등) 기존 건물과 조화 및 자연채광 등

2) 조성 개요

≪HD 드라마타운≫은 총 561,000㎡(170,000평) 부지의 대전엑스포과학공원 내 제작 지원 센터 약 4,620㎡(1,400평), 대형 스튜디오 10개와 특수촬영 스튜디오 2개 등 총 12개의 전천후 스튜디오 약 74,250㎡(22,500평), 근대 세트 존 약 20,790㎡(6,300평), 기존 EXPO전시관 지역 165,000㎡(50,000평) 중 현대거리 세트 활용 부분 33,000㎡(10,000평), 영상재현 공연장 약 13,530㎡(4,100평), 도로 및 휴게 공간 등의 기반시설, 일반 관람객용 주차장 등을 포함하여 약 231,000㎡(70,000평) 규모로 조성하고 있다.

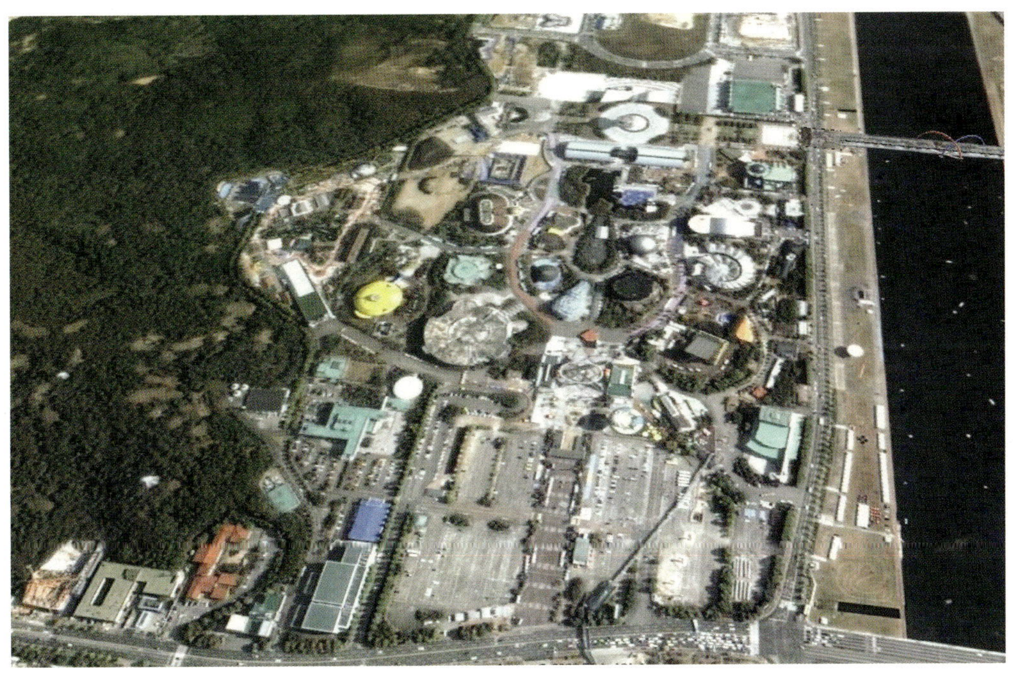

[그림 Ⅳ-4] 엑스포과학공원 내 ≪HD 드라마타운≫ 현황 사진(위성 사진)

≪HD 드라마타운≫ 조성의 핵심은 대형 전천후 스튜디오이며 그 외 근대 세트 존과 영상 재현 공연장 등이 함께 조성된다.

제작지원 센터, 종합 관리동, 식당 등의 드라마타운 부대시설은 기존 건물을 리모델링하여 활용할 예정이며, 현대 거리 존의 경우는 현재 조성되어 있는 EXPO과학공원 내 전시관 및 주변 거리를 리모델링하여 사용할 계획이다.

[표 IV-5] ≪HD 드라마타운≫ 조성사업 시설개요

구분	내용
대지위치	대전광역시 EXPO과학공원
대지면적	약 231,000㎡(70,000평)
용도	드라마·영화 촬영, 방송제작 시설, 업무시설
건축면적	142,286㎡(43,117평)
건 폐 율	61.59%
연 면 적	181,269㎡(54,930평)
용 적 율	78.47%
주차 대수	1,100대
비고	기존건물(CT 센터, 관리동, 식당, 전시관 등) 제외/ 가시건물(세트) 제외

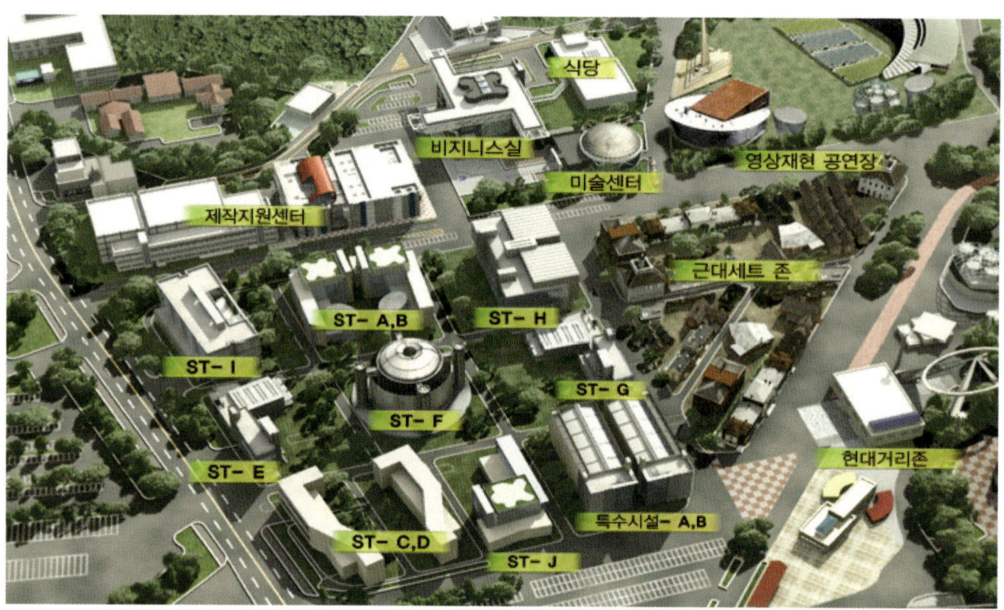

[그림 IV-5] ≪HD 드라마타운≫ 배치도

[표 Ⅳ-6] ≪HD 드라마타운≫ 각 필요 시설

내용	비고
스튜디오-A, B, C, D (1,000평형 4동)	
스튜디오-E, F, G (500평형 3동)	E, F-CG 스튜디오
스튜디오-H, I (1,500평형 2동)	
스튜디오-J (1,300평형 1동)	
특수시설 스튜디오	
근대 세트 존(가 시설물)	
현대거리 세트	
영상재현 공연장	
미술센터	
임대사무실 및 식당	
지상주차장	지상주차장 (약 1,100대)
기반시설 (도로, 휴게공간 등)	촬영 활용
[합 계]	

3) ≪HD 드라마타운≫의 주요 시설 개념

가. 대형 전천후 스튜디오

① 조성 개념

촬영에 필요한 주요 공간을 스튜디오 내에 세트화할 수 있도록 하여 시간적·공간적 제약 없이 필요할 때 언제나 제작이 가능하도록 한 새로운 형태의 대형 스튜디오이다.

② 조성 타당성

기존 스튜디오와는 달리 야외에서 촬영되어야 했던 부분까지도 대형 실내 스튜디오 내에서 모두 촬영이 가능하도록 하여 제작 시간 및 제작비 절감의 효과를 낼 수 있다.

특히 **HD** 고화질 영상을 위해서는 세밀한 세트 제작이 요구되며, 이를 위해서는 대형 스튜디오 내에 제작하는 동안 고정적으로 사용할 수 있는 세트를 조성하는 것이 필요하다. 대전 대덕연구단지의 첨단 영상과학 기술과 연계하여 표현 영역을 확대할 필요가 있다.

③ 조성 추진 방향

≪HD 드라마타운≫ 내 4,950㎡(1,500평) 스튜디오 2개, 4,290㎡(1,300평) 스튜디오 1개, 3,300㎡(1,000평) 스튜디오 4개, 1,650㎡(500평) 스튜디오 3개 등 총 10개의 스튜디오로 구성하며 특히 1,650㎡(500평) 스튜디오 2개를 CG 전용 스튜디오로 조성한다. 또한 미술 센터를 전천후 스튜디오 단지 내에 조성하여 긴밀한 협조관계를 유지할 수 있도록 한다.

각 스튜디오에는 제작 스태프 및 출연진을 위한 식당, 숙소, 대기실, 의상실, 창고 등을 갖추어 기존 제작 편의시설과의 물리적 거리에 따른 시간적·경제적 비용을 최소화할 수 있다. 또한 각 편의시설의 디자인을 다양화하여 이를 촬영공간으로도 연계 사용할 수 있다.

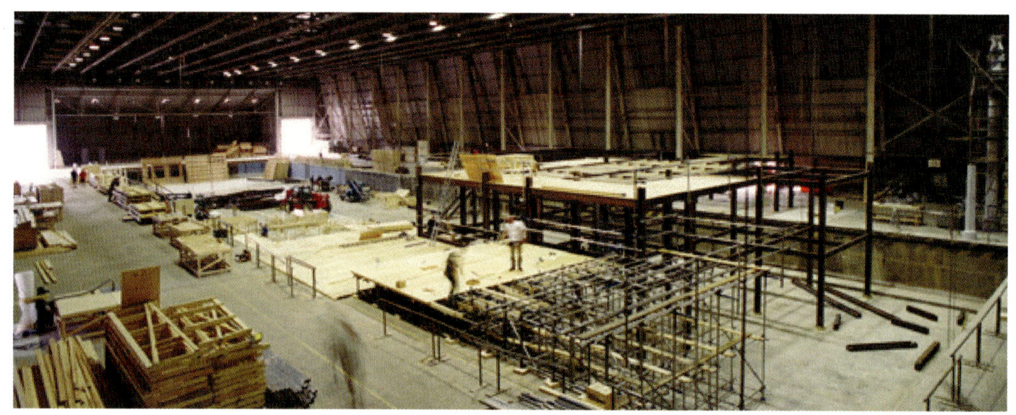

[그림 Ⅳ-6] ≪대형 전천후 스튜디오≫ 예시

나. 특수시설 스튜디오

① 조성 개념

총 8,250㎡(2,500평) 규모로 여러 전문시설을 고정 세트화하여 상시 활용될 수 있도록 하는 시설로서, 스튜디오 A 3,300㎡(1,000평)와 스튜디오 B 4,950㎡(1,500평)로 나누어 조성한다.

② 조성 타당성

병원 수술실 등 제작에 자주 활용되나 섭외가 쉽지 않고 개별 제작물에서 세트로 조성하기엔 활용 대비 세트 제작비용이 많이 드는 전문시설을 ≪HD 드라마타운≫ 내에 고정 세트로 조성하여 제작에 활용하도록 한다.

③ 조성 추진 방향

아래의 수요 예측에 따른 전문시설을 위주로 고정 세트로 조성한다. 항공기 내부(조정석, 객실 등) 공항 내부(탑승구, 출입국 사무소 주변, 로비 등), 병원(수술실, 응급실, 입원실, 중환자실 등), 법정시설, 연구소 실험실, 경찰서(유치장, 취조실) 등 수요가 많은 시설 위주로 조성하되 825㎡(250평)씩 10개를 차례대로 구축한다.

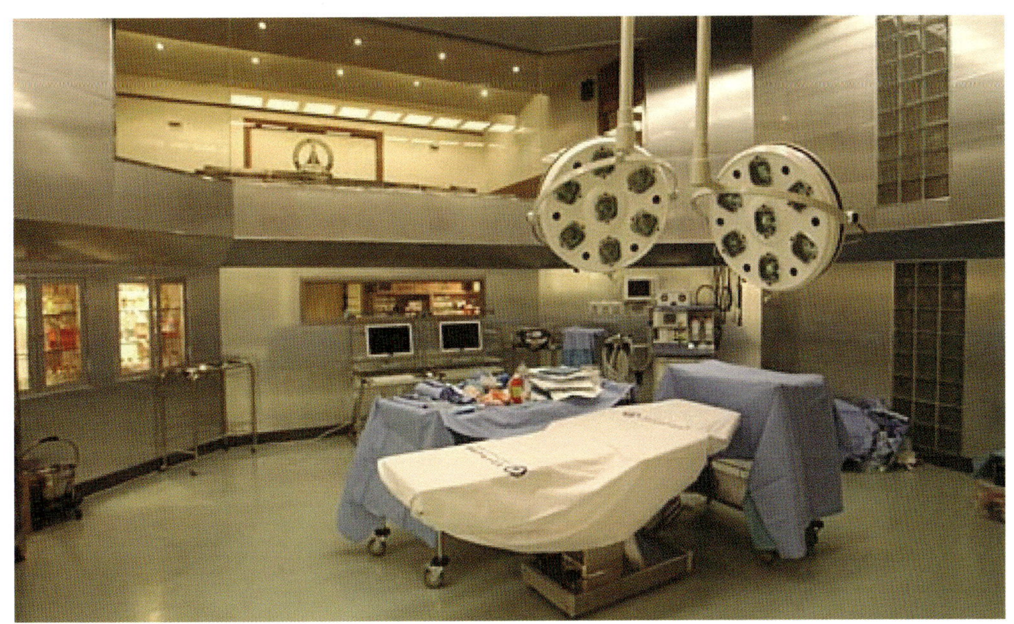

[그림 IV-7] 《특수시설 스튜디오》 예시

④ 수요 예측

2009년 6월 16일부터 30일까지 드라마 제작사 협회 및 영화제작업체 등 96개 업체 등의 설문 및 전화조사를 통해 특수시설에 대한 14개 항목을 제시하고 복수 응답을 허용한 질문을 제시한 평가 결과 항공기 내부, 공항 내부, 병원, 법정, 등의 장소를 선호하는 것을 아래의 그림에서 확인할 수가 있었다.

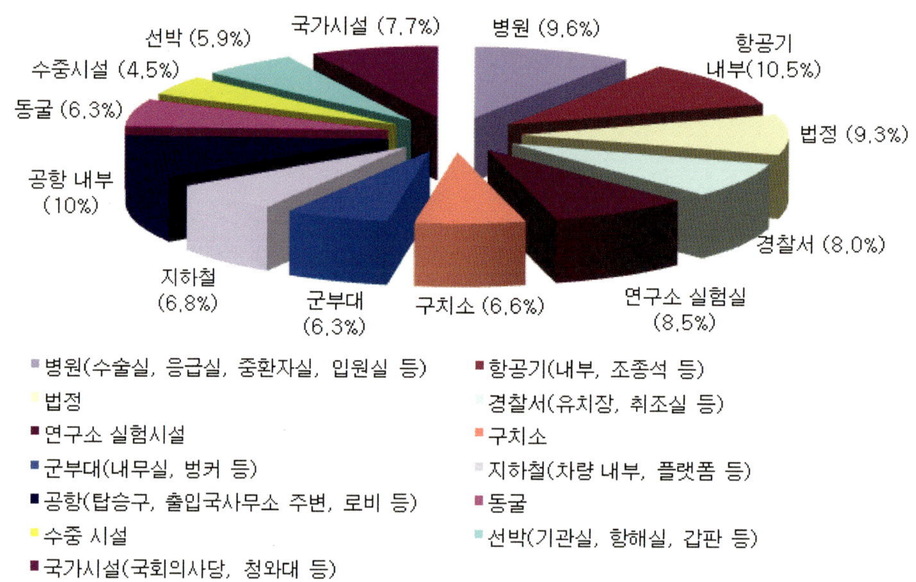

[그림 Ⅳ-8] ≪특수시설 스튜디오≫ 예시

문화체육관광부의 2009년 3월 16일~29일 총 2주간 지상파 3사 드라마 13편에 관하여 스튜디오 수요 분석 자료를 살펴보면 특별생활공간 중 사무실(작업실 등), 병원·병실의 세트장 활용도도 높은 것으로 평가되었다.

[표 Ⅳ-7] 지상파 드라마 세트장 활용도 조사표

구분	스튜디오(세트장) 촬영											
대분류	가정집				특별생활공간		시대극 세트장					
촬영지 소분류	방	거실	주방	마당	사무실/ 작업실	병원/ 병실	한옥촌/ 장터/ 거리	편전/ 회의 장소	침소	왕, 관리 집무실	기타	합계
KBS	135	92	28	26	83	44	10	12	1	9	27	467
MBC	216	102	37	38	22	6	61	2	0	1	25	510
SBS	148	84	21	10	54	40	41	4	2	2	66	472
합계	499	278	86	74	159	90	112	18	3	12	118	1,449

다. 근대 세트 존

① 조성 개념

'근대 세트 존'은 시대극 제작 시 야외 촬영에 활용될 수 있도록 20,889㎡(6,330평)의 공간 안에 일제강점기부터 '60~'70년대 말까지 시대상을 재현하는 공간을 말한다.

② 조성 타당성

전천후 스튜디오와 근거리에서 야외 촬영이 가능하도록 하여 제작비 절감 효과를 기대할 수 있다.

③ 조성 추진 방향

시대에 따라 특징적인 당시의 기차역, 달동네, 판잣집, 관공서, 학교, 천변 등을 구역별로 나누어 조성하며 작품에 따라 외관의 리모델링이 가능하도록 하여 활용도를 극대화한다.

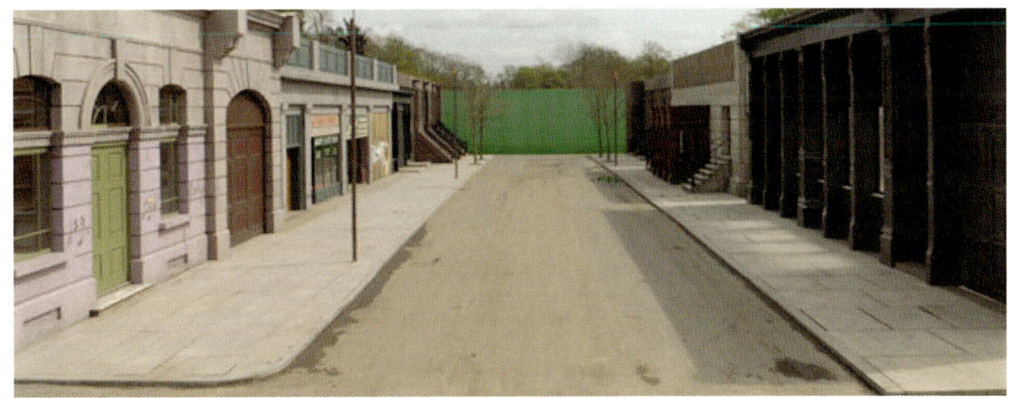

[그림 Ⅳ-9] ≪근대 세트 존≫ 예시

[표 Ⅳ-8] 드라마 세트장 활용도(근대 세트 존)

구분	활용 여부 1점: 매우 낮음, 5점: 매우 높음)
1,500평 스튜디오	3.75
1,300평 스튜디오	4.15
1,000평 스튜디오	4.11
500평 스튜디오	3.97
CG스튜디오	4.32
현대거리 존	4.73
근대 세트 존	4.44

라. 현대거리 존

① 조성 개념

'현대거리 존'은 엑스포과학공원의 전시관 및 그 주변 33,000㎡(10,000여 평)를 리모델링하여 현대물 거리 촬영에 활용할 수 있도록 하는 시설을 의미한다.

② 조성 타당성

　전천후 스튜디오와 근거리에서 야외 촬영이 가능하도록 하여 제작비 절감 효과를 기대할 수 있다. 기존 전시관 등은 전시관 자체가 철근 뼈대의 공간이므로 리모델링이 용이한 구조로서 프로그램 성격에 따라 변경이 가능할 수 있다.

③ 조성 추진 방향

　시설 자체는 고정식 세트이지만 작품에 따라 외관을 다양하게 리모델링 가능하다. 엑스포 과학공원의 기존 전시관 등 각 프로그램 성격에 따라 리모델링하여 새로운 촬영공간으로 활용하도록 한다. 또한 프로그램 내용에 따라 가로수, 간판, 건물 외관, 가로등, 버스 정류장, 카페, 벤치 등 변경 활용이 가능하도록 조성한다. 카페, 건물 로비, 사무실 등 촬영에 자주 활용되는 시설의 경우 내부 촬영에 별도의 실내 세트 없이 현대거리 존에서 동시에 촬영이 가능하다.

[표 IV-9] 드라마 세트장 활용도(현대거리 존)

구분	활용 여부: 1점 - 매우 낮음, 5점 - 매우 높음
1,500평 스튜디오	3.75
1,300평 스튜디오	4.15
1,000평 스튜디오	4.11
500평 스튜디오	3.97
CG스튜디오	4.32
현대거리 존	4.73
근대 세트 존	4.44

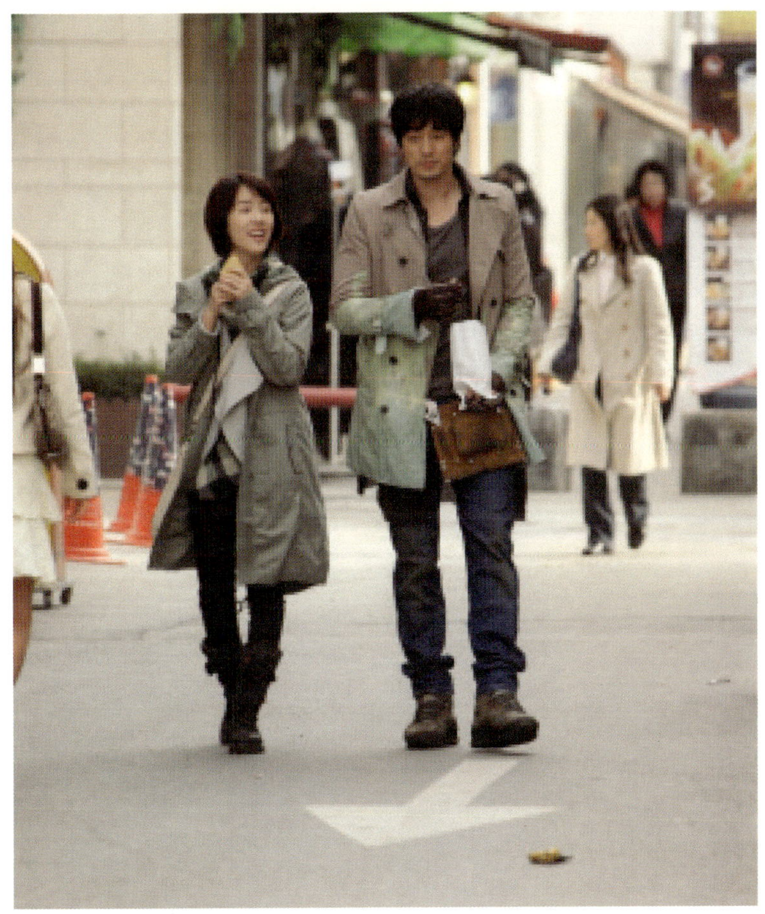

[그림 Ⅳ-10] ≪현대거리 존≫ 예시

마. 제작지원 센터

① 조성 개념

'제작지원 센터'는 ≪HD 드라마타운≫ 내에서 이루어지는 모든 영상물 제작과 관련하여
One-stop 시스템 환경을 제공한다.

② 조성 타당성

≪HD 드라마타운≫ 내에 드라마, 영화 등의 제작사를 유치하고 프로덕션 이후의 편집과
같은 포스트프로덕션 과정, 완성된 영상물을 방송국으로 직접 전송하는 과정 등이 제작 현
장에서 모두 이루어질 수 있도록 하며, 이에 따른 시간적·경제적 비용 절감 효과를 기대할
수 있다.

③ 조성 추진 방향

제작지원센터는 기존 대전문화산업진흥원과 2010년 완공예정인 CT 센터(가칭)의 시설 장비를 활용하여 ≪HD 드라마타운≫ 사업의 예산을 절감하고 기존 인프라와의 시너지 효과를 최대화한다. 제작지원 센터는 다음과 같은 시설을 보유하고 제작 지원 기능을 수행한다.

Pre-production 시설은 별도의 제작사 사무실을 위한 공간을 조성하여 임대 및 시설 관리를 수행한다. Post-production 시설은 가편집실, 음향실, 종합편집실, 주조정실 등의 시설을 보유하여 임대 및 시설 관리를 수행한다. Production 지원은 부조기능을 위한 중계차, 강풍기, 강우기, 견인차, 특수촬영 카메라, 엑스트라 등 전반적인 촬영 관련 장비 및 인력 지원을 한다.

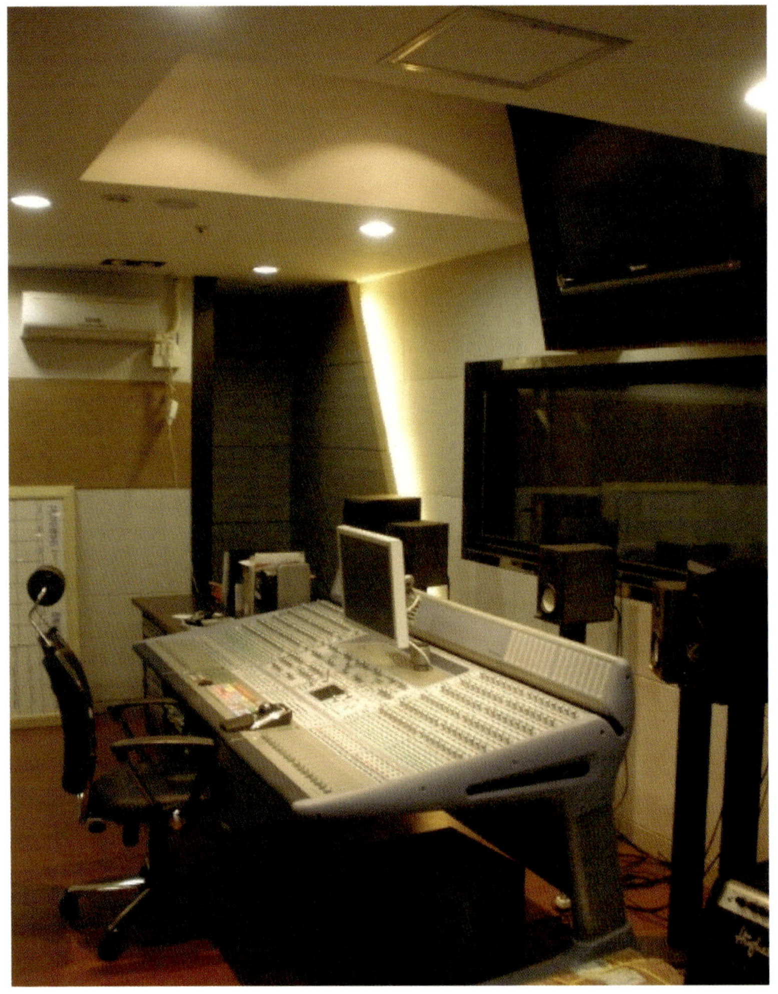

[그림 IV-11] ≪제작지원센터≫ 예시

바. 미술센터

① 조성 개념

'미술센터'는 ≪HD 드라마타운≫의 전천후 스튜디오 단지 내에 위치하여 영상물 제작에 필요한 세트 및 소도구, 의상 등을 제작·관리하는 시설을 의미한다.

② 조성 타당성

현재 방송국에서 운영하고 있는 것처럼 다양한 미술 관련 시설 및 인력을 제작 현장에 두어 긴밀하고도 신속한 협조가 이루어질 수 있도록 하며, 이를 통해 방송 영상물의 품질을 향상시킨다.

③ 조성 추진 방향

세트 제작 장, 전기효과실, 소도구 제작 장, 조경실, 의상실 등 미술 제작 시설 및 보관 창고를 전천후 스튜디오 단지 내에 조성하며 미술감독, 디자이너, 소도구 팀, 의상, 분장, 미용 팀 등 미술 스태프가 항시 상주하여 제작에 긴밀한 협조가 이루어질 수 있도록 한다.

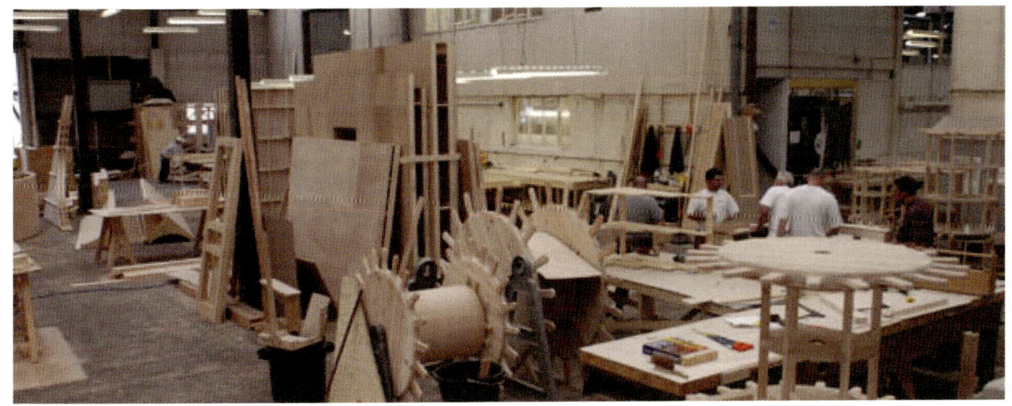

[그림 IV-12] ≪미술센터≫ 예시

사. 관광연계 서비스

① 조성 개념

≪HD 드라마타운≫을 방문하는 일반 관람객을 위한 관광연계 서비스는 크게 제작현장 관람(Tracking) 서비스와 영상재현·공연 관람 서비스로 구분된다.

② 조성 타당성

스튜디오의 사용 임대료 최소화 및 수익창출 다변화를 위해서 관광 연계 서비스를 시행한다.

③ 조성 추진 방향

제작현장 관람(Tracking) 서비스는 관람객들이 영상물 제작 현장을 일정한 동선을 따라 안내요원의 동행하에 스튜디오 밖에 설치된 유리벽 등을 통해 직접 관람할 수 있도록 하는 서비스이다. 그리고 이를 통해 창출된 수익은 제작사의 스튜디오 사용 임대료 절감을 위해 사용되며, 더불어 관람객들에게 제작 영상물을 직접 홍보할 수 있는 역할 또한 할 수 있을 것으로 기대된다.

영상재현·공연 관람 서비스는 특수효과 등을 이용한 야외공연장에서는 영화 및 드라마의 명장면을 재현 공연하여 일반 관람객에게 영상산업의 이해를 돕고 흥미를 유발할 수 있는 공간으로 활용할 수 있다. 또한 영상관련 프로그램뿐만 아니라 뮤지컬, 연극, 무용, 인형극 및 공연콘서트, 가요프로그램 등을 기획, 제작할 수 있는 다목적 야외극장을 약 3,000석 규모로 별도 조성한다.

실제 방송프로그램의 녹화현장을 직접 볼 수 있는 공간으로서 영화, 드라마의 한류스타뿐만 아닌 가요계 한류스타의 공연을 직접 볼 수 있는 공간으로 활용하도록 추진할 수 있다.

제작현장 관람(Tracking) 서비스와 영상재현 공연 관람 서비스는 외국 시설 구축사례 및 국내 관련 시설 구축 현황분석, 산학연관 전문가 등의 요구분석을 통해 타 지역 세트장과의 차별화 및 관람 서비스로 인해 저렴한 임대 사용료 효과를 누린다는 의견들이 나왔다. 따라서 주변 관광 및 상업시설 등과의 연계로 전체적인 복합 단지로의 기능이 가능하다는 분석 결과가 도출되는 등 향후 주요 이해관계자 간 협의체를 마련하는 등 추가적인 행동 계획 수립이 필요하다.

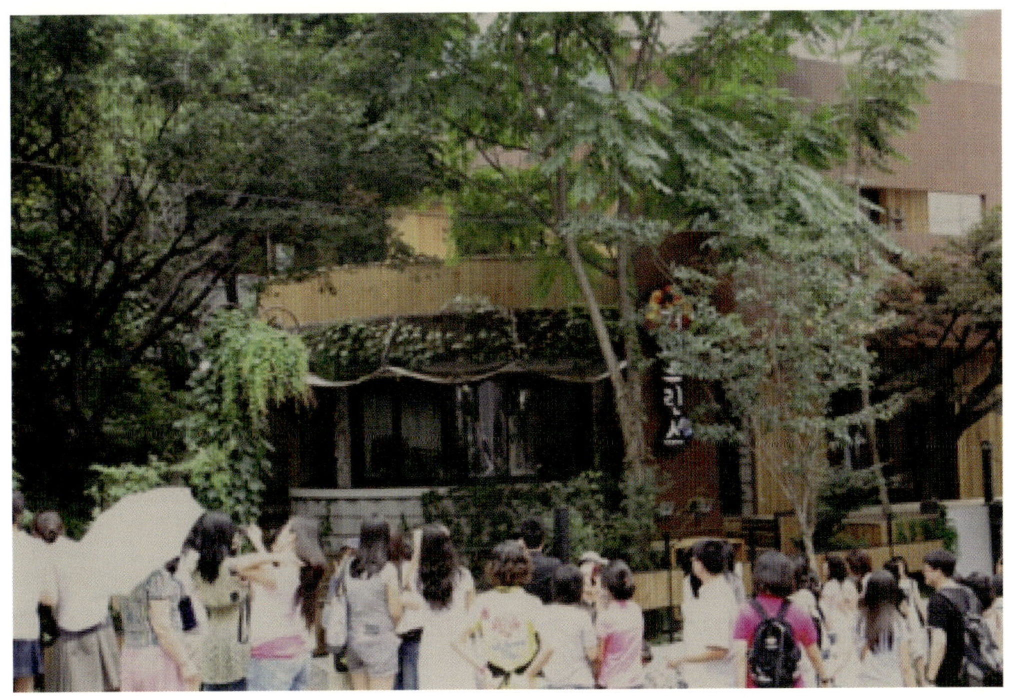

[그림 Ⅳ-13] ≪제작현장 관람 서비스≫ 예시

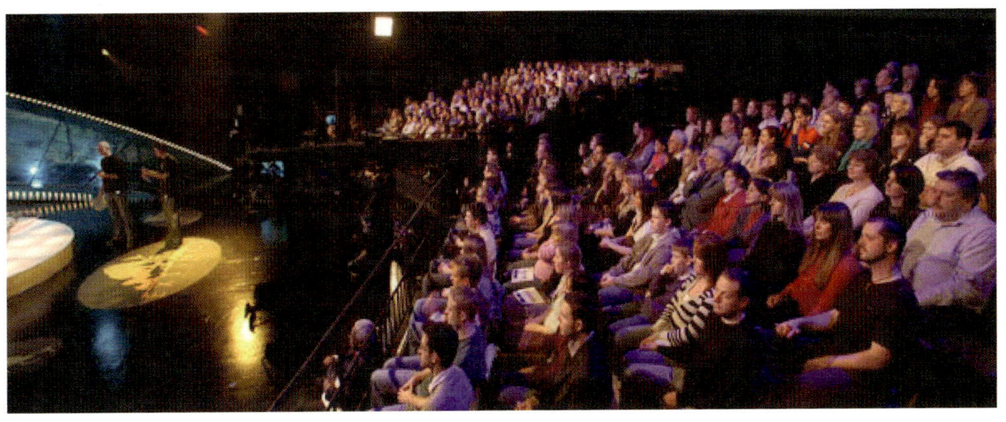

[그림 Ⅳ-14] ≪영상재현 공연 서비스≫ 예시

4) 대형 전천후 스튜디오 상세 설계

가. 대형 전천후 스튜디오 개요

① 스튜디오 대형화의 의의

대형 전천후 스튜디오는 기존에 대형 스튜디오의 부재로 인해 발생하였던 야외촬영 분량의 증가, 프로그램 성격에 맞는 적절한 크기의 세트 제작 어려움, 세트의 조립·해체 반복으로 인한 현실감 있는 세트 제작 불가, 야외촬영으로 인한 시간의 제약(시간에 따라 새벽, 낮, 석양, 밤 등 주변 환경 변화), 계절의 변화(비, 눈, 안개 등), 장소 이동시간 소요, 소음 발생, 일반인 통제, 섭외의 어려움, 촬영장소 섭외비용 발생, 지방촬영의 경우 숙식 문제, 분장·미용·대기 공간 부재 문제 등을 해결할 수 있을 것으로 예상된다.

② 대형 전천후 스튜디오의 기대효과

타 시설과 차별화된 대형 스튜디오로 실내에서 야외촬영이 가능하도록 하며 이에 다음과 같은 효과를 도출할 것으로 기대한다.

[표 IV-10] ≪대형 전천후 스튜디오 기대효과≫ 예시

기대효과	내용
제작비용 절감	대형화로 하나의 스튜디오 공간 안에 제작 영상물에 필요한 주요 세트의 세팅이 가능함으로써 반복적인 세트의 해체 및 재조립 과정이 필요 없어지고, 빈번한 야외촬영 및 스튜디오 미확보에서 기인한 제작기간과 섭외비용 등을 단축할 수 있어 시간적·경제적 비용 절감 효과를 기대할 수 있음
완성도 제고	스튜디오 대형화로 실물과 동일한 세트 배치가 가능하고 더불어 영상물 제작기간 동안 처음 단 한 번의 세트 조성이 요구되기 때문에 세트 자체의 품질이 향상되며, 이동거리 단축과 단독 스튜디오 사용으로 인한 카메라 리허설 및 순수 촬영을 위한 시간이 풍부해져서 영상물 완성도가 제고됨

③ 대형 전천후 스튜디오의 기능

대형 전천후 스튜디오는 ≪HD 드라마타운≫의 랜드마크(Land Mark)로서 주로 드라마, 영화와 같은 대형 영상물 제작을 위한 다양한 규모의 대형 스튜디오 구비와 함께 스튜디오별로 제작 편의시설을 갖추게 된다.

제작 스태프와 연기자를 위한 숙소, 대기실, 의상실, 분장실, 창고 등을 각 스튜디오 관리시설에 갖추어 기존 스튜디오와 편의시설 간의 물리적 거리에 따른 시간적·경제적 비용을 최소화하도록 한다.

④ 대형 전천후 스튜디오 자체의 촬영공간화

대형 전천후 스튜디오는 갖춰진 실내 스튜디오 외에 각각의 스튜디오 자체를 촬영공간으로 활용할 수 있도록 조성할 계획이다. 근거리 야외촬영에 활용될 수 있도록 각 스튜디오 외관에 디자인적인 측면을 고려하여 조성하도록 하며, 스튜디오 내 모든 시설에서도 언제나 촬영이 가능하도록 다양한 디자인과 공간을 확보하도록 한다.

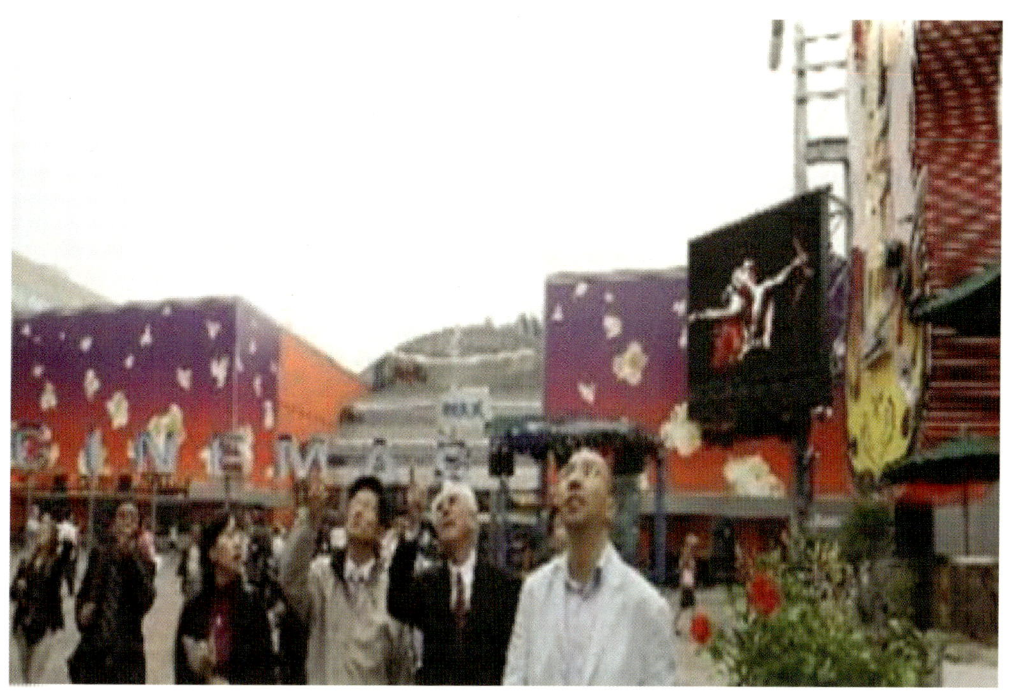

[그림 Ⅳ-15] 스튜디오 외관에 디자인적인 측면을 고려한 예

실례로 스태프와 연기자를 위한 숙소를 일본식, 중국식, 유럽식, 한국식 등으로 다양화하여 촬영 시 여러 설정에 맞게 활용하도록 한다.

더불어 스튜디오 내·외부 통로 또한 병원, 사무실, 호텔, 기숙사, 대학, 연구소 등으로 다양하게 디자인하여 활용도를 높일 계획이다.

나. 전천후 스튜디오 A~D 세부 구성안

① 스튜디오 A, B 개요

스튜디오 A, B는 각각 3,300㎡(1,000평) 규모의 스튜디오와 스튜디오 관리동을 포함하여 스튜디오 층고 20m, 연면적 22,176㎡(6,720평) 규모로 조성되며, 주요 제작 장르로는 시트콤, 단막극, 특집 드라마, 시추에이션 드라마, 재연 드라마, 케이블 TV 제작 드라마, 저예산 영화 등이 예상된다.

조성 시기는 2011년이며, 이는 실행 계획 수립 및 스튜디오 12개 동, ≪HD 드라마타운≫ 조성을 위한 1차 조성 기간에 속한다.

② 스튜디오 A, B 조감도

다음 조감도는 스튜디오 A, B의 예시 안이다.

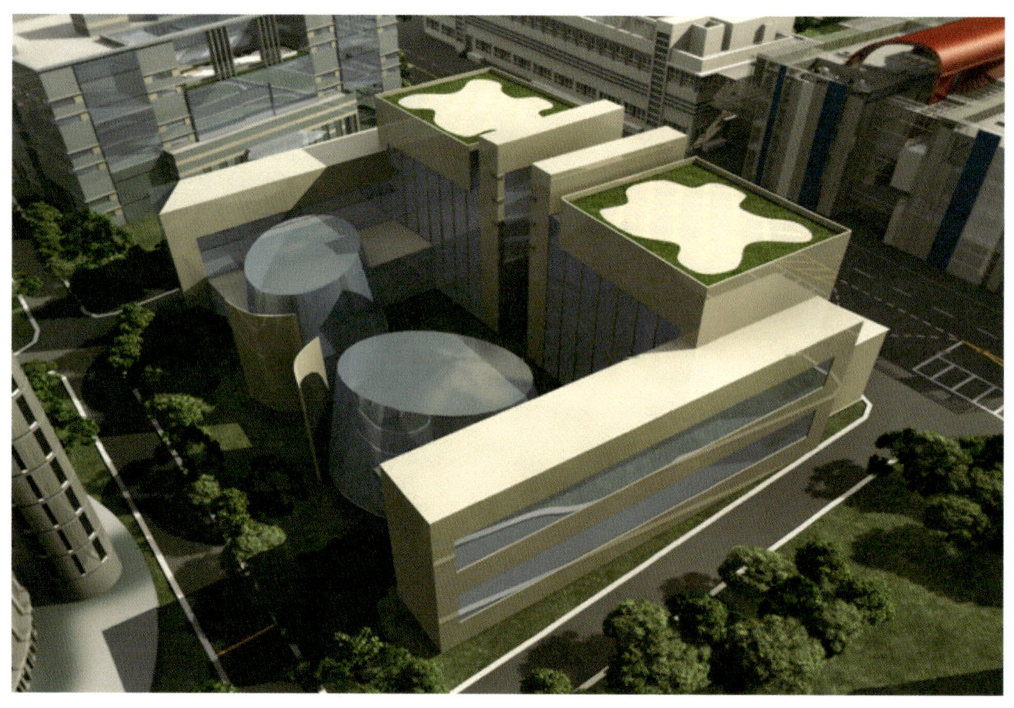

[그림 Ⅳ-16] ≪스튜디오 A, B≫ 조감도

③ 스튜디오 A, B 시설 개요

스튜디오 A, B의 시설 개요는 다음과 같다.

구분	내용
사업기간	2011년
용도	시트콤, 단막극, 특집 드라마, 시추에이션 드라마, 재연 드라마, 케이블 TV 제작 드라마, 저예산 영화 등의 제작 및 숙소, 대기실, 분장실, 의상실 등 제작 관련 시설로 사용
건축규모	스튜디오 층고 20m 및 관리시설 지상 4층
건축구조	철근 콘크리트
바닥면적	7,722㎡(2,340평)
연면적	11088㎡(3,360평)

④ 스튜디오 A, B 건축 단면

스튜디오 A, B 각각의 기본 단면 개념도는 다음과 같다.

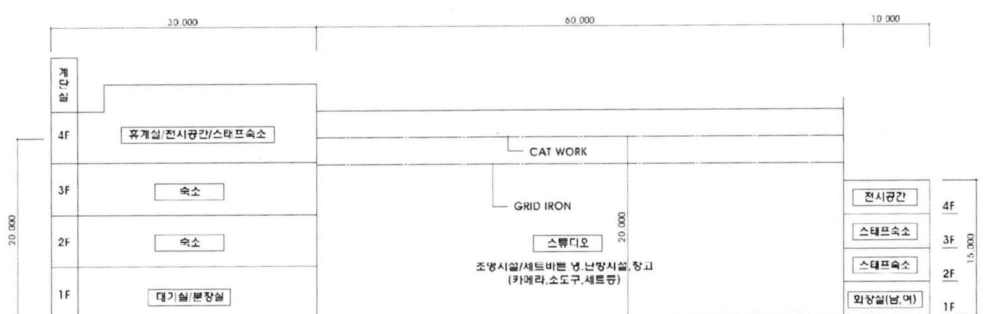

[그림 IV-17] ≪스튜디오 A, B≫ 단면도

⑤ 스튜디오 A, B 주요시설 목록

[표 Ⅳ-12] 스튜디오 A, B 주요시설 목록

구분	규모	단위	수량	내용	비고
스튜디오 A, B	각 3,300㎡ (1,000평) 스튜디오	EA	2	시트콤, 단막극, 특집드라마, 시추에이션 드라마, 재연 드라마, 케이블 TV 제작 드라마, 저예산 영화 등 제작	
스튜디오 A, B 각 내부시설 목록					
스튜디오 내부시설	조명시설, 세트 바튼(set bar-ten), 냉·난방시설, 창고(카메라, 소도구, 세트 등)				
스튜디오 A, B 각 관리시설 목록					
1층	화장실(남·여), 샤워실(남·여), 분장실(남·여), 의상실(남·여), 연기자 대기휴게실, 스태프 사무실 겸 회의실				
2층	스태프 숙소(남·여), 연기자 숙소(남·여)				
3층	스태프 숙소(남·여), 연기자 숙소(남·여)				
4층	관람동선, 전망 휴게실, 촬영 중인 프로그램 전시 공간, 화장실(남·녀) 스태프 숙소(남·여), 연기자 숙소(남·여), 기념품점				

⑥ 스튜디오 C, D 개요

스튜디오 C, D는 각각 3,300㎡(1,000평) 규모의 스튜디오와 스튜디오 관리동을 포함하여 스튜디오 층고 20m, 연면적 22,176㎡(6,720평) 규모로 조성되며, 주요 제자 장르로는 시트콤, 단막극, 특집 드라마, 시추에이션 드라마, 재연 드라마, 케이블 TV 제작 드라마, 저예산 영화 등을 예상하고 있다.

조성 시기는 2011년이며, 이는 실행 계획 수립 및 스튜디오 12개 동, ≪HD 드라마타운≫ 조성을 위한 1차 조성 기간에 속한다.

⑦ 스튜디오 C, D 조감도

다음 조감도는 스튜디오 C, D의 예시 안이다.

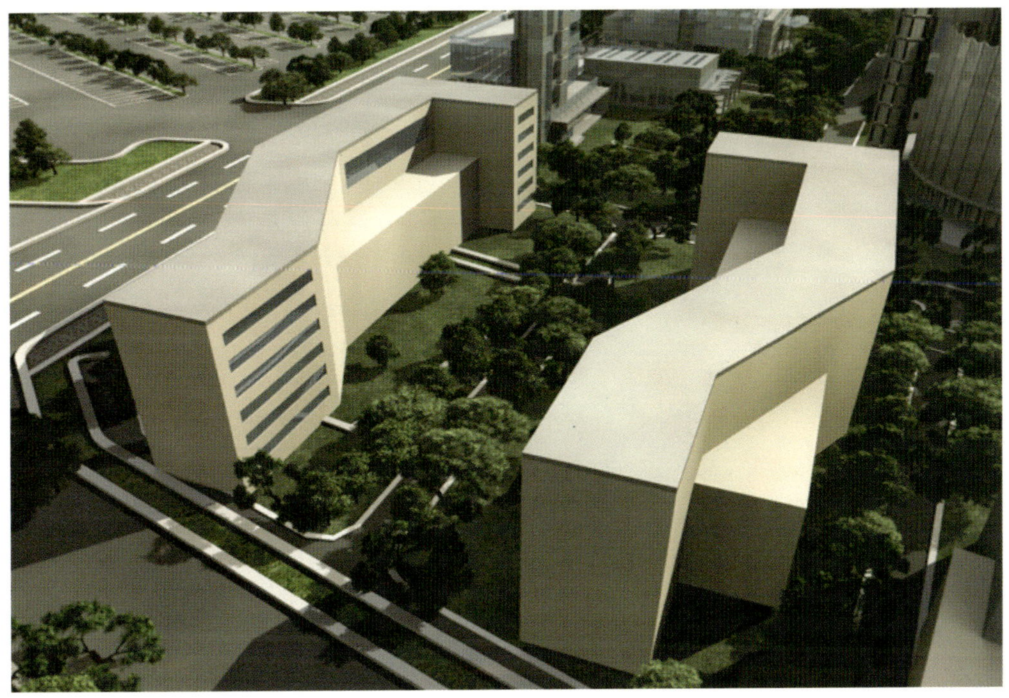

[그림 Ⅳ-18] ≪스튜디오 C. D≫ 조감도

⑧ 스튜디오 C, D 시설 개요

스튜디오 C, D의 시설 개요는 다음과 같다.

[표 Ⅳ-13] 스튜디오 C, D의 시설 개요

구분	내용
사업기간	2011년
용도	시트콤, 단막극, 특집드라마, 시추에이션 드라마, 재연 드라마, 케이블 TV 제작 드라마, 저예산 영화 등의 제작 및 숙소, 대기실, 분장실, 의상실 등 제작 관련 시설로 사용
건축규모	스튜디오 층고 20m 및 관리시설 지상 4층
건축구조	철근 콘크리트
바닥면적	7,722㎡(2,340평)
연면적	11,088㎡(3,360평)

⑨ 스튜디오 C, D 건축 단면

스튜디오 C, D 각각의 기본 단면 개념도는 다음과 같다.

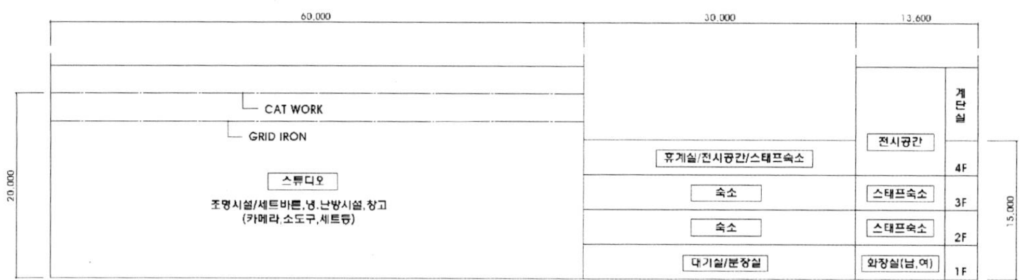

[그림 IV-19] ≪스튜디오 C, D≫ 단면도

⑩ 스튜디오 C, D 주요시설 목록

[표 IV-14] 스튜디오 C, D 주요시설 목록

구분	규모	단위	수량	내용	비고
스튜디오 C, D	각 3,300㎡ (1,000평) 스튜디오	EA	2	시트콤, 단막극, 특집 드라마, 시추에이션 드라마, 재연 드라마, 케이블 TV 제작 드라마, 저예산 영화 등 제작	
스튜디오 C, D 각 내부시설 목록					
스튜디오 내부시설	조명시설, 세트 바튼(set bar-ten), 냉ㆍ난방시설, 창고(카메라, 소도구, 세트 등)				
스튜디오 C, D 각 관리시설 목록					
1층	화장실(남ㆍ여), 샤워실(남ㆍ여), 분장실(남ㆍ여), 의상실(남ㆍ여), 연기자 대기휴게실, 스태프 사무실 겸 회의실				
2층	스태프 숙소(남ㆍ여), 연기자 숙소(남ㆍ여)				
3층	스태프 숙소(남ㆍ여), 연기자 숙소(남ㆍ여)				
4층	관람동선, 전망 휴게실, 촬영 중인 프로그램 전시 공간, 화장실(남ㆍ여), 스태프 숙소(남ㆍ여), 연기자 숙소(남ㆍ여), 기념품점				

다. 전천후 스튜디오 E 및 의상실 세부 구성안

① 스튜디오 E와 의상실 개요

스튜디오 E는 1,650㎡(500평) 규모의 스튜디오와 스튜디오 관리동을 포함하여 스튜디오 층고 20m, 연면적 3,762㎡(1,140평) 규모로 조성되며, 스튜디오 전면에 크로마키 시설이 구비된 CG 촬영 스튜디오이다.

의상실은 높이 10m, 연면적 881㎡(267평) 규모로 조성되며 다양한 장르의 촬영에 활용되는 시대별, 지역별, 연령별, 신분별 등 각종 다양한 종류의 의상이 구비되어 있는 의상 창고이다.

더불어 ≪HD 드라마타운≫을 방문한 관람객들의 관람 코스 중 하나로 설정하고 구비된 의상으로 다양한 이벤트를 연출할 수 있도록 활용할 예정이다.

조성시기는 2011년이며, 이는 실행 계획 수립 및 스튜디오 12개 동, ≪HD 드라마타운≫ 조성을 위한 1차 조성 기간에 속한다.

② 스튜디오 E와 의상실 조감도

다음 조감도는 스튜디오 E와 의상실 예시 안이다.

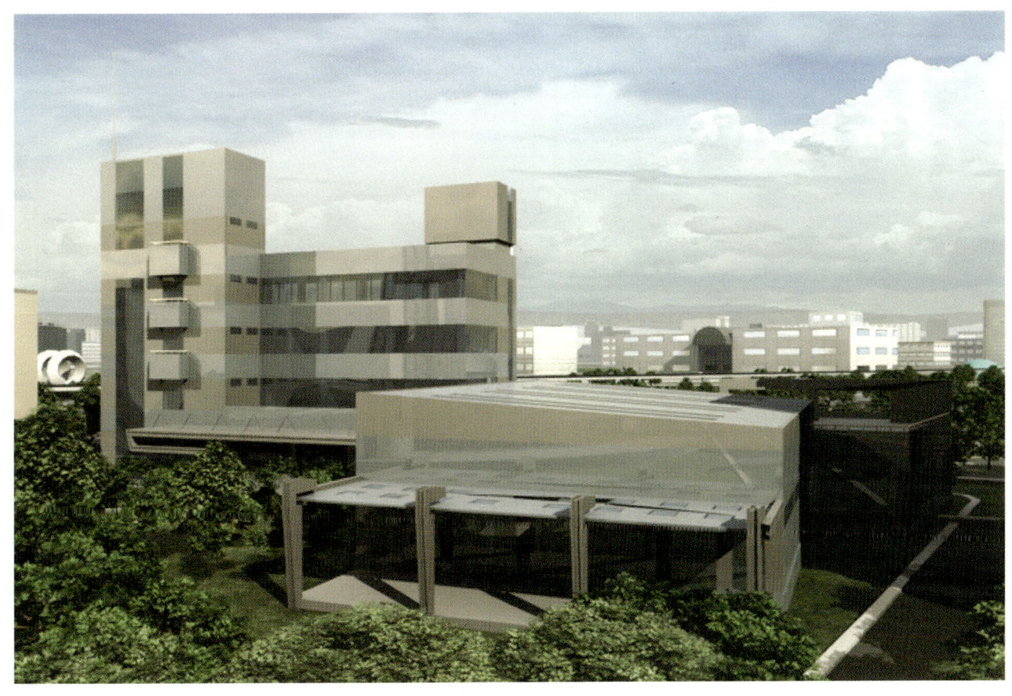

[그림 Ⅳ-20] ≪스튜디오 E≫ 조감도

③ 스튜디오 E와 의상실 시설 개요

스튜디오 E와 의상실의 시설 개요는 각각 다음과 같다.

[표 Ⅳ-15] 스튜디오 E의 시설 개요

구분	내용
사업기간	2011년
용도	전면 크로마키 처리가 완비되어 CG 스튜디오로 사용하며 숙소, 대기실, 분장실, 의상실 등 제작 관련 시설로 사용
건축규모	스튜디오 층고 20m 및 관리시설 지상 4층
건축구조	철근 콘크리트
바닥면적	2,178㎡(660평)
연면적	3,762㎡(1,140평)

[표 Ⅳ-16] 의상실의 시설 개요

구분	내용
사업기간	2011년
용도	다양한 장르의 촬영에 활용되는 시대별, 지역별, 연령별, 신분별 등 각종 다양한 종류의 의상이 구비되어 있는 의상실 및 의상 창고
건축규모	높이 10m
건축구조	철근 콘크리트
바닥면적	881.1㎡(267평)
연면적	881.1㎡(267평)

④ 스튜디오 E와 의상실 건축 단면

스튜디오 E와 의상실의 기본 단면 개념도는 다음과 같다.

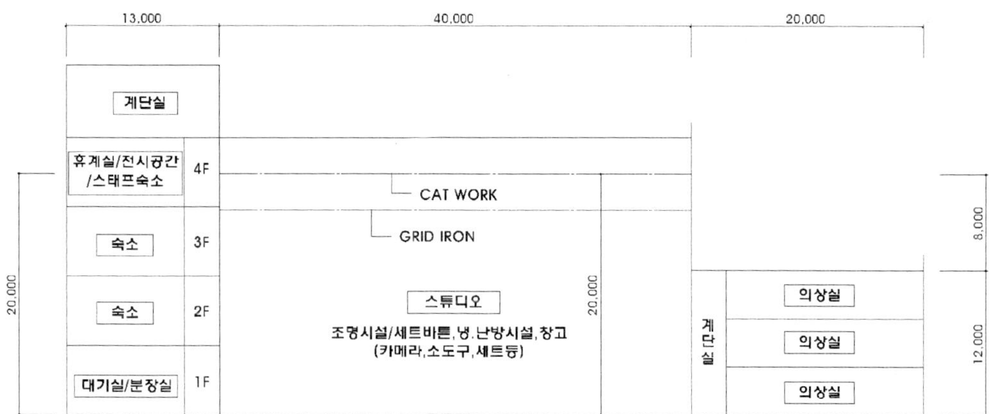

[그림 Ⅳ-21] ≪스튜디오 E와 의상실≫ 단면도

⑤ 스튜디오 E와 의상실 주요시설 목록

[표 Ⅳ-17] 스튜디오 E 및 의상실의 주요시설 목록

구분	규모	단위	수량	내용	비고
스튜디오 E	1,650㎡ (500평) 스튜디오	EA	1	전면 크로마키 처리된 CG 스튜디오	
스튜디오 E 내부시설 목록					
스튜디오 내부시설	조명시설, 세트 바튼(set bar-ten), 냉·난방시설, 창고(카메라, 소도구, 세트 등)				
스튜디오 E 관리시설 목록					
1층	화장실(남·여), 샤워실(남·여), 분장실(남·여), 의상실(남·여), 연기자 대기휴게실, 스태프 사무실 겸 회의실				
2층	스태프 숙소(남·여), 연기자 숙소(남·여)				
3층	스태프 숙소(남·여), 연기자 숙소(남·여)				
4층	관람 동선, 전망 휴게실, 촬영 중인 프로그램 전시 공간, 화장실, 스태프 숙소(남·여), 연기자 숙소(남·여), 기념품점				
의상실	881.1㎡ (267평)	EA	1	다양한 종류의 의상이 구비되어 있는 의상실 및 의상 창고	

라. 전천후 스튜디오 F 세부 구성안

① 스튜디오 F 개요

스튜디오 F는 각 1,650㎡(500평) 규모의 스튜디오로 연면적 3,762㎡(1,140평) 규모로 조성되며, 스튜디오 E와 함께 CG 스튜디오로 사용될 예정이며, 스튜디오 F의 조성 시기는 2011년이다.

② 스튜디오 F 조감도

다음 조감도는 스튜디오 F의 조감도이다.

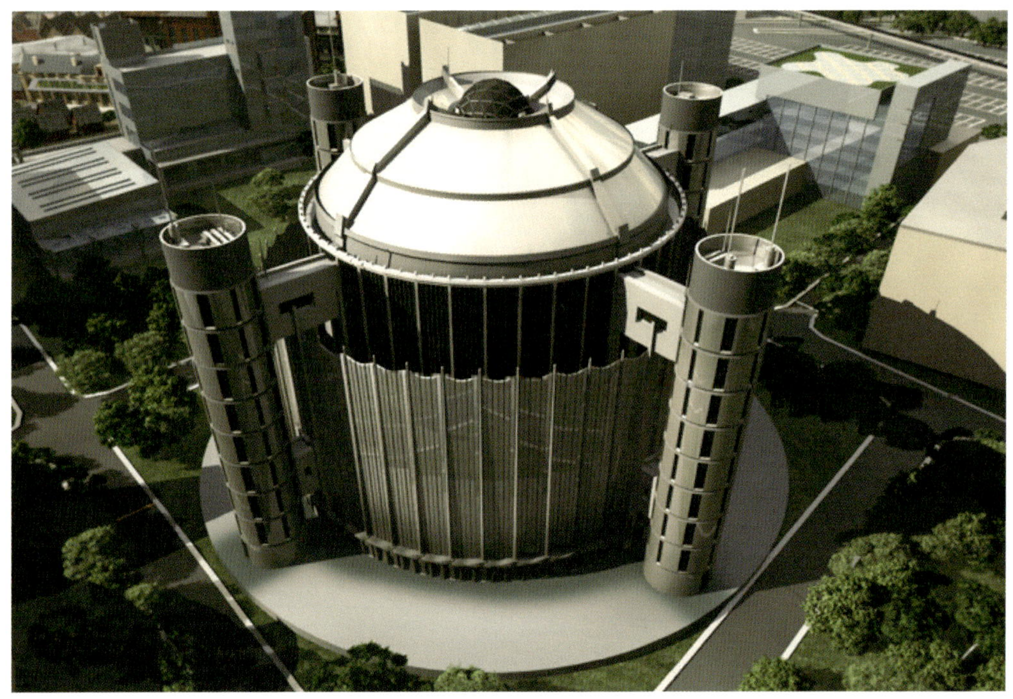

[그림 Ⅳ-22] ≪스튜디오 F≫ 조감도

 하이브리드 디지털 제작단지론

③ 스튜디오 F 시설 개요

스튜디오 F의 시설 개요는 다음과 같다.

[표 Ⅳ-18] 스튜디오 F의 시설 개요

구분	내용
사업기간	2011년
용도	전면 크로마키 처리가 완비되어 CG 스튜디오로 사용하며 숙소, 대기실, 분장실, 의상실 등 제작 관련 시설로 사용
건축규모	스튜디오 충고 20m 및 관리시설 지상 4층
건축구조	철근 콘크리트
바닥면적	2,178㎡(660평)
연면적	3,762㎡(1,140평)

④ 스튜디오 F 건축 단면

다음은 스튜디오 F의 기본 단면개념도는 다음과 같다.

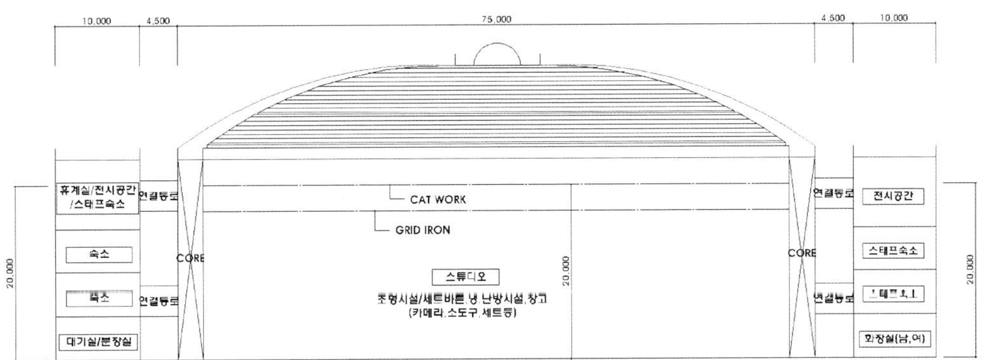

[그림 Ⅳ-23] ≪스튜디오 F≫ 단면도

⑤ 스튜디오 F 주요시설 목록

[표 Ⅳ-19] 스튜디오 F의 주요시설 목록

구분	규모	단위	수량	내용	비고
스튜디오 F	1,650㎡ (500평) 스튜디오	EA	1	전면 크로마키 처리된 CG 스튜디오	
스튜디오 F 내부시설 목록					
스튜디오 내부시설	조명시설, 세트 바튼(set bar-ten), 냉·난방시설, 창고(카메라, 소도구, 세트 등)				
스튜디오 F 관리시설 목록					
1층	화장실(남·여), 샤워실(남·여), 분장실(남·여), 의상실(남·여), 연기자 대기휴게실, 스태프 사무실 겸 회의실				
2층	스태프 숙소(남·여), 연기자 숙소(남·여)				
3층	스태프 숙소(남·여), 연기자 숙소(남·여)				
4층	관람동선, 전망 휴게실, 촬영 중인 프로그램 전시 공간, 화장실(남·여), 스태프 숙소(남·여), 연기자 숙소(남·여), 기념품점				

마. 전천후 스튜디오 G 및 미술센터 세부 구성안

① 스튜디오 G 개요

스튜디오 G는 1,650㎡(500평) 규모의 스튜디오로 스튜디오 층고 20m, 연면적 3,762㎡ (1,140평) 규모로 조성되며, 주로 어린이 드라마, 애니메이션, CF, 뮤직비디오 등 비교적 소규모 영상물 제작에 사용될 예정이다.

② 스튜디오 G 조감도

다음 조감도는 스튜디오 G의 예시 안이다.

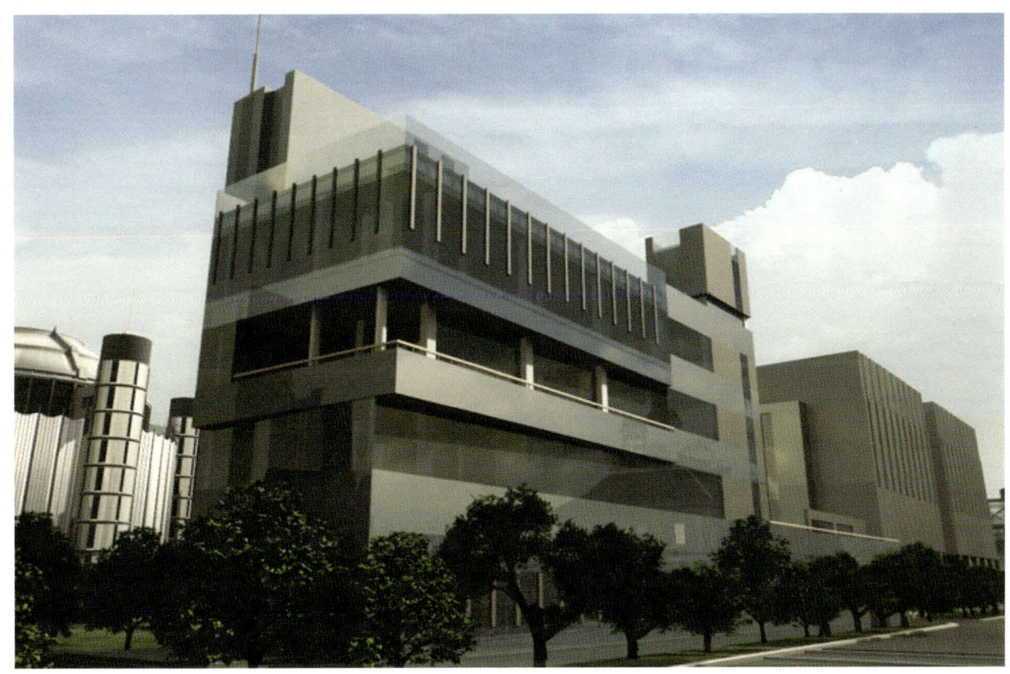

[그림 IV-24] ≪스튜디오 G≫ 조감도

③ 스튜디오 G 시설 개요

스튜디오 G의 시설 개요는 각각 다음과 같다.

[표 IV-20] 스튜디오 G의 시설 개요

구분	내용
사업기간	2011년
용도	어린이드라마, 애니메이션, CF, 뮤직비디오 등 비교적 소규모 영상물 제작에 사용하며 숙소, 대기실, 분장실, 의상실 등 제작 관련 시설로 사용
건축규모	스튜디오 층고 20m 및 관리시설 지상 4층
건축구조	철근 콘크리트
바닥면적	2,178㎡(660평)
연면적	3,762㎡(1,140평)

④ 스튜디오 G 건축 단면

스튜디오 G의 기본 단면 개념도는 다음과 같다.

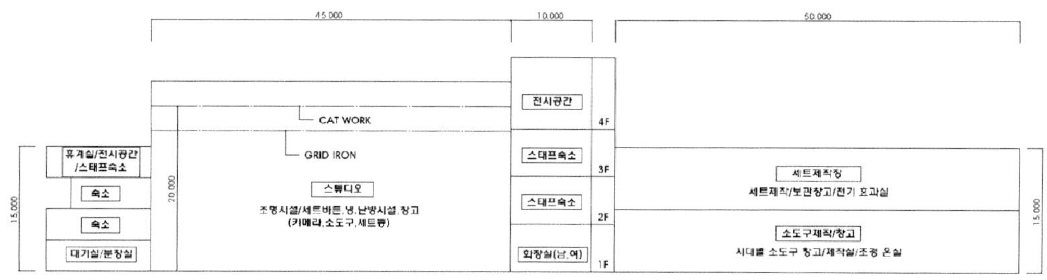

[그림 Ⅳ-25] ≪스튜디오 G≫ 단면도

⑤ 스튜디오 G 주요시설 목록

[표 Ⅳ-21] 스튜디오 G의 주요 시설 목록

구분	규모	단위	수량	내용	비고
스튜디오 G	1,650㎡ (500평) 스튜디오	EA	1	어린이 드라마, 애니메이션, 뮤직비디오, CF 등, 비교적 소규모 영상물 제작	
스튜디오 G 내부시설 목록					
스튜디오 내부시설	조명시설, 세트 바튼(set bar－ten), 냉·난방시설, 창고(카메라, 소도구, 세트 등)				
스튜디오 G 관리시설 목록					
1층	화장실(남·여), 샤워실(남·여), 분장실(남·여), 의상실(남·여), 연기자 대기휴게실, 스태프 사무실 겸 회의실				
2층	스태프 숙소(남·여), 연기자 숙소(남·여)				
3층	스태프 숙소(남·여), 연기자 숙소(남·여)				
4층	관람동선, 전망 휴게실, 촬영 중인 프로그램 전시 공간, 화장실, 스태프 숙소(남·여), 연기자 숙소(남·여), 기념품점				

⑥ 미술센터 개요

미술센터는 크게 세트 제작장 및 전기 효과실 부분과 소도구 제작장 및 조경실 부분으로 나누어 볼 수 있다. 높이 15m, 연면적 2,316㎡(702평) 규모로 조성되는 세트 제작 장 및 전기 효과실은 ≪HD 드라마타운≫ 내에서 제작되는 각종 영상물의 세트를 제작·관리하고 전기 효과를 내기 위해 활용된다.

충고 높이 10m, 연면적 1,653㎡(501평) 규모로 조성되는 소도구 제작장 및 조경실은 각종 영상물에 사용되는 소도구를 제작·관리하고 《HD 드라마타운》 내 조경시설을 관리하는 시설이다. 조성 시기는 2011이며, 《HD 드라마타운》 조성을 위한 1차 조성 기간에 속한다.

⑦ 미술센터 조성 공간 예정지
다음은 미술센터가 조성될 공간이다.

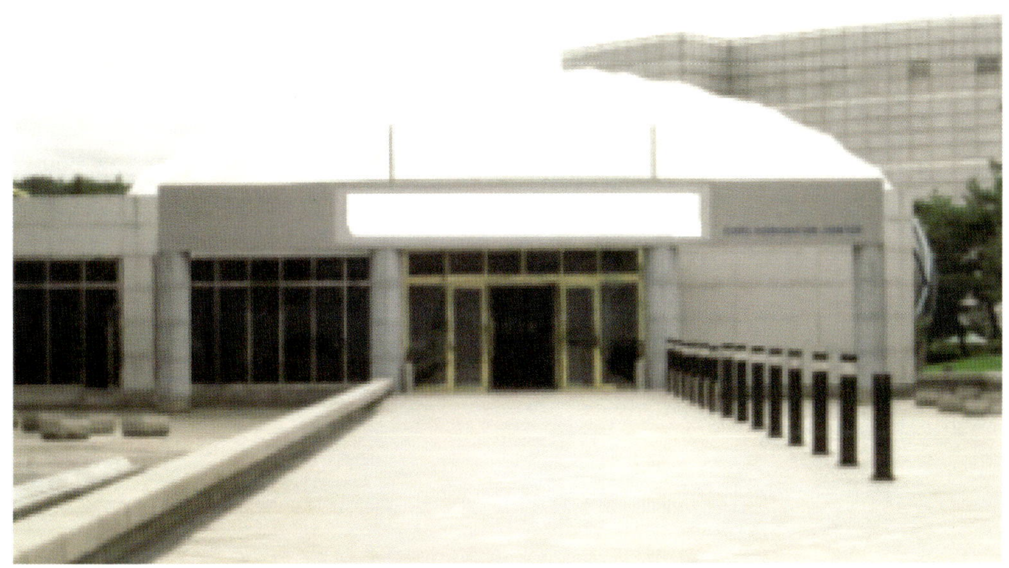

[그림 Ⅳ-26] 《미술센터》 공간

⑧ 미술센터 시설 개요
미술센터의 시설 개요는 각각 다음과 같다.

[표 Ⅳ-22] 미술센터-세트 제작장 및 전기효과실의 시설 개요

구분	내용
사업기간	2011년
용도	각종 영상물의 세트를 제작·관리하고 전기효과를 내기 위해 활용
건축규모	높이 15m
건축구조	철근 콘크리트
바닥면적	2,316㎡(700평)
연면적	2,316㎡(700평)

[표 Ⅳ-23] 미술센터-소도구 제작장 및 조경실(온실)의 시설 개요

구분	내용
사업기간	2011년
용도	각종 영상물에 사용되는 소도구를 제작·관리하고 ≪HD 드라마타운≫ 내 조경시설을 관리
건축규모	높이 10m
건축구조	철근 콘크리트
바닥면적	1,653.3㎡(500평)
연면적	1,653.3㎡(500평)

⑨ 건축 단면

미술센터의 기본 단면 개념도는 다음과 같다.

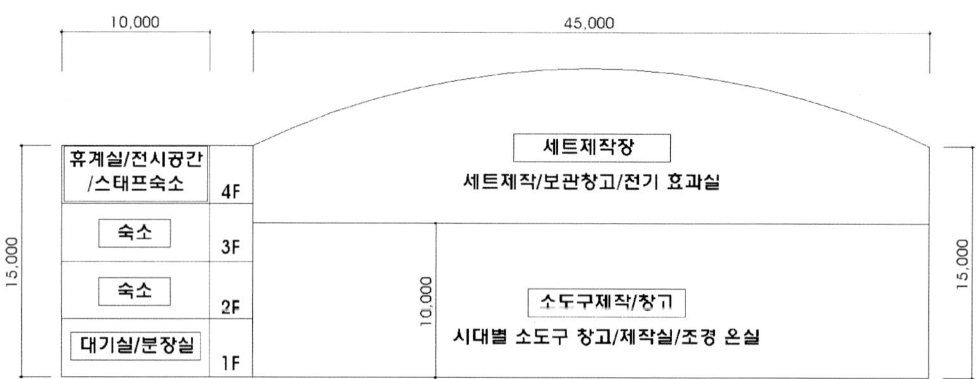

[그림 Ⅳ-27] ≪미술센터≫ 단면도

⑩ 미술센터 주요시설 목록

[표 Ⅳ-24] 미술센터의 주요 시설 목록

구분	규모	단위	수량	내용	비고
세트 제작장+전기효과실	2,316㎡ (700평)	EA	1	다양한 종류의 의상이 구비되어 있는 의상실 및 의상 창고	
세트 제작장 내부시설	세트 제작 및 보관 창고, 전기 효과실				
소도구제작장+조경실	1,653.3㎡ (500평)	EA	1	다양한 종류의 의상이 구비되어 있는 의상실 및 의상 창고	
소도구 제작 장+조경실 내부시설 목록					
소도구제작장 내부시설	시대별 소도구 창고 및 제작실, 조경 온실				

바. 전천후 스튜디오 H, I 세부 구성안

① 스튜디오 H 개요

스튜디오 H는 4,950㎡(1,500평) 규모의 스튜디오로, 스튜디오 층고 20m, 연면적 7,642㎡ (2,316평) 규모로 조성된다. 스튜디오 H는 미니시리즈, 대하드라마, 사극, 시대물, 대형 블록 버스터 영화, 외국 유치 영화 등 가장 큰 규모의 영상물 제작을 예상하고 있다.

조성시기는 2012년이며, ≪HD 드라마타운≫ 조성을 위한 2차 조성 기간에 속한다.

② 스튜디오 H 조감도

다음 조감도는 스튜디오 H의 예시 안이다.

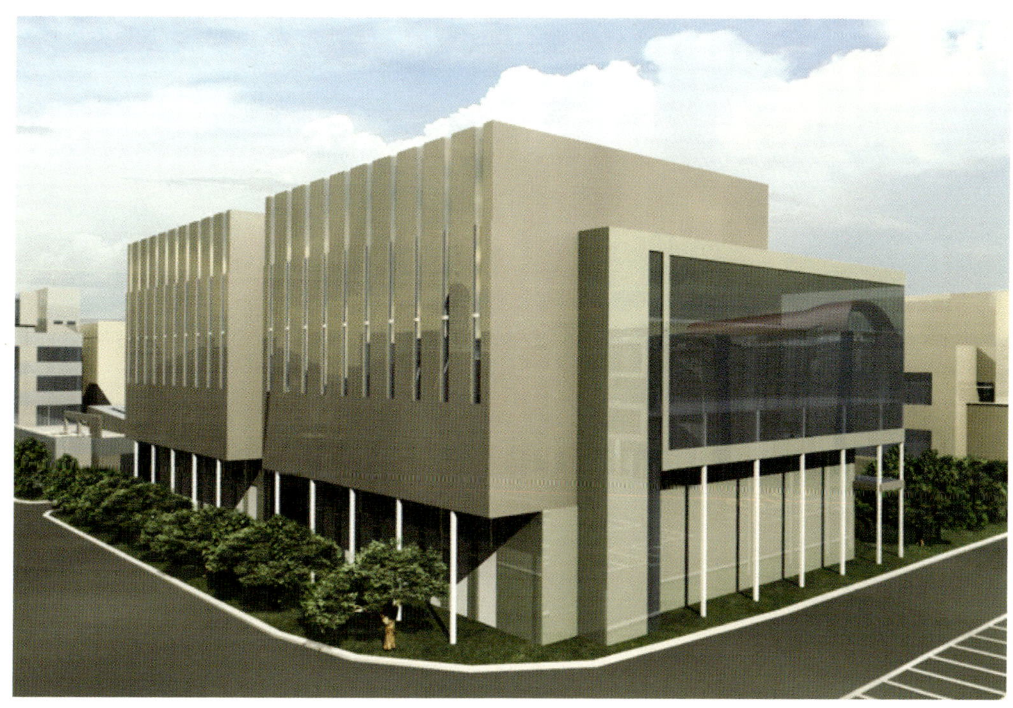

[그림 Ⅳ-28] ≪스튜디오 H≫ 조감도

③ 스튜디오 H 시설 개요

스튜디오 H 시설 개요는 다음과 같다.

[표 Ⅳ-25] 스튜디오 H의 시설 개요

구분	내용
사업기간	2012년
용도	미니시리즈, 대하드라마, 사극, 시대물, 대형 블록버스터 영화 등 제작에 사용하며 숙소, 대기실, 분장실, 의상실 등 제작 관련 시설로 사용
건축규모	스튜디오 층고 20m 및 관리시설 지상 4층
건축구조	철근 콘크리트
바닥면적	5,623㎡(1,700평)
연면적	7,642㎡(2,316평)

④ 스튜디오 H 건축 단면

스튜디오 H의 기본 단면 개념도는 다음과 같다.

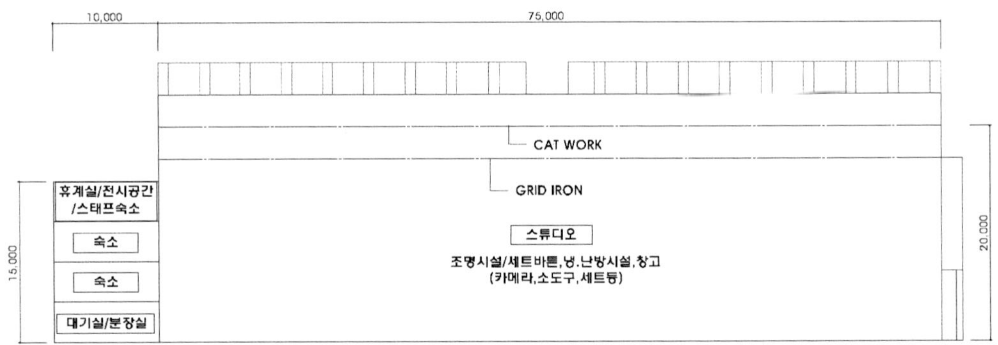

[그림 Ⅳ-29] ≪스튜디오 H≫ 단면도

⑤ 주요시설 목록

[표 Ⅳ-26] 스튜디오 H의 주요시설 목록

구분	규모	단위	수량	내용	비고
스튜디오 H	4,950㎡ (1,500평) 스튜디오	EA	1	미니시리즈, 대하드라마, 사극, 시대물, 대형 블록버스터 영화 등 제작	
스튜디오 H, I 내부시설 목록					
스튜디오 내부시설	조명시설, 세트 바튼(set bar-ten), 냉·난방시설, 창고(카메라, 소도구, 세트 등)				
스튜디오 H, I 관리시설 목록					
1층	화장실(남·여), 샤워실(남·여), 분장실(남·여), 의상실(남·여), 연기자 대기휴게실, 스태프 사무실 겸 회의실				
2층	스태프 숙소(남·여), 연기자 숙소(남·여)				
3층	스태프 숙소(남·여), 연기자 숙소(남·여)				
4층	관람동선, 전망 휴게실, 촬영 중인 프로그램 전시 공간, 화장실(남·여), 스태프 숙소(남·여), 연기자 숙소(남·여), 기념품점				

⑥ 스튜디오 I 개요

스튜디오 I는 4,950㎡(1,500평) 규모의 스튜디오로, 스튜디오 층고 20m, 연면적 7,642㎡ (2,316평) 규모로 조성된다. 스튜디오 H는 미니시리즈, 대하드라마, 사극, 시대물, 대형 블록버스터 영화, 외국 유치 영화 등 가장 큰 규모의 영상물 제작을 예상하고 있다.

조성시기는 2012년이며, ≪HD 드라마타운≫ 조성을 위한 2차 조성 기간에 속한다.

⑦ 스튜디오 I 조감도

다음 조감도는 스튜디오 I의 예시 안이다.

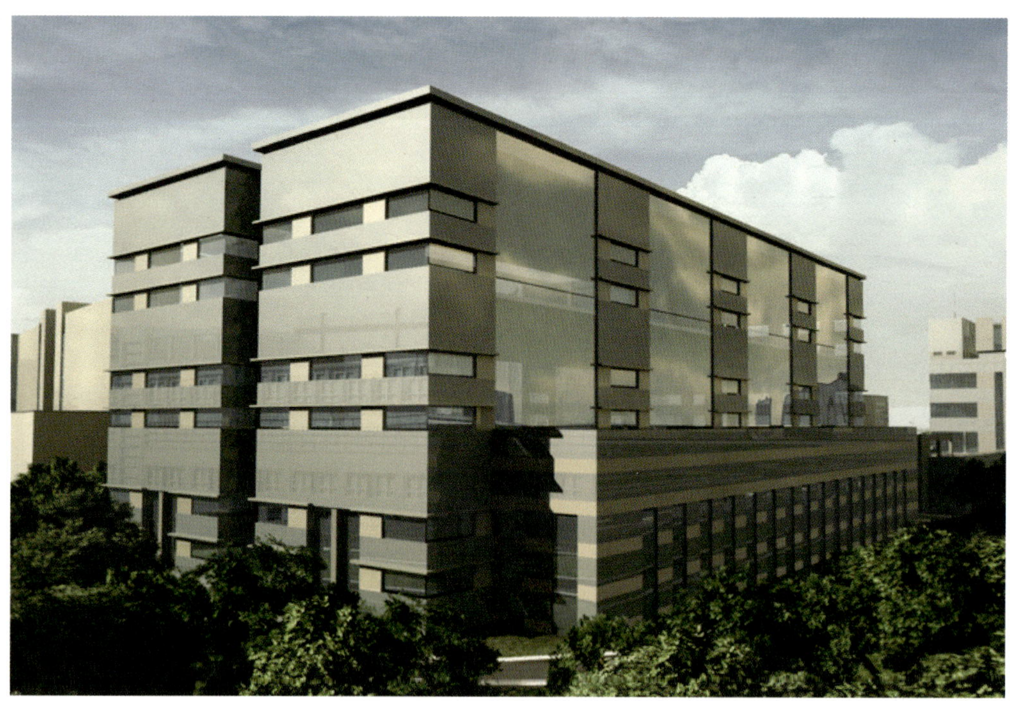

[그림 Ⅳ-30] 《스튜디오 I》 조감도

⑧ 스튜디오 I 시설 개요

스튜디오 I 각각의 시설 개요는 다음과 같다.

[표 Ⅳ-27] 스튜디오 I 각각의 시설 개요

구분	내용
사업기간	2012
용도	미니시리즈, 대하드라마, 사극, 시대물, 대형 블록버스터 영화 등 제작에 사용하며 숙소, 대기실, 분장실, 의상실 등 제작 관련 시설로 사용
건축규모	스튜디오 층고 20m 및 관리시설 지상 4층
건축구조	철근 콘크리트
바닥면적	5,623㎡(1,700평)
연면적	7,642㎡(2,316평)

⑨ 스튜디오 I 건축 단면

스튜디오 I의 기본 단면 개념도는 다음과 같다.

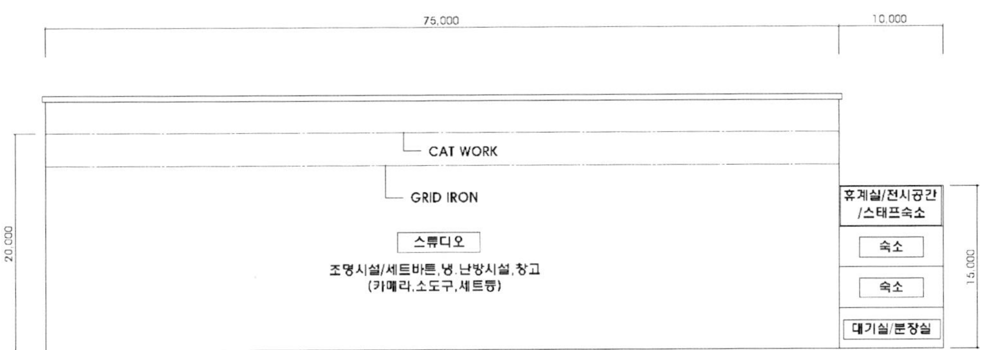

[그림 IV-31] ≪스튜디오 I≫ 단면도

⑩ 스튜디오 I 주요시설 목록

[표 IV-28] 스튜디오 H의 주요시설 목록

구분	규모	단위	수량	내용	비고
스튜디오 H	4,950㎡ (1,500평) 스튜디오	EA	1	미니시리즈, 대하드라마, 사극, 시대물, 대형 블록버스터 영화 등 제작	
				스튜디오 H, I 내부시설 목록	
스튜디오 내부시설	조명시설, 세트 바튼(set bar-ten), 냉·난방시설, 창고(카메라, 소도구, 세트 등)				
				스튜디오 H, I 관리시설 목록	
1층	화장실(남·여), 샤워실(남·여), 분장실(남·여), 의상실(남·여), 연기자 대기휴게실, 스태프 사무실 겸 회의실				
2층	스태프 숙소(남·여), 연기자 숙소(남·여)				
3층	스태프 숙소(남·여), 연기자 숙소(남·여)				
4층	관람 동선, 전망 휴게실, 촬영 중인 프로그램 전시 공간, 화장실(남·여), 스태프 숙소(남·여), 연기 자 숙소(남·여), 기념품점				

사. 전천후 스튜디오 J 세부 구성안

① 스튜디오 J 개요

스튜디오 J는 4,290㎡(1,300평) 규모의 스튜디오이며 연면적 6,970㎡(2,112평) 규모로 조성
된다. 스튜디오 J에서는 주로 미니시리즈, 일일연속극, 장르 영화 등의 제작을 예상하고 있
다. 스튜디오 J의 조성 시기는 2012년이다.

② 스튜디오 J 조감도

다음 조감도는 스튜디오 J의 예시 안이다.

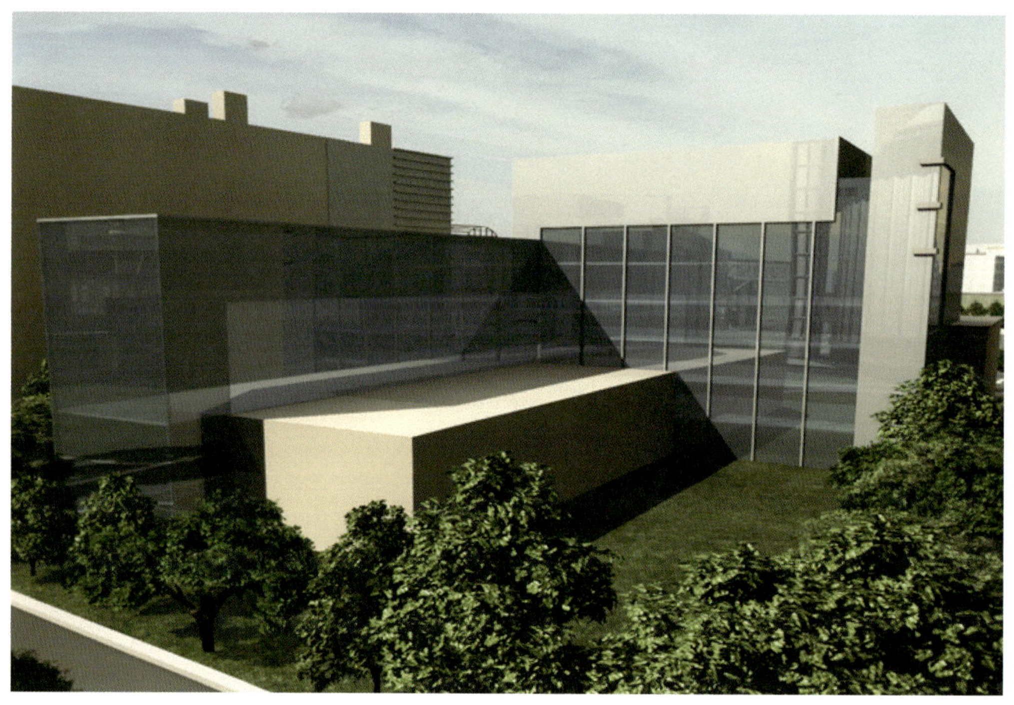

[그림 Ⅳ-32] ≪스튜디오 J≫ 조감도

③ 스튜디오 J 시설개요

[표 IV-29] 스튜디오 J의 시설 개요

구분	내용
사업기간	2012년
용도	미니시리즈, 일일연속극, 장르 영화 등의 제작 및 숙소, 대기실, 분장실, 의상실 등 제작 관련 시설로 사용
건축규모	스튜디오 층고 20m 및 관리시설 지상 4층
건축구조	철근 콘크리트
바닥면적	4,960㎡(1,500평)
연면적	6,970㎡(2,112평)

④ 스튜디오 J 건축 단면

다음은 스튜디오 J의 기본 단면 개념도이다.

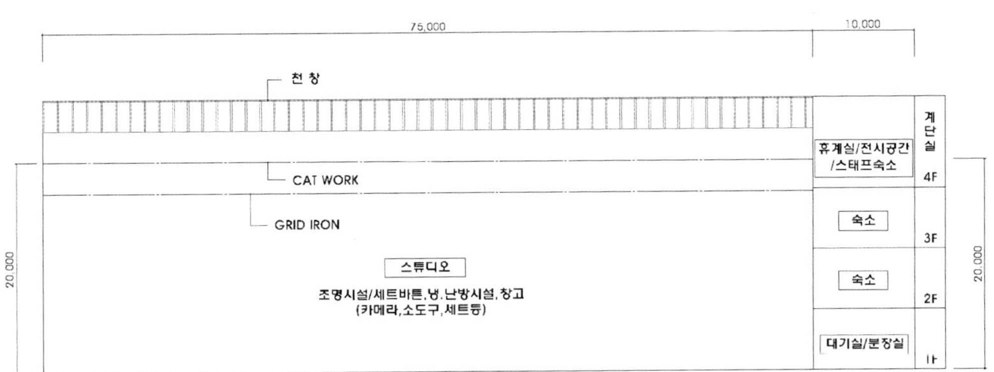

[그림 IV-33] ≪스튜디오 J≫ 단면도

⑤ 스튜디오 J 주요시설 목록

[표 Ⅳ-30] 스튜디오 J의 주요시설 목록

구분	규모	단위	수량	내용	비고
스튜디오 J	4,290㎡ (1,300평) 스튜디오	EA	1	미니시리즈, 일일연속극, 장르 영화 등 제작	
스튜디오 J 내부시설 목록					
스튜디오 내부시설	조명시설, 세트 바튼(set bar-ten), 냉·난방시설, 창고(카메라, 소도구, 세트 등)				
스튜디오 J 관리시설 목록					
1층	화장실(남·여), 샤워실(남·여), 분장실(남·여), 의상실(남·여), 연기자 대기휴게실, 스태프 사무실 겸 회의실				
2층	스태프 숙소(남·여), 연기자 숙소(남·여)				
3층	스태프 숙소(남·여), 연기자 숙소(남·여)				
4층	관람 동선, 전망 휴게실, 촬영 중인 프로그램 전시 공간, 화장실(남·여), 스태프 숙소(남·여), 연기자 숙소(남·여), 기념품점				

5) 특수시설 스튜디오 상세설계

가. 특수시설 스튜디오 개요

① 특수시설 스튜디오의 의의

특수시설 스튜디오는 많은 드라마, 영화 등에서 제작 시 필요로 하는 장소이지만 섭외가 쉽지 않거나 섭외 비용이 많이 드는 전문·특수시설을 선정하여 이를 고정된 세트로 갖추고 제작 시 활용할 수 있도록 조성되는 스튜디오이다.

기획단계에서 제작진들이 전문·특수시설 세트를 다양하게 활용할 수 있는 기획을 유도하기 위해 고정 세트의 필요성 제기에서 기인하였다. 이로써 다양한 소재의 활용이 가능하여 제작 유인책 기능을 할 수 있을 것으로 기대된다. 현재 국내에는 이렇듯 별도의 대규모로 조성되는 전문·특수 시설 촬영단지가 없는 상태이다.

② 특수시설 스튜디오의 전문·특수시설 세트

전문·특수시설 세트의 종류에는 병원(수술실, 응급실, 중환자실, 입원실 등), 항공기(내부, 조종석 등), 법정, 경찰서(유치장, 취조실 등), 연구소 실험시설, 구치소, 군부대(내무실, 벙커 등), 지하철(차량 내부, 플랫폼 등), 공항(탑승구, 출입국사무소 주변, 로비 등), 동굴, 수

중 시설, 선박(기관실, 항해실, 갑판 등), 국가시설(국회의사당, 청와대 등) 등이 있다.

또한 이러한 전문/특수시설 세트를 가변형 고정식 세트로 조성하여, 세트 자체는 특수 목적에 의해 고정되어 있지만, 작품의 성격에 따라 세트 인테리어 변화를 쉽고 저렴하게 기할 수 있도록 하여 작품마다 새롭게 활용 및 확대할 수 있는 기본적 구조를 갖추도록 한다. ≪HD 드라마타운≫에서는 항공기 내부(조정석, 객실 등) 공항 내부(탑승구, 출입국 사무소 주변, 로비 등), 병원(수술실, 응급실, 입원실, 중환자실 등), 법정시설, 연구소 실험실, 경찰서(유치장, 취조실) 등 수요가 많은 시설 위주로 조성하되 825㎡(250평)씩 10개를 차례대로 구축한다.

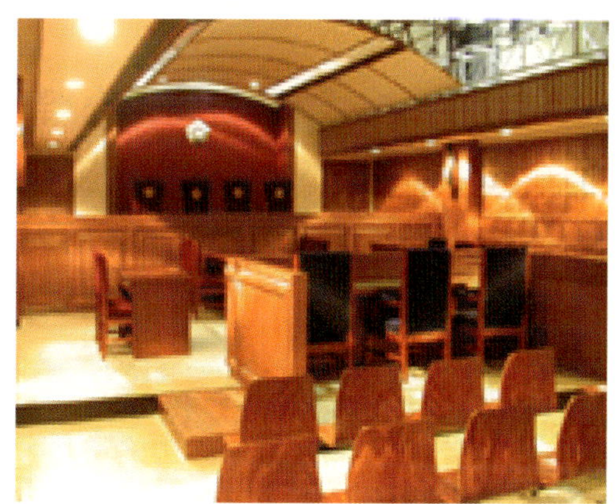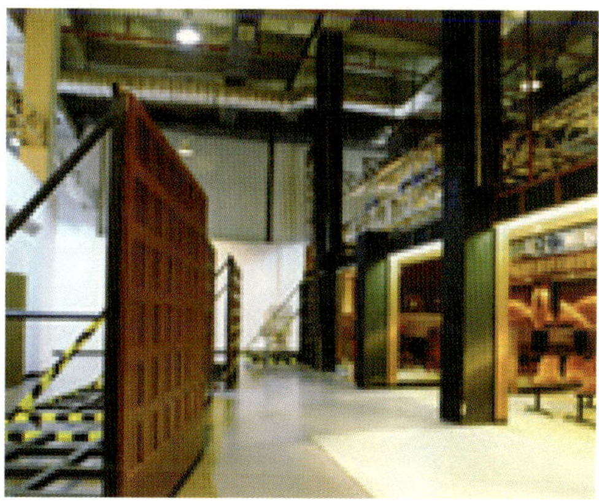

[그림 Ⅳ-34] 남양주종합촬영소 법정 세트의 예

나. 특수시설 스튜디오 세부 구성안

① 개요

특수시설 스튜디오 A, B는 총 8,250㎡(2,500평) 규모로 하나의 스튜디오 건물 안에 스튜디오 A(3,300㎡)와 스튜디오 B(4,950㎡)로 구획을 나누어 조성되며 스튜디오 층고 20m, 연면적 12,290㎡(3,724평) 규모로 조성된다.

특수시설 스튜디오는 병원 수술실 등 제작에 자주 활용되지만 섭외가 쉽지 않고 개별 제작물에서 세트로 조성하기엔 활용 대비 세트 제작비용이 많이 드는 전문시설을 ≪HD 드라마타운≫ 내에 고정 세트로 조성하여 제작에 활용하게 하는 시설이다. 스튜디오 조성 시기는 2012년부터 2013년이다.

② 조감도

다음 조감도는 특수시설 스튜디오 A, B의 예시 안이다.

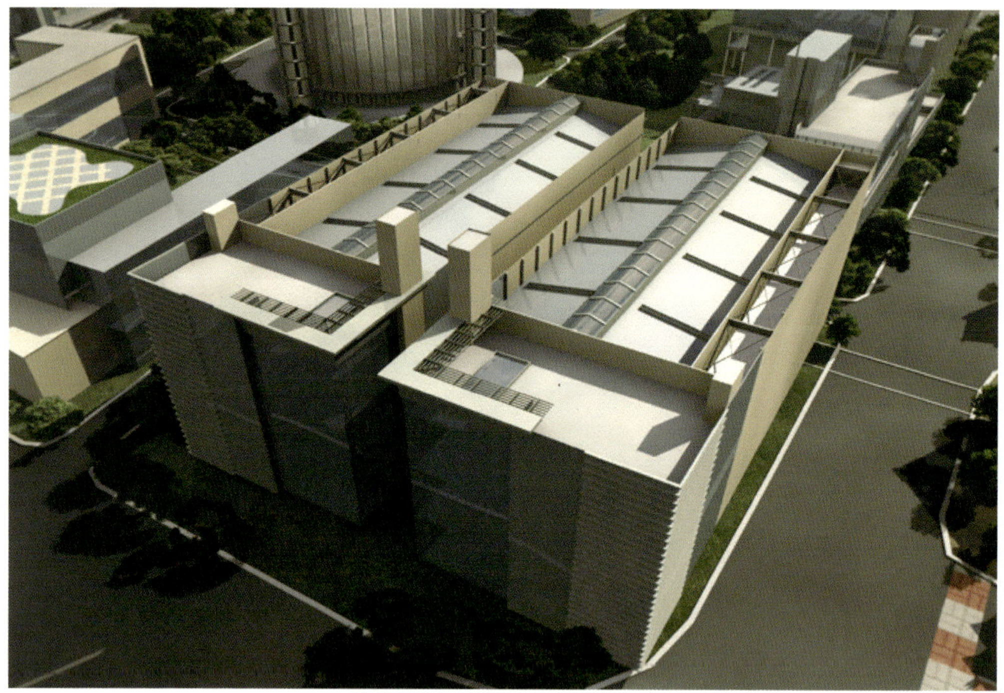

[그림 Ⅳ-35] ≪특수시설 스튜디오 A, B≫ 단면도

③ 시설 개요

특수시설 스튜디오의 시설 개요는 다음과 같다.

[표 Ⅳ-31] 특수시설 스튜디오의 시설 개요

구분	내용
사업기간	2012. 01.~2013. 12.
용도	병원, 항공기 등의 전문·특수시설을 선정하여 이를 고정된 세트로 갖추고 제작 시 활용하도록 함
건축규모	스튜디오 층고 20m 및 관리시설 지상 4층
건축구조	철근 콘크리트
바닥면적	9,260㎡(2,800평)
연면적	12,290㎡(3,724평)

④ 건축 단면

특수시설 스튜디오의 기본 단면 개념도는 다음과 같다.

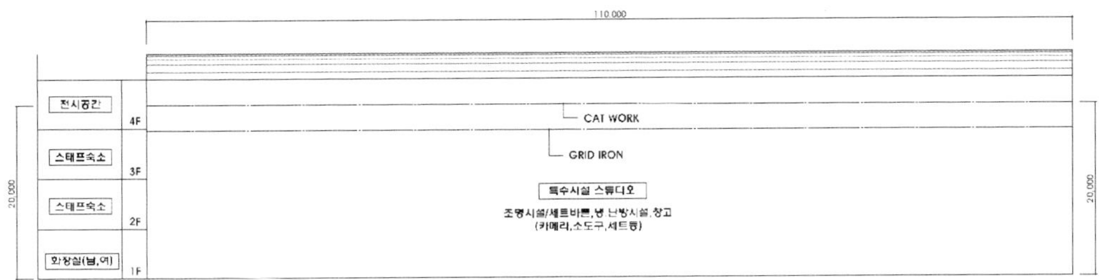

[그림 Ⅳ-36] ≪특수시설 스튜디오≫ 단면도

⑤ 주요시설 목록

[표 Ⅳ-32] 특수시설 스튜디오의 주요시설 목록

구분	규모	단위	수량	내용	비고
특수시설 스튜디오	8,250㎡ (2,500평) 스튜디오	EA	2	전문·특수시설을 선정하여 이를 고정된 세트로 갖추고 제작 시 활용	
특수시설 내부시설 목록					
스튜디오 내부시설	조명시설, 세트 바튼(set bar-ten), 냉·난방시설, 수중시설 창고(카메라, 소도구, 세트 등)				
특수시설 관리시설 목록					
1층	화장실(남·여), 샤워실(남·여), 분장실(남·여), 의상실(남·여), 연기자 대기휴게실, 스태프 사무실 겸 회의실				
2층	스태프 숙소(남·여), 연기자 숙소(남·여)				
3층	스태프 숙소(남·여), 연기자 숙소(남·여)				
4층	관람동선, 전망 휴게실, 촬영 중인 프로그램 전시 공간, 화장실(남·여), 스태프 숙소(남·여), 연기자 숙소(남·여), 기념품점				

6) 근대 세트 존 상세설계

가. 근대 세트 존 개요

① 근대 세트 존의 의의

근대 세트 존은 시대극 제작 시 야외 촬영에 활용될 수 있도록 20,889㎡(6,330평)의 공간 안에 일제강점기부터 60~70년대 말까지 시대상을 재현하는 공간이다.

② 근대 세트 존의 활용

근대 세트 존은 골목골목의 다양성을 확보하여 그 시대 상류, 중류, 하류층의 생활상을 입체적으로 표현하고, 특히 외부뿐만 아니라 근대 건축물의 내부를 동시에 촬영할 수 있도록 설계한다. 또한 근대물 촬영 목적만을 위한 순수 제작용도 건축물을 70% 비율로 조성하고, 쓰임새가 많은 시대적 부대시설(그 시대 호텔, 바 등)은 30% 비율로 조성하여 제작과 부대시설 이용을 동시에 할 수 있도록 한다.

즉, 제작용도 외에도 실제 영업과 관광 활용이 가능하도록 하여 그 활용도를 높이도록 하며, 이를 관광 서비스와 연계하도록 한다. 또한 제작물에 따라 외부 인테리어를 용이하게 변경할 수 있도록 가변형 고정 세트로 조성한다.

나. 근대 세트 존 세부 구성
① 개요

근대 세트 존은 20,889㎡(6,330평)의 규모로 조성되며, 구역을 시대별로 나누어 각각의 구역에 특정 시대를 가장 잘 표현할 수 있는 일반적인 장소를 정하여 구체적으로 재현하도록 한다.

근대 세트 존의 건축 기간은 2013년 1월부터 같은 해 12월까지이며, 이 시기는 ≪HD 드라마타운≫의 3차 조성 기간에 해당한다.

② 조감도

다음 조감도는 근대 세트 존의 예시 안이다.

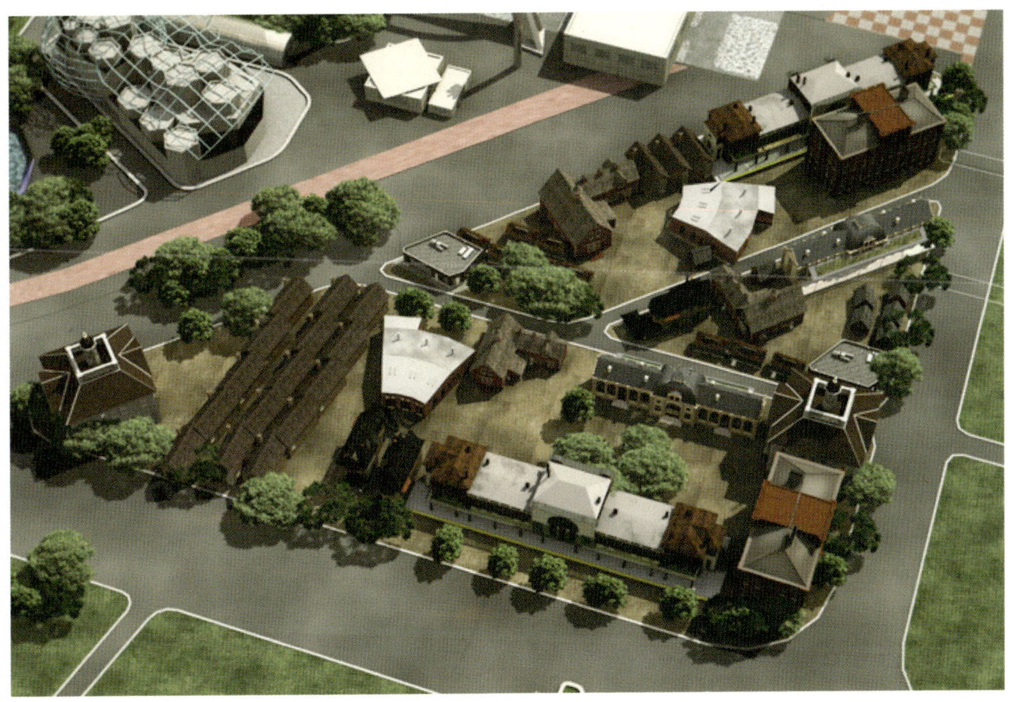

[그림 Ⅳ-37] ≪근대 세트 존≫ 조감도

③ 시설 개요

근대 세트 존의 시설 개요는 다음과 같다.

[표 Ⅳ-33] 근대 세트 존의 시설 개요

구분	내용
사업기간	2013. 01.~2013. 12.
용도	일제강점기부터 60~70년대 말까지 시대상을 재현
건축구조	가시설물
바닥면적	20,889㎡(6,330평)
연면적	8,250㎡(2,500평)

7) 현대거리 존 상세설계

가. 현대거리 존 개요
① 현대거리 존의 의의

현대거리 존은 대전엑스포과학공원의 전시관 및 그 주변 33,000㎡(10,000여 평)을 리모델링하여 현대물 거리 촬영 등에 활용할 수 있도록 하는 시설로써, 전천후 스튜디오와 근거리에서 야외 촬영이 가능하도록 하여 제작비 절감 효과를 기대할 수 있다.

② 현대거리 존의 활용

영화 및 드라마의 대본 성격에 따라 현대거리 존 공간을 리모델링하여 회사 건물, 학원, 오피스텔, 상가 등 다양한 형태로 사용할 수 있다.

이렇듯 프로그램 성격에 따라 새롭게 디자인하여 항시 살아 있는 공간으로 활용함으로써 기존의 야외 세트장이 가지고 있는 단점 중의 하나인 프로그램 종료 후의 급격한 관람객 감소와 새로운 프로그램의 유치 어려움을 극복할 수 있다. 또한 소규모 전시장, 체험·교육 공간 등의 상설 전시 공간을 현재 조성된 전시관 내부에 조성하여 그 활용도를 높이도록 한다.

시설 자체는 고정식 세트이지만 작품에 따라 외관을 다양하게 리모델링이 가능하도록 하며 카페, 건물 로비, 사무실, 버스정류장, 택시정류장, 포장마차, 놀이터 등 촬영에 자주 활용되는 시설의 경우는 상시 운영이 되도록 하여 내부 촬영에 별도의 실내 세트 없이 현대거리 존에서 동시에 촬영할 수 있도록 조성한다.

더불어 상시 운영되는 시설은 촬영이 없을 시 일반 관광객을 대상으로 수익을 올릴 수 있는 공간으로 적극 활용하고 인기 있는 장소는 다른 장소로 옮겨 상설상업공간으로 적극 활용하도록 한다.

나. 현대거리 존 세부 구성안
① 개요

현대거리 존은 33,000㎡(10,000여 평)의 규모로 조성되며, 기존 엑스포과학공원의 전시관 및 주변 시설물을 리모델링하여 촬영에 이용하도록 한다. 현대거리 존의 건축 기간은 2013년 1월부터 같은 해 12월까지이며, 이 시기는 영상재현 공연장과 현대거리 존이 건축되는 ≪HD 드라마타운≫의 3차 조성 기간에 해당한다.

② 조감도

다음은 현대거리 존의 조감도이다.

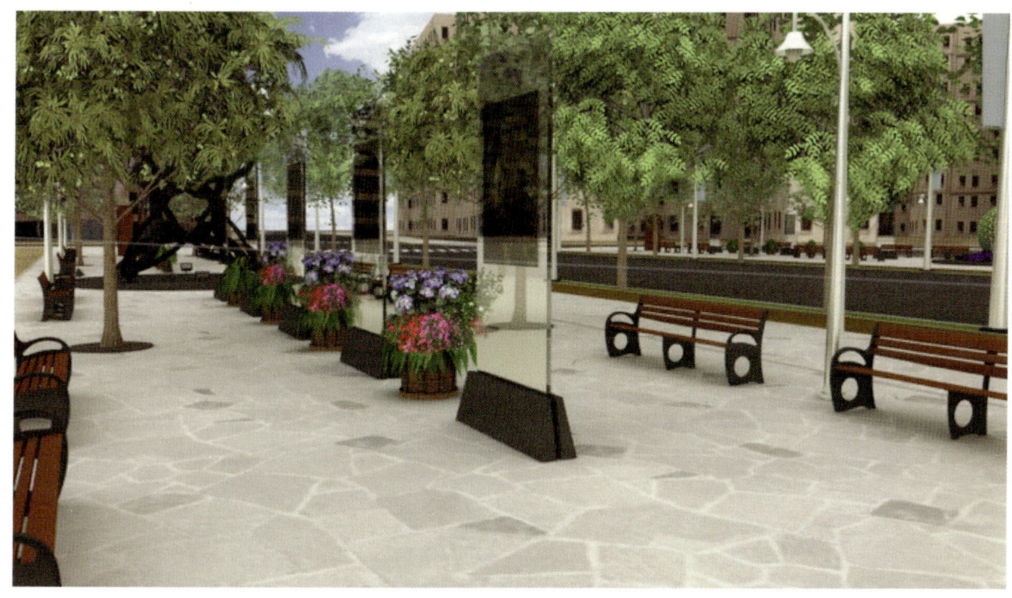

[그림 Ⅳ-38] ≪현대거리 존≫ 조감도

③ 시설 개요

현대거리 존의 시설 개요는 다음과 같다.

[표 Ⅳ-34] 현대거리 존의 시설 개요

구분	내용
사업기간	2013. 01.~12.
용도	영상물 제작 시 현대물 야외 촬영에 활용
건축구조	전시관 리모델링 등
바닥면적	33,000㎡(10,000평)
연면적	21,450㎡(6,500평)

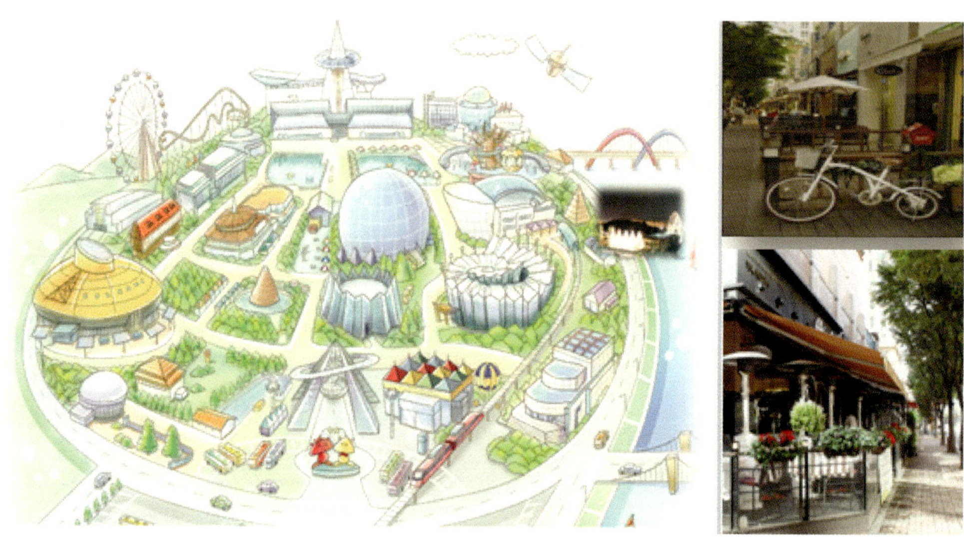

[그림 Ⅳ-39] 엑스포과학공원 한빛로를 중심으로 현대거리 조성의 예

8) 제작지원 센터 상세설계

가. 제작지원 센터 개요

① 제작지원 센터의 의의

제작지원 센터는 제작사 사무실, 편집실, 녹음실 등 각종 제작 관련 시설을 완비하여 기획부터 촬영, 편집에 이르기까지 모든 제작 과정이 ≪HD 드라마타운≫ 내에서 이루어질 수 있도록 관련 시설을 구비·운영하는 종합지원 센터이다. 제작지원센터는 기존 대전문화산업진흥지구 내 운영 중인 문화산업진흥원과 2010년 완공예정인 CT 센터의 기능을 충분히 활용하여 시너지 효과를 극대화하는 방향으로 추진하여 사업의 예산을 절감하는 효과가 있다.

② 제작지원 센터의 활용

실내 및 야외 촬영 시 부조기능을 위한 중계차, 강풍기, 강우기, 견인차, 특수촬영 카메라, 엑스트라, 교육시설과 연계한 인력 지원 등 전반적인 촬영과 관련된 장비 및 인력을 지원한다. 촬영서버 및 스토리지실, 편집실, 녹음실 등 제작 관련 시설의 관리 및 운영을 한다. 더불어 제작지원 센터 내에는 ≪HD 드라마타운≫ 내에서 운용될 인력 양성을 담당하는 소규모 교육시설 및 부대시설을 두어 운영하도록 한다.

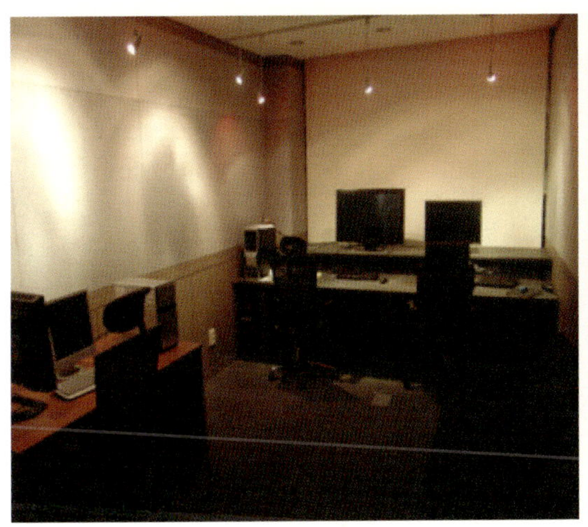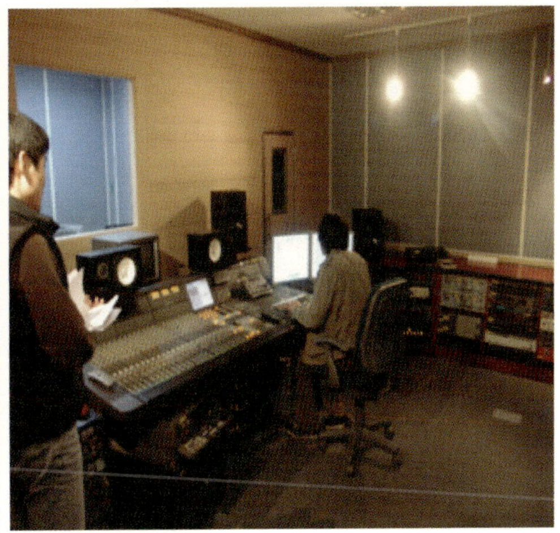

[그림 Ⅳ-40] 대전문화산업진흥원의 편집실, 음향녹음실

제작지원 센터와 연계하여 운영되는 ≪HD 드라마타운≫ 부대시설 중의 하나인 전체 관리동에서는 제작사 사무실, 촬영 스태프 및 출연진의 숙박시설 등 편의시설의 관리 및 운영을 맡는다. 전체 관리동은 전천후 스튜디오, 근대 세트, 현대거리 세트, 영상 특수효과 존, 그리고 지원센터 내 제작 관련 시설, 드라마 박물관 등 ≪HD 드라마타운≫ 내 모든 시설을 총 관리 운영한다.

≪HD 드라마타운≫ 부대시설에는 전체 관리동을 포함하여, 외주 입주사 사무실, 식당, 주차장 등이 포함된다. 또한 제작지원 센터 및 부대시설 내 갖춰져 있는 사무실, 회의실 등을 촬영 공간으로 복합 활용될 수 있도록 지원한다.

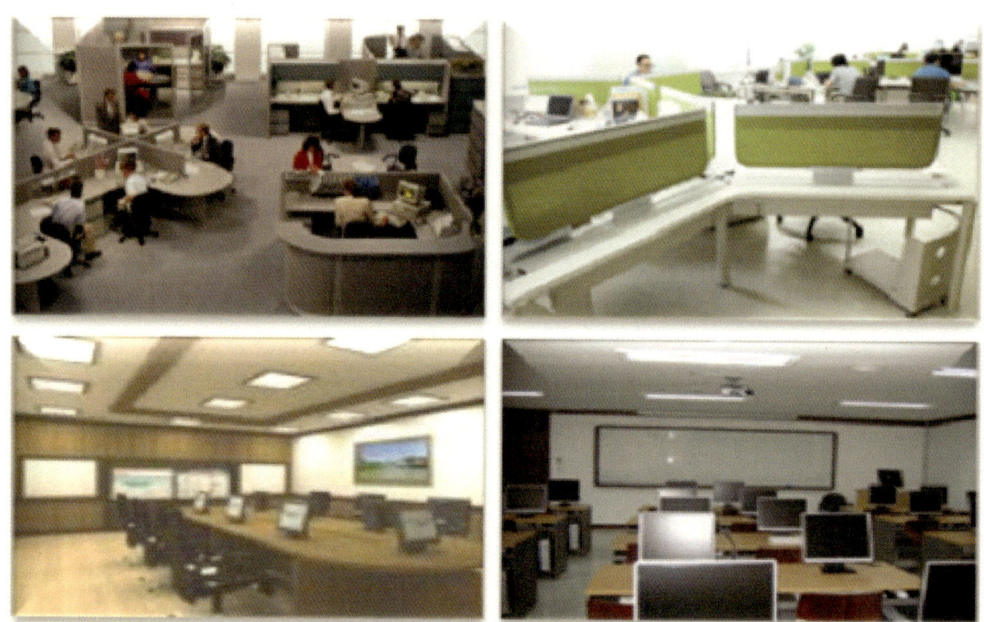

[그림 Ⅳ-41] 지원센터 내 사무실. 회의실 등 촬영 공간으로 복합 활용 예시

나. 제작지원 센터 세부 구성안

① 개요

제작지원 센터와 ≪HD 드라마타운≫ 부대시설은 연면적 24,087m²(7,300평)규모로 조성된다. 제작지원 센터 및 부대시설은 대전문화산업진흥원 건물, CT 센터 및 기존의 엑스포과학공원 내 건축물을 리모델링하여 사용할 것이며, 조성 시기는 2010년이다.

② 조감도

다음 조감도는 제작지원 센터의 예시 안이다.

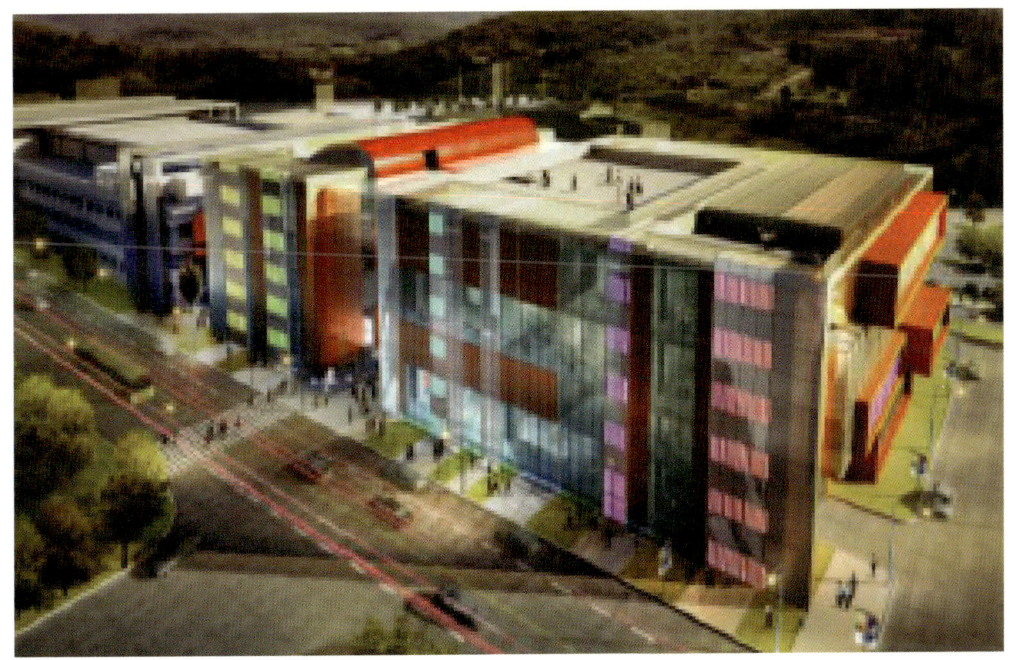

[그림 IV-42] ≪제작지원 센터≫ 조감도

③ 시설 개요

제작지원 센터 및 부대시설의 시설 개요는 **다음과 같다.**

[표 IV-35] 제작지원 센터 및 부대시설의 시설 개요

구분	내용
사업기간	2010년
용도	모든 제작 과정이 ≪HD 드라마타운≫ 내에서 이루어질 수 있도록 관련 시설을 구비·운영
건축규모	지하 2층 및 지상 4층
건축구조	철근 콘크리트
바닥면적	6,377㎡(1,932평)
연면적	24,087㎡(7,300평)

④ 건축 단면

제작지원 센터 및 부대시설의 기본 단면 개념도는 다음과 같다.

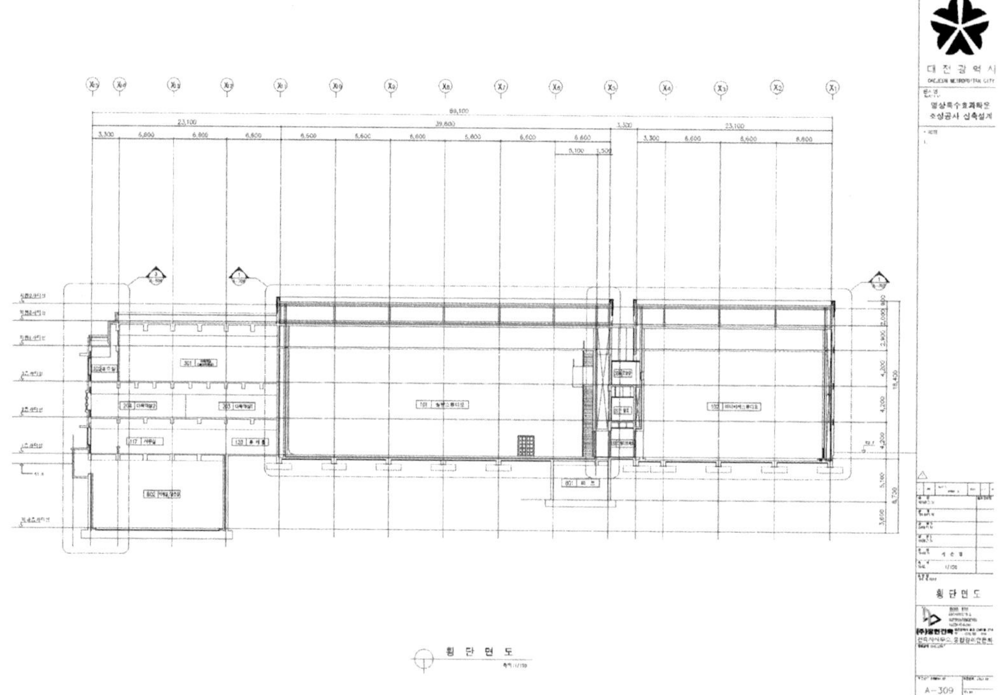

[그림 Ⅳ-43] 대전문화산업진흥원 횡단면도

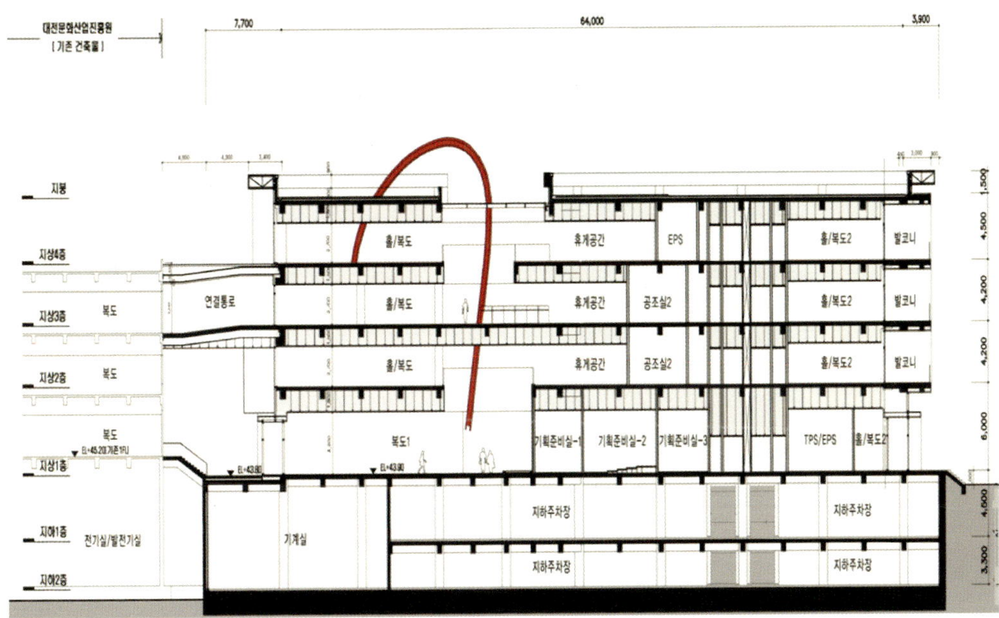

[그림 Ⅳ-44] 대전문화산업진흥원 CT 센터 단면도

⑤ 주요시설 목록

[표 Ⅳ-36] 제작지원 센터 및 부대시설의 주요시설 목록

구분	규모	단위	수량	내용	비고
제작지원 센터	연면적 17,163㎡ (5,200평)	EA	1	제작사 사무실, 편집실, 녹음실 등 각종 제작관련 시설 완비, HD 드라마타운 시설의 총괄적 운영 담당	
제작지원 센터 및 부대시설 목록					
지하 1, 2층	주차장				
1층	디지털영상전시관, 복합문화공간, 교육실, 접견 및 휴게실, 회의실, 식당, 화장실(남·여)				
2층	Pre-Visualization(제작기획)실, CG 제작실, 이미지 렌더링실, 3차원 스캐닝실, 가상캐릭터 제작실				
3층	제작사 사무실, 지원본부전, 휴게실, 공조실				
4층	전시실, 촬영소, 영상관, 휴게실, 공조실, 예비실				

9) 영상재현 공연장 상세설계

가. 관광연계 서비스 개요

① 제작현장 관람(Tracking) 서비스

관람객들이 영상물 제작 현장을 일정한 동선을 따라 안내요원의 동행하에 스튜디오 밖에 설치된 유리벽 등을 통해 직접 관람할 수 있도록 하는 서비스이다. 이를 통해 창출된 수익은 제작사의 스튜디오 사용 임대료 절감을 위해 사용되며, 더불어 관람객들에게 제작 영상물을 직접 홍보할 수 있는 역할 또한 할 수 있을 것으로 기대된다.

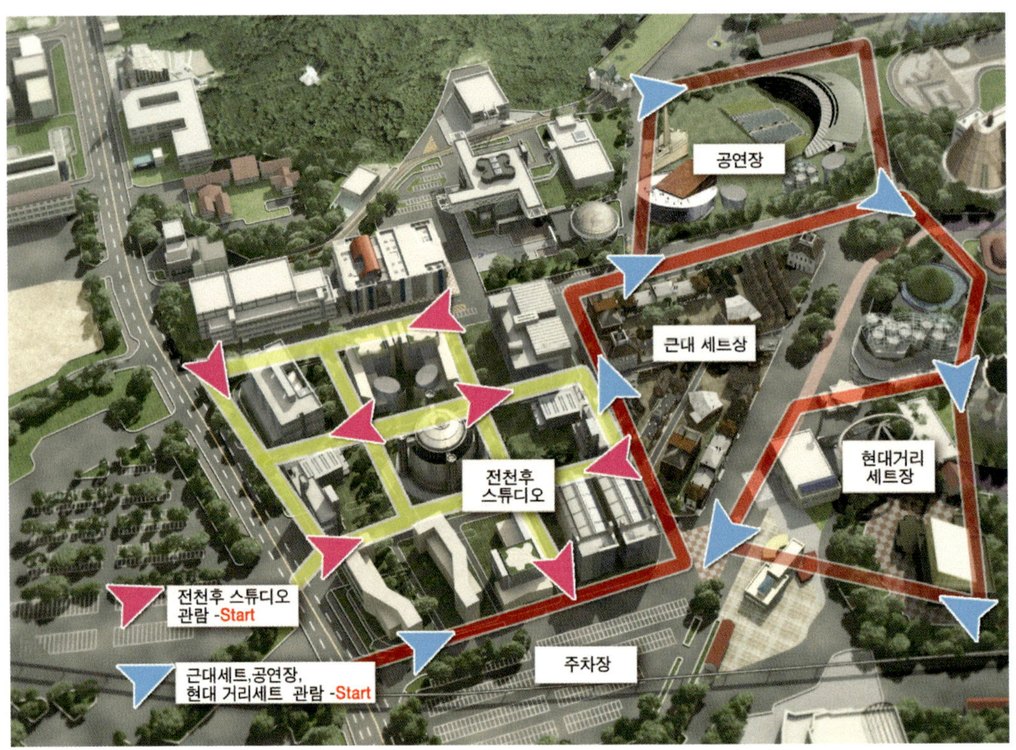

[그림 IV – 45] 제작현장 관람(Tracking) 서비스의 동선 예

② 영상재현·공연 관람 서비스

특수효과 등을 이용한 야외공연장(A, B)에서는 영화 및 드라마의 명장면을 재현 공연하여 일반 관람객에게 영상산업의 이해를 돕고 흥미를 유발할 수 있는 공간으로 활용한다.

또한 영상 관련 프로그램뿐만 아니라 뮤지컬, 연극, 무용, 인형극 및 공연콘서트, 가요프로그램 등을 기획, 제작할 수 있는 다목적 야외극장을 약 3,000석 규모로 별도 조성한다.

실제 방송프로그램의 녹화현장을 직접 볼 수 있는 공간으로서 영화, 드라마의 한류스타뿐만 아닌 가요계 한류스타의 공연을 직접 볼 수 있는 공간으로 활용한다.

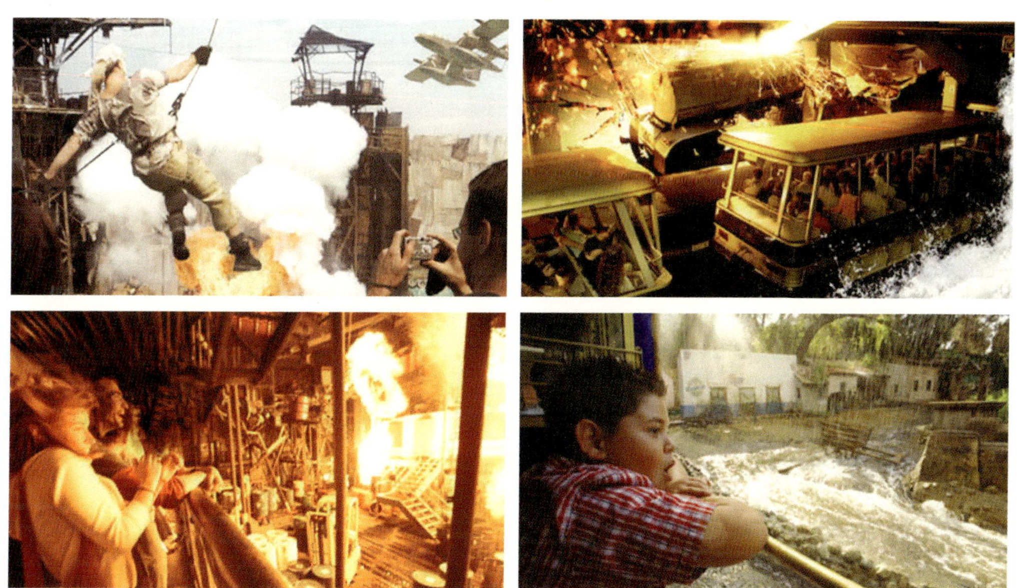

[그림 IV-46] 유니버설 스튜디오 영상재현 공연의 예

나. 영상재현 공연장 세부 구성안

① 개요

영상재현 공연장은 EXPO과학공원 내 자원재활용관 부지에 13,530㎡(4,100평)의 규모로 조성되며, 건축 기간은 2013년 1월부터 같은 해 8월까지이다. 이 시기는 영상재현 공연장과 현대거리 존이 건축되는 ≪HD 드라마타운≫의 2차 조성 기간에 해당한다.

② 조감도

다음 조감도는 영상재현 공연장의 예시 안이다.

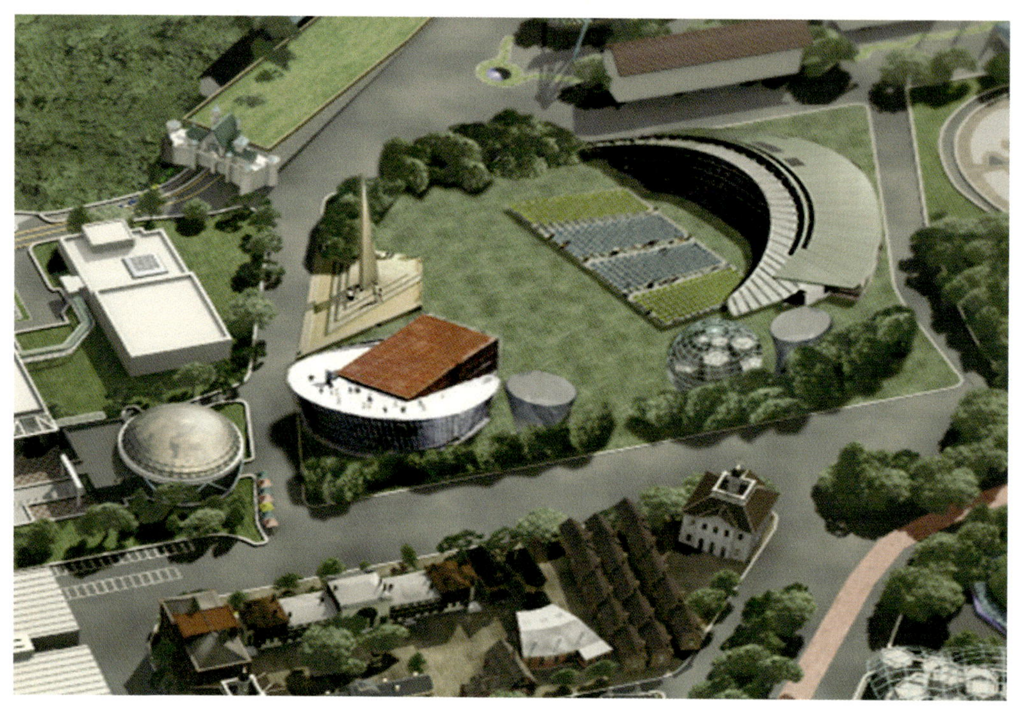

[그림 Ⅳ-47] 영상재현 공연장의 조감도

③ 시설 개요

영상재현 공연장의 시설 개요는 다음과 같다.

[표 Ⅳ-37] 영상재현 공연장의 시설 개요

구분	내용
사업기간	2013년
용도	관광과 연계된 공연 등
바닥면적	13,530㎡(4,100평)
연면적	8,250㎡(2,500평)

5. 조성 후 운영 안

1) 운영 조직 체계

≪HD 드라마타운≫의 운영은 대전광역시에서 토지를 무상임대하고, 문화체육관광부에서 국비를 지원하여 조성된다는 점을 고려하여 운영 조직을 설정해야 한다. 이에 대전광역시에서 ≪HD 드라마타운≫의 독립적인 운영 주체를 설립하여 위탁 운영하고 문화체육관광부는 ≪HD 드라마타운≫ 운영 의결 형태로 참여하는 방식을 제안한다.

향후 엑스포과학공원 부지 내 상업시설 유치 시 상업시설 운영 주체와 ≪HD 드라마타운≫ 운영 주체 간의 협의체를 구성하여 상호 협의 체제를 구축하여, ≪HD 드라마타운≫으로 인한 상업 시설의 추가 이익 발생 시 계약상 일정 부분을 시설 재투자 비용으로 활용하는 방안을 모색하도록 한다. ≪HD 드라마타운≫은 재방문 효과를 생성하는 숙박, 쇼핑몰, 식당 등 상업적 편의시설이 갖추어졌을 때 그 효과를 100% 이상 발휘할 수 있으므로 단지 인근 상업시설 유치에 대한 적극 노력이 요구된다.

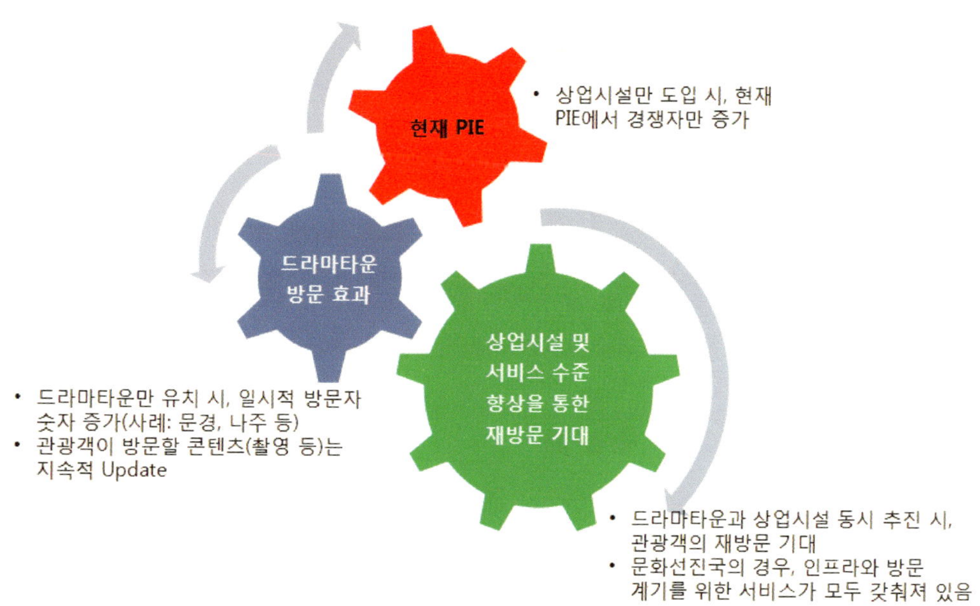

[그림 Ⅳ-48] ≪HD 드라마타운≫과 상업시설의 연계 효과

2) 대전 시내 시설 연계 방안

엑스포과학공원 내 현대거리 세트 존 근처에 조성될 'ADD국방체험관' 및 '교통체험관'의 경우 《HD 드라마타운》의 관광 서비스와의 연계를 통해 드라마 체험과 국방 및 교통 체험을 함께할 수 있는 서비스 구축하도록 한다. 《HD 드라마타운》의 운영 주체를 대전시에서 별도 설립하여 EXPO과학공원의 운영주체를 겸하게 된다면, 현대거리 세트 존과 'ADD국방체험관' 및 '교통체험관'의 시설 이용에 유연성을 보장할 수 있다.

또한 'ADD 국방체험관' 및 '교통체험관' 또한 국방 및 교통과 관련된 촬영시설로도 활용할 수 있다. 그리고 대전시 인근에 촬영장소로 활용 가능한 시설을 연계하여 사용할 수 있도록 한다. 제작단지가 활성화될 경우 대전광역시의 적극적인 협조를 받아 대전시 내외 전체를 드라마 제작 단지화를 할 수 있고, 향후 제작 단지 내에서 수용이 안 되는 제작물을 수주 시 《HD 드라마타운》에서 근거리에 있는 부지의 편입 계획을 수립할 수 있다. 《HD 드라마타운》 조성지역에서 20분 거리에 있는 성북동 종합관광 레저스포츠 단지 내 스튜디오 파크 7만 평을 1차적으로 활용 가능하다.

[표 IV-38] 성북동 종합관광 레저 스포츠단지 기본 현황

구분	내용
위치	대전광역시 유성구 방동 저수지 인근
사업기간	2008~2020
총 조성면적	151,515㎡(50만 평)
소요예산	7,003억 원(국비: 600, 시비: 1,403, 민자: 5,000)

그 이외에 대전 대덕구 장동 휴양림 부근 10만 평을 2차 확장 가능지로 계획할 수 있으며 충남도청 이전 시 도청을 근대사 박물관으로 구축하여 이를 촬영장소로 활용한다면 그 가치가 매우 우수할 것이다. 더불어 이전 예정인 대전북부소방서를 활용하여 특수 세트 용도의 소방서 촬영장소로 활용하면 현실감이 우수할 것으로 판단된다.

3) 《HD 드라마타운》의 공식적인 명칭 공모

현재의 《HD 드라마타운》이라는 가칭은 'HD'라는 고화질 영상방식을 앞에 내세워 새로

운 제작 단지의 필요성을 제시하고 있으나, 이미 HD가 일반화된 지 오래고 이후 UD급의 초고화질 영상방식이 상용화될 경우 의미 도태가 일어날 수 있다.

또한 '드라마'를 강조하여 다른 영상 콘텐츠 제작단지와의 차별성을 꾀하고 있으나 장기적으로 영화, 게임 등 영상 콘텐츠 전반을 아우르는 영상 제작단지가 되어야 한다는 점에서 미래지향적인 명칭의 공모가 요구되며 이를 통해 홍보 효과도 유도할 수 있다.

제5장

하이브리드 디지털 드라마 타운 조성에 필요한 항목

1) 총 사업비 항목

하이브리드 디지털 드라마타운 건립사업에 필요한 총사업비 항목을 정리해 보면 [표 V-1]
과 같다.

[표 V-1] ≪HD 드라마타운≫ 총사업비 항목

구분	비고
A. 공사비	
A-1. 건축공사	건축/기계/전기
A-2. 토목공사	토목
A-3. 조경공사	조경
B. 방송설비비	
B-1. 방송시스템	특수영상 시스템
B-2. 환경설비	음향, 인테리어, 공조, 소방, 조명
C. 부대비	
C-1. 건축공사	설계비, 감리비, 측량비 및 조사비, 시설부대비, 예술장식품 설치비, 교통영향평가비, 설계보상비
C-2. 방송설비비	부대비용
D. 용지 구입비	무상 임대 및 구입 방안
E. 예비비	(A+B+C+D)×10%
F. 사업추진비, 제세공과금	예비비로 반영
G. 총사업비	공사비+방송설비비+부대비+용지 구입비+예비비

2) 구축되어야 할 첨단영상기술 시스템 항목

가. 첨단 스튜디오

첨단 스튜디오는 실사 및 미니어처, 가상 캐릭터 등에 첨단 컴퓨터그래픽 관련 개발 기술을 활용하여 제작하며 영상의 무한 표현이 가능한 CG제작 스튜디오로 운영한다. 수요 콘텐츠에 대한 대덕연구단지 R&D 기술을 활용하며 특수 제작 및 개발에 필요한 특수 촬영 장비를 구축하여 운영한다.

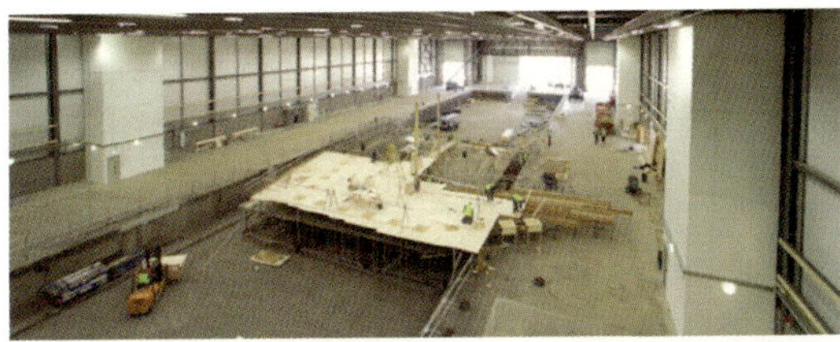

○ 활용: 대규모 군중 장면, 미니어처 합성, 폭파 장면 등, 배경 촬영 제작
○ 규모: 500평 규모, 25(m)×75(m)×20(m)

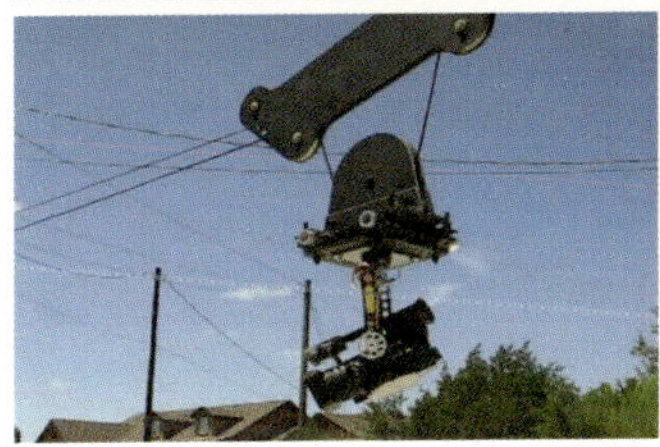

[케이블캠]

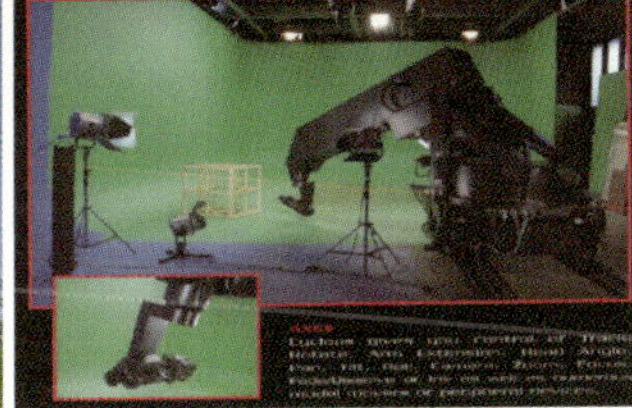

[모션컨트롤카메라]

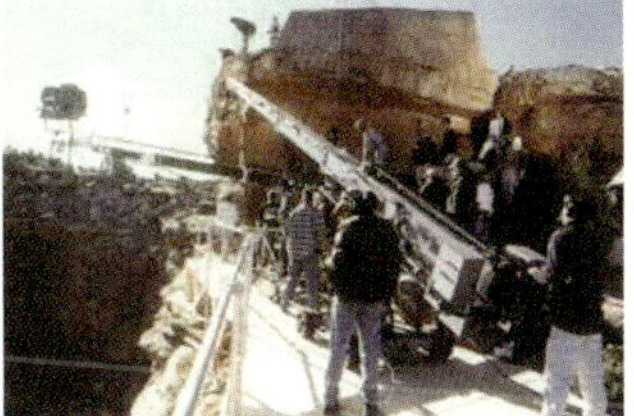

[테크노크레인]

관련 활용 연구 기술	· 실시간 재조명 기술: 조명 활용 시뮬레이션 기술 · 실시간 파편 시뮬레이션 기술: 사실적 폭파 장면 재현 · 로봇 제어 기술: 특수 촬영 장비의 자동화 기술 · 폭파 제어 기술: 사용자 요구형 폭파 장면 및 안정성 기술 · 유체 시뮬레이션: 용암, 홍수, 해일 표현의 사실적 CG 기술

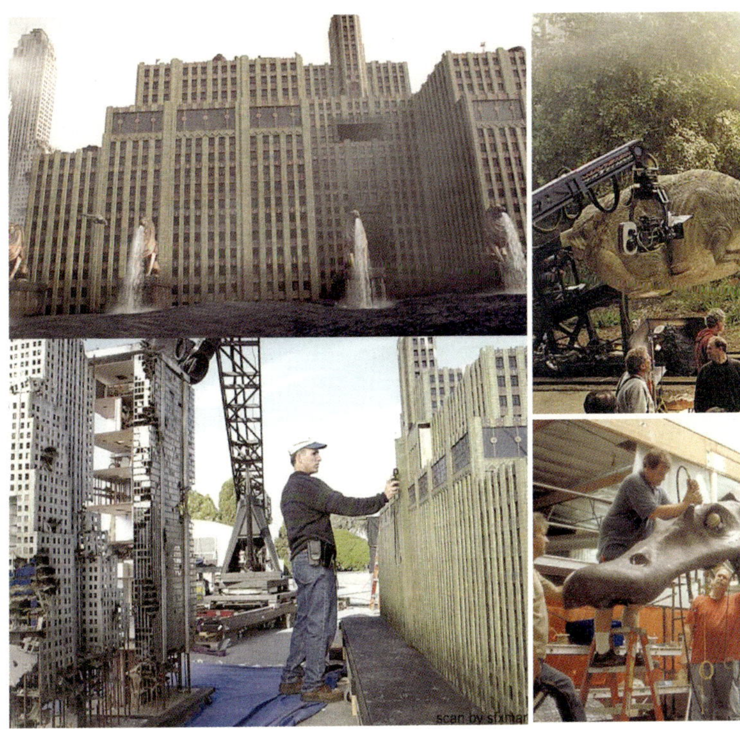

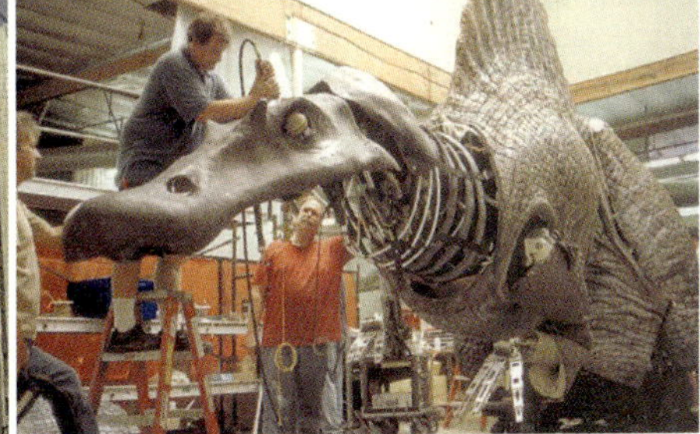

[그림 Ⅴ-1] CG Studio E

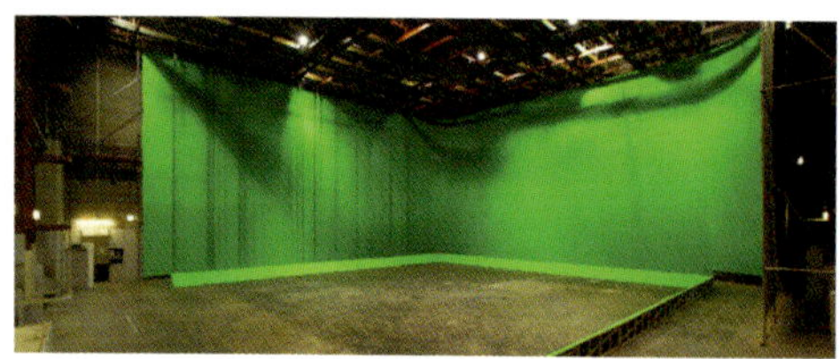

○ 활용: 가상(CG) 캐릭터, 실사 배우 합성 등, 피사체 중심 촬영제작

○ 규모: 500평 규모, 40(m)×50(m)×20(m)

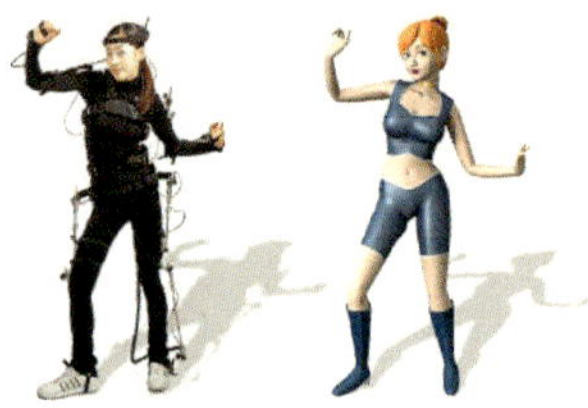

[모션캡처 시스템]

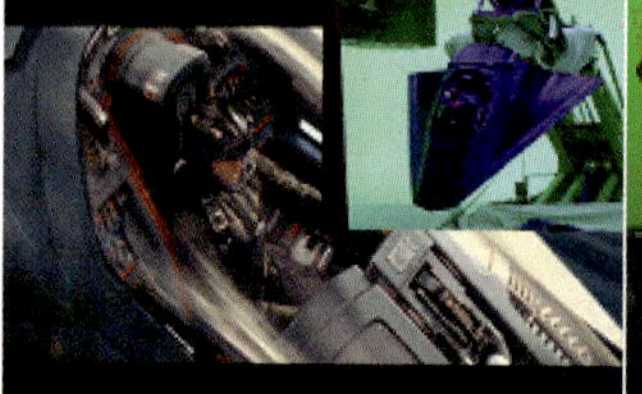

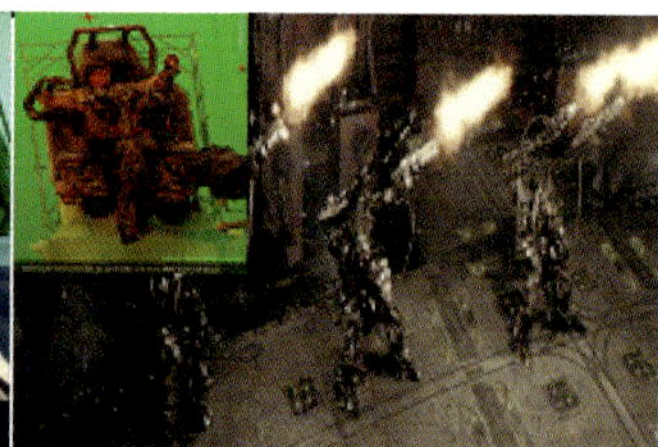

[모션 시뮬레이터]

관련 활용 연구 기술	· 디지털 액터 기술: 가상 캐릭터의 사실적 동작 기술 개발
	· 디지털 시뮬레이션 기술: 동물의 털 등 사실적 표현 기술
	· 디지털 크리처 기술: 몬스터 등 가상 동물의 동작 기술 개발
	· 로봇 디자인 기술: 캐릭터의 사실적인 표현 기술

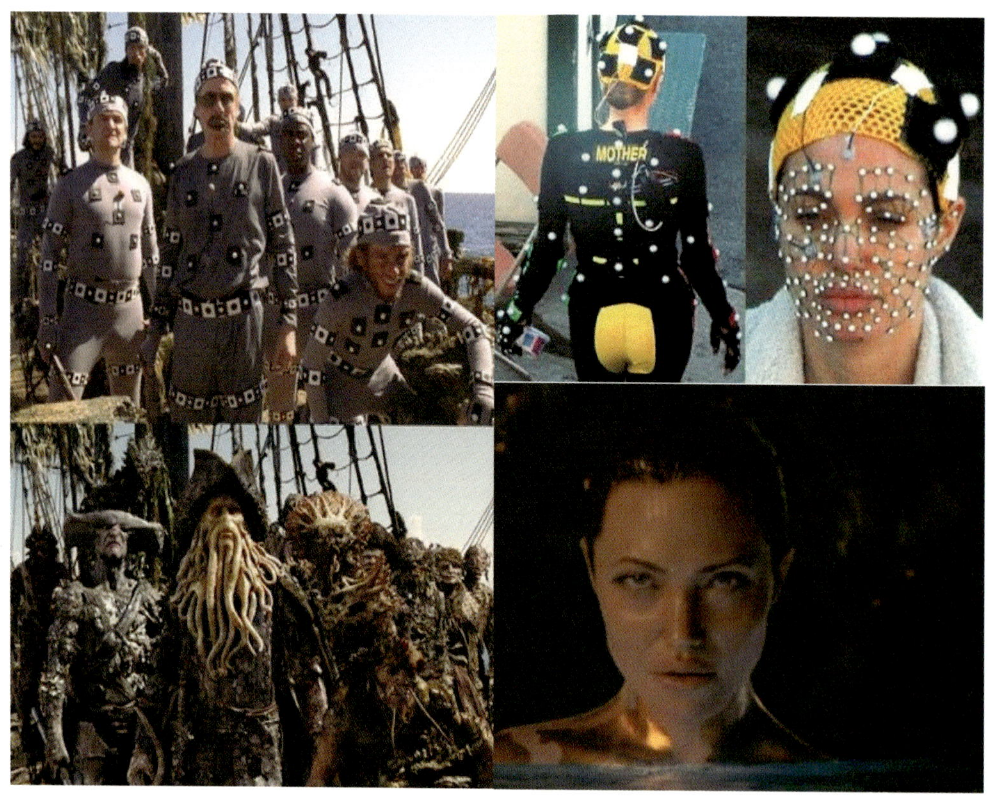

[그림 Ⅴ-2] CG Studio F

[표 Ⅴ-2] 첨단영상기술 장비 현황

장비명	정의 및 용도
모션컨트롤 카메라 (MCC)	동일한 카메라 움직임을 무한 반복할 수 있는 기계 제어 촬영 장치 [고정형 및 이동형 MCC]
테크노 크레인	고도(21m) 촬영 및 대규모 군중장면을 합성하기 위한 특수 촬영 장비 [테크노 크레인인]
3D 스캐너	실물을 기반으로 고품질 모델링 데이터를 생성하는 장치 [3차원 스캐닝 작업]
이동용 합성 스크린	외부 로케이션 특수촬영 시에 야외에 설치될 이동용 영상합성용 블루 스크린 세트 및 옵션 세트 [이동용 무대 조명장치 세트 참조 자료]

장비명	정의 및 용도
모델 무버	소품 등을 기계적인 장치로 원하는 움직임을 제어, 합성용 영상을 생성하는 시스템 [3축 및 6축 연동 모델무버 샘플]
(3차원)Pre Visualization	이미지와 오디오를 이용한 시나리오 및 스토리보드*를 시각화하여 장소헌팅과 소품결정, 특수효과의 실행 가능성 작성하는 시스템 [영화 "매트릭스"의 (3차원)Pre Visualization]
CG 이미지 생성 시스템	2차원적 이미지(사진) 등을 활용하여 3차원적인 얼굴 모델링데이터를 생성하는 시스템 [이미지기반 모델 생성 과정 예]
페이스 로봇	가상 캐릭터의 얼굴 부분의 생성 및 표정동작을 제작하는 시스템 [페이스 로봇]

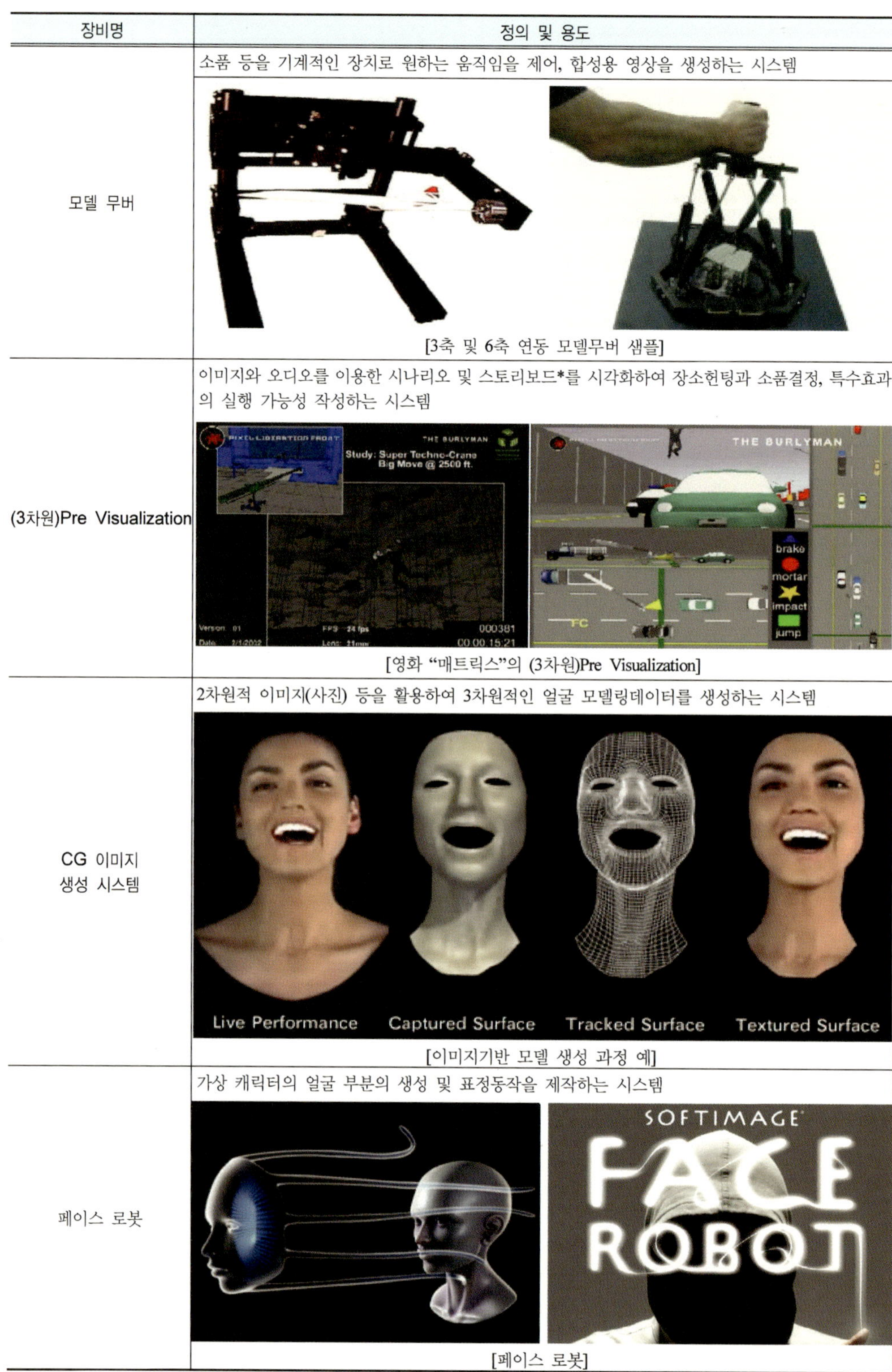

장비명	용도 및 활용	
모션캡처 시스템	용도	자연스런 동작을 구현하는 가상캐릭터를 만들기 위하여 동작데이터를 생성하는 시스템
	활용	[모션캡처 시스템: 각종 애니메이션 및 영화, 게임 등]
스튜디오 전용 버티컬 캠 장치	용도	추락 장면 등. 빠른 속도로 움직이는 사물을 촬영하기 위한 특수 장치 ※ 실내 스튜디오 합성전용으로 개조 설계
	활용	[영화 <스파이더맨>과 <배트맨>에 사용된 예]
스튜디오 전용 케이블 캠 장치	용도	촬영용 카메라의 3차원적인 다양한 동작을 생성할 수 있는 천장고정형 특수 장치 ※ 실내 스튜디오 합성전용으로 개조 설계
	활용	[영화 <중천>과 <반헬싱>에 사용된 예]
짐벌	용도	액터가 탑승하는 기계장치로 움직이는 비행기 조종석, 우주선 등 합성 촬영 등에 활용
	활용	[영화 <스텔스>와 <매트릭스>에 사용된 예]

[표 Ⅴ-3] 첨단영상기술 장비

장비명		기능
E 스튜디오	짐벌(Gimbal)	-기본 시설 구조 및 6연축(이상)장치 세트 -동작 제어장치 -와이어 시설 1세트
	모델 무버	-3차원 소품 제어 장치 세트 -기본 시설 구조 세트
	버티컬 캠 장치	-시설 구조 설치 및 카메라거치대 -무선 카메라 헤드 -속도 및 키프레임 제어장치
	케이블 캠 장치	-시설 구조 설치 및 카메라거치대 -무선 카메라 헤드 -속도 및 키프레임 제어장치
	모션컨트롤 카메라	-합성 촬영을 위한 정밀 기계 제어 장치 -스튜디오 천정 고정형 및 이동형 각 1세트
	테크노 크레인	-21m 이상의 고도촬영을 위한 카메라장치
	보조 시설	-작업 고소대, 운반 차량 등
	이동용 합성 스크린	-대형 블루 스크린 차단막 1조 -백색 반사막 1조
F 스튜디오	모션캡처 시스템	-광학식 디지털 모션캡처용 카메라 20대 -관련 운영 S/W 및 H/W
	3차원 스캐너	-하드웨어 & 스프트웨어 세트 1조
	Pre Visualization	-운영 소프트웨어 및 컴퓨터 세트 1조
	CG 제작 시스템	-CG 제작용 S/W(2D, 3D) -렌더링 전용 S/W -Face Robot 및 이미지 생성 시스템 1세트
총계		

※ 스토리보드: 영상 등의 제작 시 구성원(배우, 스태프)들의 역할과 진행 등 주요장면을 간단하게 그림 형식으로 제작한 보드형식의 스토리라인

나. HD 중계차(1EA)

① 시스템 개요

HD 중계차는 HD EFP Camera 5 Set, Video Switcher System, VCR, 자막기 등 Full HD 시스템으로 구성하여 전천후 스튜디오에서 부조시스템 대용으로 다목적으로 활용할 수 있도록 구축한다.

② 주요 구성장비

[표 Ⅴ-4] 주요 구성장비

구분	주요 구성장비
카메라 외	· HD COLOR VIDEO CAMERA EFP: 5Set · FUJINON HDTV Zoom Lens: 5Set · Zoom Servo, Focus Manual Remote: 5Set · Tripods System: 5Set · 각종 마이크 세트
조정실	· Video Switcher System 1식 · DIGITAL VCR SYSTEM 3Set · Routing Switcher System 1식 · Interface System 1식 · Monitors 1식 · Sync Quality Check System 1식 · QUALITY CHECK SYSTEM 1식 · Video Tally System 1식 · Audio Mixing Console 1식 · AUDIO EQUIPMENT 1식 · PATCH SYSTEM 1식 · Intercom System 1식 · CLOCK 1식 · MICROPHONE SYSTEM 1식 · CABLES & OTHERS 1식
차량	· 9톤 초장축 골드

제6장

하이브리드 디지털 드라마 단지를 통한 편익

1. 하이브리드 디지털 드라마 단지 편익 추정 개요
2. 시설 이용에 따라 발생하는 편익

1. 하이브리드 디지털 드라마 단지 편익 추정 개요

하이브리드 디지털 드라마 단지의 조성 및 운영을 통해 창출되는 편익은 사업으로 인해 창출되는 재화 및 사회적 부가가치의 합으로 측정할 수 있으며 다음과 같은 편익이 발생한다.

① ≪HD 드라마타운≫ 내 각종 시설의 이용에서 편익이 발생할 수 있다.

② ≪HD 드라마타운≫ 자체를 관광코스로 개발하여 촬영현장과 드라마타운에서 촬영된 영상 콘텐츠를 공연으로 재현하여 관광 서비스 편익이 발생될 수 있다.

③ ≪HD 드라마타운≫ 내에 집적된 전천후촬영장, 특수 세트, 오픈 세트, 특수촬영 세트 촬영과 편집, 초고속망을 통한 자료전송, 숙박, 숙식 등 One Stop 시스템으로 제작비용 감소 효과가 발생된다.

④ ≪HD 드라마타운≫에서 제작된 HD급 방송 콘텐츠를 시청함으로써 유료방송 시청자의 만족도가 증가할 수 있다.

[표 Ⅵ-1] ≪HD 드라마타운≫ 건립사업의 경제적 편익산정 방법

편익유형분		추정 방법
편익 1	제작지원 서비스	드라마타운 내 각종 시설 이용에서 편익 발생
편익 2	관광 서비스	드라마타운 자체를 관광코스로 개발하여 편익 발생
편익 3	집적을 통한 비용절감	One Stop 시스템으로 제작비용 감소 편익 발생
편익 4	시청자 후생증가	HD급 방송 콘텐츠를 시청함으로써 발생하는 만족도로 경제이론에 근거하여 시청자 후생을 평가
총 편익		편익 1, 2, 3, 4 합으로 산정

2. 시설 이용에 따라 발생하는 편익

1) 하이브리드 디지털 드라마 단지 제작지원 서비스

하이브리드 디지털 드라마 단지에서 제공되는 '제작지원 서비스'는 '스튜디오/촬영 존 임대', '스태프를 위한 숙식', '미술제작 지원', '특수영상 촬영장비 지원', '비즈니스실 임대'로 나눌 수 있다.

[표 Ⅵ-2] 하이브리드 디지털 드라마 단지 제공 서비스 목록

유 형	내 용
제작지원 서비스	전천후 스튜디오 및 촬영 존 임대 서비스
	제작 스태프 전용 숙박식 서비스
	미술제작 지원 서비스
	특수영상 촬영장비 지원 서비스

2) 하이브리드 디지털 드라마 단지 제공 서비스 별 추정 편익

가. 전천후 스튜디오 및 근대・현대 촬영 존 '전천후 스튜디오 및 근대・현대 촬영 존' 임대료는 부산 영상위원회 및 대전문화산업진흥원의 임대료9) 단가의 평균을 적용해 평당 가격을 뽑아낸 후 추정하였다. 추정된 '전천후 스튜디오 및 근대・현대 촬영 존'의 규모별 임대가격은 다음의 [표 Ⅵ-3]과 같다.

---

9) 현재 부산 영상위원회 스튜디오의 임대료는 1일 기준으로 250평・330,000원, 500평・770,000원이고 대전문화산업진흥원 스튜디오는 350평・550,000원으로 서울 및 수도권 지역 스튜디오 임대료의 50~60% 수준이다.

[표 Ⅵ-3] ≪디지털 콘텐츠 제작단지≫ 스튜디오 단가표

(단위: 원)

유형(A)	평당 가격(B)	임대가(A)×(B)
전천후 스튜디오: 500평		976,500
전천후 스튜디오: 1,000평		1,953,000
전천후 스튜디오: 1,300평		2,538,900
전천후 스튜디오: 1,500평		2,929,500
특수시설스튜디오 A: 1,000평	1,953	3,284,400
특수시설스튜디오 B: 1,500평		6,412,400
근대 세트 존: 2,500평		3,910,000
현대거리 존: 10,000평		15,640,000
CG촬영스튜디오: 500평		3,128,000

'전천후 스튜디오 및 근대·현대 촬영 존' 매출은 각 스튜디오별 임대료 단가에 연간 가동률을 곱해서 추정하였다. 가동률은 80%로 일괄 적용하였다. '전천후 스튜디오 및 근대·현대 촬영 존'의 총 매출은 15,385,246,400원으로 추정된다.

[표 Ⅵ-4] 전천후 스튜디오 및 근대·현대촬영 존 추정 매출

(단위: 원)

구분	규격	개수	단가1)	일	가동률	추정 매출액
전천후 스튜디오: 500평	실	1	976,500	365	80%	285,138,000
전천후 스튜디오: 1,000평	실	4	1,953,000	365	80%	2,281,104,000
전천후 스튜디오: 1,300평	실	1	2,538,900	365	80%	741,358,800
전천후 스튜디오: 1,500평	실	2	2,929,500	365	80%	1,710,828,000
특수시설스튜디오 A: 1,000평	실	1	3,284,400	365	80%	959,044,800
특수시설스튜디오 B: 1,500평	실	1	6,412,400	365	80%	1,872,420,800
CG촬영스튜디오: 500평	실	2	3,128,000	365	80%	1,826,752,000
근대 세트 존: 2,500평	실	1	3,910,000	365	80%	1,141,720,000
현대거리 존: 10,000평	실	1	15,640,000	365	80%	4,566,880,000
소계						15,385,246,400

나. 제작 스태프 전용 숙식 서비스

제작 스태프 전용 숙식 서비스 매출은 숙박과 식대로 나누어 추정하였다.

숙박은 호텔 수준의 서비스를 제공함을 원칙으로 12개의 스튜디오별 25실을 기준으로 1박 30,000원을 기준으로 설정하였다. 식대는 스튜디오별 제작팀 평균 인원인 50명을 기준으로 하였다. 가동률은 스튜디오 임대료 때와 같이 80%이다. 이를 통해 추정된 매출액은 5,256,000천 원이다.

[표 VI-5] 제작팀을 위한 숙박시설 매출액 추정

(단위: 원)

구분	스튜디오	규격(실/명)	단가	일	식	가동률	추정 매출액
숙박	12	25	30,000	365	1	80%	2,628,000,000
식대	12	50	5,000	365	3	80%	2,628,000,000
소계							5,256,000,000

다. 미술제작 지원 서비스

[표 VI-6] 미술제작 연계 서비스 매출 추정 근거

구분	장르	추정단가(원)	단가 추정 근거	추정 편수(편/1년)
미술제작	영화	1,000,000,000	영화 <쌍화점> 기준 (6개월, 1,000,000,000)	4편
	드라마	43,500,000	− 16부작 현대극 미니시리즈 편당제작비: 2,300,000 − 50부작 사극 <자명고> 편당 제작비: 6,400,000 → 추정단가는 현대극과 사극의 편당 제작 비 평균 적용	24편

미술제작 지원 매출액 추정 기준은 기존 제작된 드라마와 영화의 실제 미술제작비를 통해
산정하였다.

[표 VI-7] 미술제작 지원 서비스 매출

(단위: 원)

구분	스튜디오	규격(일/편수)	단가	가동률	추정 매출액
미술제작	2	4	1,000,000,000	80%	3,200,000,000
	10	24	43,500,000	80%	16,704,000,000
소계					19,904,000,000

3) 하이브리드 디지털 드라마 단지 관광 서비스 편익

'관광 서비스'는 제공 서비스의 내용을 기준으로 '제작현장 관람(tracking)'과 '영상재현공
연 관람'으로 구분할 수 있지만, 통합된 요금을 징수하기 때문에 매출 추정에서는 하나의 요
소로 파악할 것이다. 하이브리드 디지털 드라마 단지 관광은 제작현장 관람(tracking)과 영상

재현공연 관람 서비스로 구성된다. 관람객들은 입장료를 지불한 후 두 서비스를 한꺼번에 즐길 수 있다.

　매출액 추정을 위한 방문객 수는 대전엑스포과학공원의 3년간(2006~2008) 입장객 수의 평균에서 연평균 증가율 2.5%를 적용하였다. 이에 따르면 하이브리드 디지털 드라마 단지 관광 서비스가 시작되는 2013년을 기준 예상 방문객 수는 1,167,513명이 된다.

　[표 Ⅵ-9]는 하이브리드 디지털 드라마 단지 관광 서비스 입장객 수와 비슷한 규모의 테마관광지 현황으로, 평균 객단가가 13,800원 수준이 2013년 하이브리드 디지털 드라마 단지 관광 서비스가 시작되는 시기를 감안하여 객단가를 14,000원 수준으로 책정하였다. 이를 통해 추정된 매출액은 16,345,182천 원이다.

[표 Ⅵ-8] 테마 관광지 객단가 현황

구분	대전동물원	서울랜드	한국민속촌	통도환타지아
객단가(원)	8,800	20,291	14,028	12,175
입장객 수(만 명)	120만 명	187만 명	140명	75만 명
기준년도	2007	2006	2006	2006

4) 하이브리드 디지털 드라마 단지 제공 서비스 총 매출

　지금까지 서비스별 매출액을 통해 합산한 총 매출은 사업 첫 시행연도를 기준으로 60,824,770천 원이 추정된다.

[표 Ⅵ-9] 하이브리드 디지털 드라마 단지 추정 매출액

(단위: 천 원)

구분	세부서비스	추정 매출액
임대 서비스	스튜디오 및 촬영존	15,385,246
	비지니스실	528,000
제작지원 서비스	제작진 숙박실 서비스	5,256,000
	미술제작 서비스	19,904,000
	장비지원 서비스	2,628,000
관광 서비스	Tracking+영상재현공연 서비스	17,123,524
소계		60,824,770

5) 집적화를 통한 비용절감 편익

제작사는 하이브리드 디지털 드라마 단지의 **One Stop** 서비스를 통해 제작 시간 및 이동시간 단축으로 제작비 절감 효과를 기대할 수 있다.

[표 Ⅵ-10] 제작 시간 절감 효과

구분		현 제작환경	드라마타운 서비스	절감시간/편
평균 제작 시간	CF	10일	10일	0
	영화	10개월	8개월~9개월	1개월~2개월
	드라마	6개월	4개월~4.5개월	1.5개월~2개월
	정보, 오락, 다큐멘터리	80일	70일	10일

위의 [표 Ⅵ-11]는 하이브리드 디지털 드라마 단지의 주요 수요자로 예상되는 영화, 드라마 제작사에게 매우 큰 편익을 줌을 확인할 수 있다. 드라마 및 영화는 다른 영상물과 비교해 대부분의 작품이 6개월을 넘는 장기 프로젝트이며, 현재는 야외촬영을 위해 여러 장소를 이동하며 촬영함으로써 실제 제작 시간보다 장소이동과 준비시간이 훨씬 많이 소요되고 있다.

이러한 현 상황 속에서 하이브리드 디지털 드라마 단지는 한 장소에서 거의 이동 없이 365일 24시간 촬영힐 수 있는 여건을 제공해 줄 수 있기 때문에, 이에 따른 제작 시간 절감 효과가 크다. 또한 전국에 산재되어 있는 세트장과 2시간 이내의 거리를 유지하고 있어서 촬영의 베이스캠프 역할에 충분하다. 또한 제작 시간 절감은 자연스럽게 비용 절감 효과를 불러일으키게 된다.

따라서 이러한 영화 · 드라마 제작사의 제작비 절감효과를 추정하기 위해 몇 가지 점들을 전제10)하고, 이를 통해 제작비를 다음 [표 Ⅵ-12]와 같이 절감할 수 있다.

---

10) 제작비 절감 효과를 추정하기 위한 전제는 다음과 같다. 교양물 · 오락물 · 다큐멘터리 등은 제작 규모나 편수의 편차가 심하여 본 분석에 제외하였다.

> 1. 제작 가능한 영화 편수: 스튜디오 당 2개씩, 2개 스튜디오를 활용하는 것을 가정하여 연간 4편 수급을 전제로 한다
> 2. 제작 가능한 드라마 편수: 스튜디오 당 2개씩, 10개 스튜디오를 활용하는 것을 가정하여 연간 20편(1편=48화 기준, 1주일 촬영 시 2화 제작) 수급을 전제로 한다.
> 3. 편당 제작비는 제작기간을 6개월로 가정해 영화는 1개월에 10억 원, 드라마는 5억 원으로 환산해 추정한다.

[표 Ⅵ-11] ≪HD 드라마타운≫을 통한 제작사 편익-제작비 절감

항목		설립 전	설립 후	편익/연
제작비 절감 효과	영화	240억 원[11]	200억 원	40억 원 (10억 원/제작사 당)
	드라마	600억 원2[12]	400억 원	200억 원 (10억 원/제작사 당)
	소계			240억 원

영화·드라마 제작사의 제작비 절감 효과는 적게는 연간 240억 원에 이른다. 이를 본 사업의 기간(30년)으로 환산할 경우 7,200억 원에 이른다. 편익 산정 시 최대 비용절감에 적정 가동률 80%를 적용하여 연간 190억 원의 제작비 절감 효과가 발생된다.

6) 유료방송 시청자의 화질개선으로 인한 후생증가

유료방송 시청자 측면에서 발생하는 편익을 추정하기 위해서는 기존 아날로그 방송에서 HD급 고품위 디지털 방송으로 전환되었을 때 발생할 수 있는 시청자 편익을 검토함과 동시에 그러한 편익 중에서 하이브리드 디지털 드라마 단지와 관련 있는 편익만을 구분해야 한다.

유승훈·변상규(2007)는 디지털 방송으로 전환되었을 때 발생할 수 있는 편익의 종류와 한 가구당 편익의 크기를 [표 Ⅶ-12]과 같이 정리하고 있다. 연구 방법론으로는 진술선호기법(Stated Preference Mehod)의 하나인 컨조인트 분석(Conjoint Analysis)을 적용하였다.

유승훈·변상규(2007)의 연구에 의하면 편익 중 고화질로의 화질개선에 월 6,361원의 지불의사가 있음을 알 수 있다. 이는 고화질로의 화질개선의 편익이라 할 수 있다.

[표 Ⅵ-12] 디지털 방송 전환에 따른 시청자 편익의 종류와 지불가격

편익의 종류	지불의사 가격	t-값	신뢰구간
고화질로의 화질개선	6,361원	3.79	3,957~9,939원
채널 수의 증가	84원	2.04	18~163원
일반 상거래	7,330원	2.92	3,514~12,260원
금융 거래	733원	0.26	-3,777~5,948원
주문형 비디오 서비스	20,222원	4.49	14,503~30,428원
온라인 게임	11,501원	3.92	7,628~18,018원

---

11) 1개월에 편당 10억 원으로 제작비용을 잡고, 6개월로 환산한 후 적용

12) 1개월에 편당 5억 원으로 제작비용을 잡고, 6개월로 환산한 후 적용(1편=48화)

[표 Ⅵ-12]에 제시된 편익 중에서 하이브리드 디지털 드라마 단지와 관련이 있는 편익은 고화질로의 화질개선 편익이라고 볼 수 있다. 즉, 하이브리드 디지털 드라마 단지가 없을 경우 기존의 아날로그 형식으로 제작하여 방송함에 따라 시청자는 일반화질의 프로그램을 시청하겠지만, 하이브리드 디지털 드라마 단지를 건립할 경우 HD급의 고화질 드라마 제작이 가능해지므로 시청자들이 고화질·고품위의 드라마를 시청할 수 있게 되어 편익이 발생하기 때문이다.

한편 [표 Ⅵ-12]에 제시된 편익 가운데 고화질로의 화질개선을 제외한 나머지 편익들은 하이브리드 디지털 드라마 단지와 직접적인 관련이 없다. 채널 수 증가는 아날로그 방송에서 디지털 방송으로 전환됨에 따라 가용채널 수가 증가하는 것으로 디지털 방송 콘텐츠 클러스터와는 관련이 없으며 이외의 편익들도 동일한 맥락에서 판단할 수 있다.

고화질로의 화질개선에 따른 유료방송 시청자 측면의 편익을 계산하기 위해서는 보다 많은 자료의 보완이 필요하다. 위 연구결과는 수도권에 거주하고 있는 가구를 대상으로 하여 모든 채널이 아날로그방송에서 디지털 방송으로 전환되었을 때의 월평균 소비자 편익을 분석한 것이다.

따라서 화질개선에 따른 소비자 지불의사 값인 6,361원 이외에도 해당 채널 수와 시청점유율, 개월 수, 유로방송가입 가구 수, 그리고 수도권과 비수도권 간의 소득차이를 감안한 지불의사 값의 조정과 유료방송 중 드라마 장르의 비율, 유료 방송 중 드라마 시청률, 전체 드라마 제작에서 하이브리드 디지털 드라마 단지 제작비율 등의 조정이 필요하다.

고화질로의 화질개선 편익인 6,361원은 한 가구에서 시청하는 모든 채널에 대한 값이므로, 전체 편익에 해당하는 드라마 장르의 비율과 드라마의 시청률의 정보가 필요하다 본 연구에서는 한국방송 영상진흥원의 『TV 프로그램 시청률 백서』(2003, 2004, 2005) 자료를 근거로 산출하였다.

또한 고화질로의 화질개선 편익이 발생하기 위해서는 HD급 방송을 시청할 수 있는 디지털 TV가 보급되어야 한다. 방송통신위원회에 따르면 2008년의 보급률은 41%에 달하고 있는데, 대국민홍보, 저소득층 지원 등 디지털 전환 정책의 추진에 따라 2012년에 95%를 달성할 것으로 전망한다. 본 분석에서는 디지털 TV 보급률이 2015년에 100%에 도달할 것이라고 가정한다. 2013년~2042년간 1개 일반 PP 시청률과 디지털 TV 보급률을 [표 Ⅵ-13]에 제시하였다.

[**표 VI-13**] 2013년~2042년간 1개 일반 PP 시청률 및 디지털 TV 보급률

연도	1개 일반 PP 시청률	디지털 TV 보급률	연도	1개 일반 PP 시청률	디지털 TV 보급률
2013년	0.0063	0.95	2028년	0.0070	1.00
2014년	0.0063	0.95	2029년	0.0071	1.00
2015년	0.0064	1.00	2030년	0.0071	1.00
2016년	0.0064	1.00	2031년	0.0072	1.00
2017년	0.0065	1.00	2032년	0.0072	1.00
2018년	0.0065	1.00	2033년	0.0072	1.00
2019년	0.0066	1.00	2034년	0.0073	1.00
2020년	0.0066	1.00	2035년	0.0073	1.00
2021년	0.0067	1.00	2036년	0.0073	1.00
2022년	0.0067	1.00	2037년	0.0074	1.00
2023년	0.0068	1.00	2038년	0.0074	1.00
2024년	0.0068	1.00	2039년	0.0074	1.00
2025년	0.0069	1.00	2040년	0.0075	1.00
2026년	0.0069	1.00	2041년	0.0075	1.00
2027년	0.0070	1.00	2042년	0.0075	1.00

그로 인해 발생하는 시청자 편익의 계산 과정은 [표 VI-15]와 같이 요약할 수 있다.

[**표 VI-14**] 화질개선의 시청자 측면 편익계산을 위한 자료와 자료값

속성	결과 값	결과 값 계산과정 및 자료출처
고화질로의 화질개선	6,828.72원	·컨조인트 분석, 유승훈·변상규(2007) ·소비자 물가지수를 사용하여 2008년 12월 기준으로 변환
개월	12개월	
유료방송 가입자 수	17,211,586(가구)	·2008년 방송산업 실태조사보고서(2009) ·수도권 가입자: 8,085,077명 ·非 **수도권** 가입자: 9,126,509명
수도권 비수도권 화질개선 편익조정	1.048587	·수도권과 비수도권 1인당 GRDP를 이용(수도권 평균 17.025,533원, 비수도권 평균 18,585,592원) ·1인당 GRDP 비율(수도권 1, 비수도권 1.091631)에 각각 가입자 수를 가중평균 ·통계청, 지역 내 총생산과 지출(각 연도) ·통계청, 시군구별 주민등록 수
유료방송 중 드라마 비율	0.18	·2002년 14%, 2003년 20%, 2004년 19%의 평균 [<TV 프로그램 시청률 백서>(2003, 2004, 2005, 한국방송 영상진흥원)]
유료방송 중 드라마 시청률	0.14	·2002년 19%, 2003년 12.9%, 2004년 10.5%의 평균 [<TV 프로그램 시청률 백서>(2003, 2004, 2005, 한국방송 영상진흥원)]
전체 드라마 제작 중 하이브리드 디지털 드라마 단지가 차지하는 비율	0.3	·전체 드라마 제작 물량에서 하이브리드 디지털 드라마 단지가 차지하는 비율을 30%로 산정 [<경제위기 극복을 위한 킬러드라마 제작환경개선방안>(2009 김영덕)]
드라마타운 가동률	0.16~0.8	·2011년에는 전체 20%, 2012년 60%, 최고 가동률을 80%로 산정
디지털 TV 보급률	0.95~1.0	·2015년에 100%에 도달한다고 가정

결 론

디지털 제작 단지는 조성과 함께 운영 방안에 대해서도 검토가 필요하다.

디지털 제작 단지 스튜디오와 촬영장비 및 후반 작업 시설 등 초기투자비용이 큰 제작 인프라를 공공영역에서 건립한 후 저렴하게 임대 및 운영하면 제작비절감을 통한 방송 콘텐츠 경쟁력 향상에 기여할 수 있고, HD 콘텐츠의 양·질적으로 디지털 방송 집적단지를 적극 활용하게 되면 제작비 절감을 통한 '드라마 품질 향상'에 크게 기여할 수 있는 디지털 방송 제작 인프라이다.

따라서 디지털 방송 집적단지에서 중점적으로 제작 지원하는 드라마의 경우, 한류생산의 거점기지로 대전이미지 세계화 및 국가이미지 제고에도 크게 기여할 수 있다. 그렇기 때문에 무엇보다도 경영목표와 조직의 운영 그리고 통합적인 시설의 활용 등 효율적인 운영이 전제되어야 한다. 따라서 ≪HD 드라마타운≫의 효율적인 운영방안을 모색하기 위한 기초자료를 제시하기 위하여 문헌조사와 사이트를 중심으로 살펴보았다. 외국의 경우에는 국가가 전액 투자하거나 민자 주도 형태이거나 민간 위탁 경영으로 진행되고 있음을 알 수 있었다. 특히 제작단계의 효율화를 위하여 One Stop 시스템을 운영하는 사례가 대부분이다. 즉 스튜디오와 세트, 후반 작업 시설, 교육·행정·자문 시설 등을 집적화된 단지를 통해 제작비 절감의 효과까지 도모하고 있다. 국내의 경우에는 디지털 제작단지들의 경영마인드 부재로 일회성 조성에 따라 사후 운영 전략이 거의 없다는 점이 문제점으로 지적되었다. 따라서 기획 단계에서부터 운영전략을 통한 철저한 사후활용 전략이 필요하고, 인력 구성 및 수입구조에 전략도 필요하다. 디지털 제작단지의 기본적인 운영방안 및 원칙 그리고 비즈니스 체계를 다음과 같이 제시하고 있다.

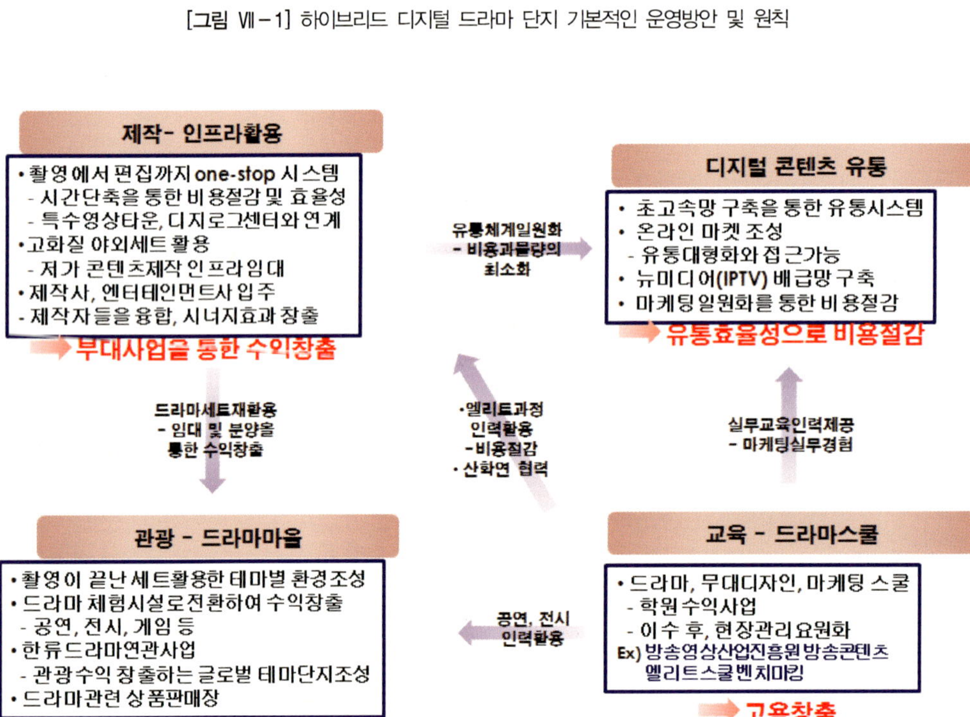

[그림 Ⅶ-1] 하이브리드 디지털 드라마 단지 기본적인 운영방안 및 원칙

[그림 Ⅶ-2] 비즈니스 체계

홍용락

서강대학교 영상대학원 영상매체학 박사
SBS PD
현) 동아방송대학교 방송극작과, 영상제작과 교수
　　사단법인 한국미디어 연구소 이사장
　　한국 방송학회 방송콘텐츠연구회 회장
　　한국 홍보학회 부회장
　　한국 정치커뮤니케이션학회 기획이사
　　방송위원회 심의위원
　　대전전문대학 교수

『TV제작을 위한 기술이론의 실제』(2001)
『드라마제작 실무』(2004)
『디지털 영상제작 연출론』(2007)
『한국드라마 중국유통론』(2009)

「한류현상의 이론화를 위한 연구」(2006, 방송학회, 책임연구자)
「직업방송평가 연구」(2007, 한국산업 인력공단, 책임연구자)
「해외 한국어방송 중장기 발전방안에 대한 연구」(2010, 방송통신위원회, 책임연구자)
「한국직업방송평가」(2010, 한국산업인력공단, 책임연구자)

디지털 콘텐츠 제작을 위한
하이브리드
디지털 제작단지론

초 판 인 쇄 | 2011년 12월 30일
초 판 발 행 | 2011년 12월 30일

지 은 이 | 홍용락
펴 낸 이 | 채종준
펴 낸 곳 | 한국학술정보㈜
주　　　소 | 경기도 파주시 문발동 파주출판문화정보산업단지 513-5
전　　　화 | 031) 908-3181(대표)
팩　　　스 | 031) 908-3189
홈 페 이 지 | http://ebook.kstudy.com
E - m a i l | 출판사업부 publish@kstudy.com
등　　　록 | 제일산-115호(2000. 6. 19)

ISBN　　978-89-268-3016-1 93320 (Paper Book)
　　　　978-89-268-3017-8 98320 (e-Book)